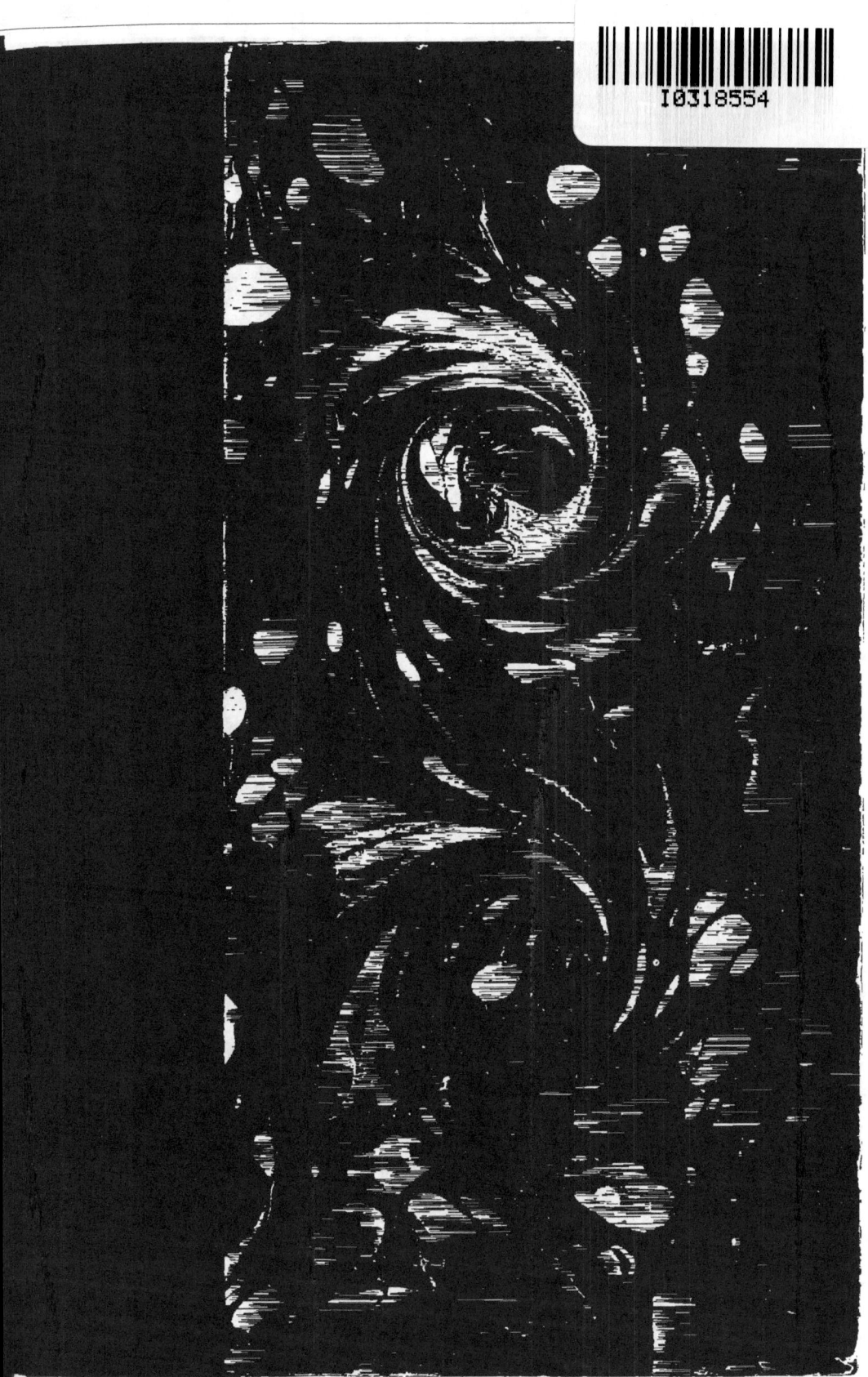

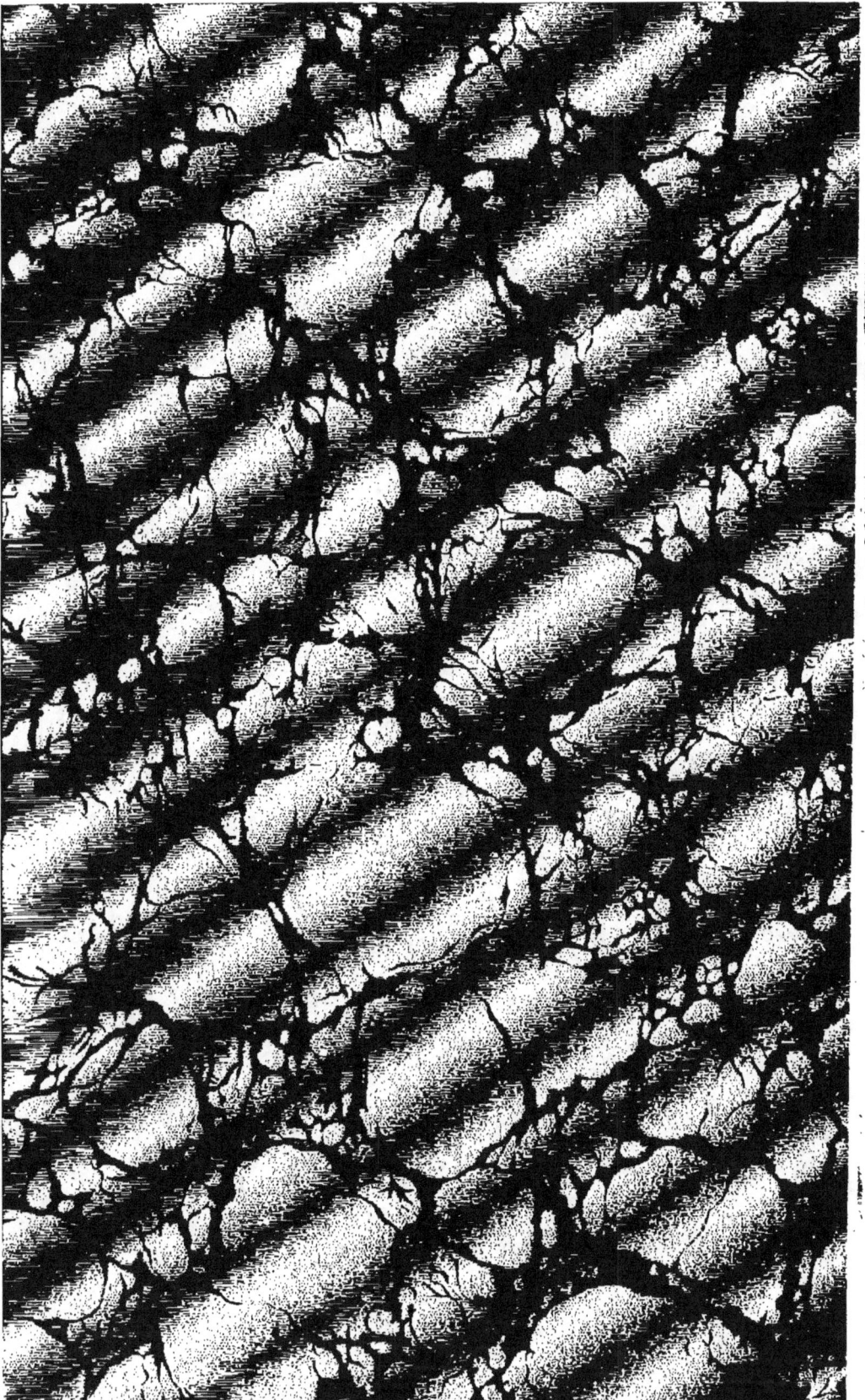

HISTOIRE CHANTÉE

DE LA

PREMIÈRE RÉPUBLIQUE

HISTOIRE CHANTÉE

DE LA

PREMIÈRE RÉPUBLIQUE

1789 A 1799

Chants patriotiques, révolutionnaires

et populaires

Recueillis par LOUIS DAMADE

Attaché à la Bibliothèque de l'Opéra

PARIS
PAUL SCHMIDT, IMPRIMEUR-ÉDITEUR

20, RUE DU DRAGON, 20

—

1892

Tous droits réservés.

PRÉFACE

« Le peuple français, naturellement joyeux
« exprime ses sentiments d'allégresse par des
« chants qui caractérisent la situation de son
« âme. Il est aujourd'hui tout brûlant d'amour
« pour la liberté qu'il a conquise, pour l'égalité
« qu'il veut maintenir, et pour sa patrie qu'il
« veut sauver !... »

C'est ainsi que commence la préface d'un *Recueil d'hymnes et couplets patriotiques*, publié à Rouen, en l'an II, et il suffit de parcourir les pages qui vont suivre pour se convaincre que la chanson n'a jamais été plus à la mode que pendant cette période révolutionnaire de 1789 à l'an VIII.

Pour réunir tant de documents, l'auteur a fouillé avec patience dans les bibliothèques, il a compulsé les journaux du temps, les almanachs des muses, etc., et il offre aux lecteurs l'histoire en chansons. Tantôt sur un ton enjoué, tantôt sur un ton sévère, on chante partout ! Dans la rue, dans les festins, dans les théâtres, dans les réunions publiques, à la barre de la Convention, où Chenard et Narbonne, de la Comédie Italienne, chantent des couplets le 5 juillet 1793; à la tribune même, où, le 18 septembre de l'an II, les volontaires jurent d'expulser les despotes sur l'air :

> Du serin qui te fait envie,

tout y passe tour à tour; cela commence au serment du Jeu de paume, célébré sur l'air :

> Mon petit cœur à chaque instant soupire,

puis on chante la Bastille, et les Droits de l'homme, et l'emprunt forcé, et les réquisitions et le divorce... on chante même

> La douce guillotine
> Aux attraits séduisants !

qui revient encore dans d'autres couplets, sous une forme persuasive, car, après tout,

> Il vaut beaucoup mieux obéir,
> Que de se faire raccourcir.

D'abord on a chanté sur l'air de *Vive Henry quatre* :

> Vive Louis seize
> Le bon Roi citoyen !

puis viennent les cris de mort contre les Rois et les hymnes à Marat, pour finir par les couplets à Bonaparte !

Dans cette rage de tout mettre ainsi en couplets, ce ne sont pas seulement les passions politiques, les sentiments patriotiques qui excitent la verve des chansonniers, on fait rimer le texte des décrets, des articles des lois, et jusqu'à la liste complète des noms des représentants. C'est un genre de poésie fort à la mode.

Déjà, en 1768, on avait publié *la Coutume de Paris mise en vers;* en 1792, Marchant fait paraître *la Constitution en vaudevilles, suivie des Droits de l'homme, de la femme et de plusieurs autres vaudevilles, constitutionnels, — à Paris, chez les libraires royalistes*. En l'an VIII c'est *la Constitution en vaudeville, œuvre posthume d'un homme qui n'est pas mort, publiée par lui-même et dédiée à Madame Buonaparte*.

Dans cette longue série de chants de toute sorte, les paroles sont adaptées le plus souvent, tant bien que mal, à l'air des *Marseillais*, de la *Carmagnole* ou de : *A la façon de Barbari*. Mais, souvent aussi, la musique des hymnes de Chénier, de Lebrun, de Baour-Lormian est écrite par Grétry, par Catel, par Gossec.

Il est permis de croire qu'une fois la tourmente révolutionnaire passée, les souvenirs de cet ardent lyrisme n'ont pas toujours été agréables aux auteurs; parmi les productions de ce genre, celles qui ont été imprimées ou gravées nous restent. Quant à celles qui étaient manuscrites, il en est beaucoup que l'on a pris soin de faire disparaître plus tard, et, dans la riche bibliothèque de l'Opéra, c'est le répertoire Républicain qui est le moins complet.

Ch. Nuitter.

Paris, juillet 1892

1789

LE SERMENT DU JEU DE PAUME

20 Juin 1789

Air: *Mon petit cœur à chaque instant soupire.*

O liberté, combien est magnanime
Ce fier mortel qui, plein de ton ardeur,
Prend son essor, et dans son vol sublime
Soudain s'élève et plane à ta hauteur!
Tel qu'un hercule, en s'offrant à ma vue,
Aux nations vient-il donner des loix?
Partout son bras, armé de sa massue,
Abat l'orgueil des tyrans et des rois!

Mais est-ce toi, liberté trois fois sainte,
Qui, dans ce lieu déployant tes attraits,
Fais pour toujours briller son humble enceinte
De tout l'éclat des superbes palais!
Oui, c'est toi-même, adorable immortelle,
Qui nous créant ces généreux vengeurs
Pour soutenir la cause la plus belle
Du plus beau feu viens embraser leurs cœurs.

Tous, pénétrés de ta céleste flamme,
Tous, repoussant de coupables effrois
Jurent ensemble au despotisme infâme,
Ou de périr, ou de venger nos droits.
Dans le délire où ce serment le jette,
Le spectateur, en pleurant, le redit ;
Les bras en l'air, le peuple le répète,
Il le répète, et le ciel applaudit !

Législateurs qui vous couvrez de gloire
Par le serment qu'ici vous prononcez,
Sur les tyrans vous gagnez la victoire,
Usez-en bien, ils sont tous terrassés !
Le despotisme, en sa rage exécrable,
Se flatte en vain d'un empire éternel ;
Votre serment, ce serment redoutable,
Est pour le monstre un arrêt sans appel !

Vœu superflu ! les pères de la France
Brisent le fil de ses brillants destins :
Affreux revers ! de sa vive espérance
Le flambeau meurt et s'éteint dans leurs mains !
En l'élevant contre les fiers despotes,
Mille d'abord veulent tous les frapper,
L'intérêt parle, et ces faux patriotes,
Valets du *Louvre*, y vont soudain ramper !

Pour décevoir à ce point leur patrie,
Est-ce donc l'or, est-ce le fol orgueil
Qui, de l'honneur, dans leur âme flétrie,
Devient, hélas ! le trop funeste écueil ?

A leur début dans la vaste carrière,
Je vois en eux les plus grands des humains :
Vers le milieu, leur taille est ordinaire ;
A peine, au bout, paraissent-ils des nains.

LA PRISE DE LA BASTILLE

14 Juillet 1789

Air : *Aussitôt que la lumière.*

Est-il bien vrai que je veille
Et que mes yeux soient ouverts ?
Quelle étonnante merveille
Frappe aujourd'hui l'univers !
Launay(1), le ciel nous seconde,
Tes efforts sont superflus :
Un seul instant l'airain gronde,
Et la Bastille n'est plus !

Que le beau feu qui m'anime
T'électrise en ce moment,
François ! peuple magnanime,
Cède à mon ravissement !

(1) Delaunay, gouverneur de la Bastille.

L'exécrable despotisme
Implorant de vains secours,
Soudain, aux cris du civisme,
A vu s'écrouler ces tours!

D'une terrible épouvante
Remplissant tout Jérichos,
Tel en son ardeur bouillante,
Josué, jeune héros,
De la trompette guerrière
Aux éclats retentissans,
Voit de cette ville altière
Tomber les murs insolents!

Toi qui déchirant mon âme
Au récit de tes malheurs,
De cette Bastille infâme
Nous dévoile les horreurs,
Epargne à l'homme sensible
Ce trop douloureux récit!
Pour peindre ce lieu terrible,
Sur cent traits un seul suffit.

Des cris perçans et funèbres
Poussés par le désespoir
Font, du prince des ténèbres,
Abhorrer l'affreux manoir;
Mais, peuplé de tous les vices,
L'enfer, séjour du démon,
N'est qu'un palais de délices
Auprès de cette prison!

A l'heure si fugitive
Quand reprochant sa lenteur,
Ici la vertu plaintive
Succomboit à sa douleur,
Qui régnoit sur ma patrie,
Qui donc lui donnoit des loix?
Etoit-ce, dans leur furie,
Ou des monstres ou des rois?

Saturnes abominables
Qui dévorez vos enfans,
Qui des pleurs des misérables
Engraissez vos courtisans,
Si quelques dieux tutélaires
Aux mortels vous ont donnés,
Fut-ce pour être des pères
Ou des bourreaux couronnés

HYMNE

POUR CÉLÉBRER LE 14 JUILLET 1789

Air : Jeunes amans cueillez des fleurs.

Amis, que de faits glorieux
Ce jour retrace à la mémoire !
Pour les François quel jour heureux !
Quel jour brillant pour notre histoire !
Il éclaira le premier coup
Qui fit trembler la tyrannie ;
En un instant il vit debout
Tous les amis de la patrie. (*bis*)

Il réveilla les sentimens
Qui, jadis, animoient nos pères ;
D'un peuple d'esclaves rampans,
Il fit un grand peuple de frères.
Il vit la sainte liberté
Relever la France asservie,
Et rallier avec fierté
Tous les amis de la patrie. (*bis*)

Sur les pas de la liberté,
Mais dans sa marche un peu plus lente,
Il vit la douce égalité
De loin sourire à notre attente :
Elle menoit à son côté
Sa compagne la plus chérie,
La troisième divinité
Des vrais amis de la patrie. (*bis*)

Egalité, Fraternité
Nous vous rendons un pur hommage;
Dans nos chants, dans notre gaieté
Vous reconnoissez votre ouvrage;
Nous vous jurons fidélité;
Ce serment à jamais nous lie,
Pour défendre la liberté,
En vrais amis de la patrie. (*bis*)

Vous dont l'intrépide valeur
Assure notre indépendance,
Guerriers, qui fondez le bonheur
Et l'éclat futur de la France,
Lorsque du démon des combats
Vous aurez lassé la furie,
Vous serez pressés dans les bras
Des vrais amis de la patrie. (*bis*)

Et vous dont ce jour glorieux
A fait éclater l'énergie,
François dont l'effort généreux
A renversé la tyrannie,
Réunis par l'égalité
Autour de notre heureux génie,
Défendons tous la liberté,
En vrais amis de la patrie. (*bis*)

RÉCIT HISTORIQUE

DE CE QUI S'EST PASSÉ DANS LA VILLE DE PARIS,

DEPUIS LE COMMENCEMENT DE JUILLET,

JUSQU'AUX 13, 14, 15 ET 16 DU MÊME MOIS, DE L'ANNÉE 1789

Air de *Henri IV*.

Pour célébrer la gloire
De nos fiers Parisiens,
Je chante leur victoire,
Qui brisa nos liens;
Leur active prudence
A mis en décadence
Nos secrets ennemis.
Pour la cause commune,
Nos forces ne font qu'une;
Nous voilà réunis.

Le monarque de France
Vouloit faire le bien,
Le chef de la finance
En offroit le moyen;
Mais un parti contraire,
Prolongeant la misère
Qui blesse les petits,
A protester s'amuse.
C'est ainsi qu'on abuse
Du bon cœur de Louis.

La mésintelligence
S'empare des États,
La brillante éloquence
Entretient les débats.
Le peuple enfin s'irrite
De voir que l'on s'agite
Et qu'on n'avance à rien.
Il met en évidence
Que tout sujet de France
Doit être citoyen.

Bouillant, chaud comme braise,
Le bourgeois de Paris
Adresse à Louis seize
Les plus pressants écrits
Lui disant dans son trouble :
Notre crainte redouble
De voir au Champ-de-Mars
Des troupes étrangères,
Arborant leurs banières,
Pavillons, étandards.

Une bande indocile
De gens séditieux
Se portent dans la ville
Comme des furieux,
Mettant tout au pillage,
Dans un accès de rage
Qu'on ne peut concevoir,
Pillant grain et farine
Pour causer la famine
Comme le désespoir.

1.

L'affligeante nouvelle
Du départ de Necker
Donne l'effort au zèle
Du peuple qui le perd ;
Tout est dans les alarmes,
Chacun s'écrie : Aux armes !
L'on tremble pour Paris.
Au moment où nous sommes,
Plus de deux cent mille hommes
Sur pied se trouvent mis.

Le bureau de la ville
Arme tout citoyen,
Gens d'une espèce utile
Et braves gens de bien.
Pour découvrir les traîtres,
On se rend bientôt maîtres
Des lettres et paquets.
Le premier que l'on ouvre
Heureusement découvre
Le plus noir des forfaits.

L'on fut à la Bastille
Parler au gouverneur
Pour qu'il nous soit utile
Dans ces prochains malheurs.
Vingt milliers de poudre,
Dit-il, peut nous résoudre
A nous mettre à couvert.
Aujourd'hui, par nos armes,
Vous et tous vos gendarmes
Feroi sauter en l'air.

Nos bourgeois intrépides
Vont, remplis de valeur.
L'hôtel des Invalides
Se rend avec honneur ;
L'on trouve en cet asyle
Au moins quinze à vingt mille
Fusils et mousquetons,
Des bombes, des grenades,
Espontons, hallebardes,
Des mortiers et canons.

R'tournant à la Bastille
Avec tous ces renforts,
Delaunay s'entortille
Et fait de vains efforts ;
Bientôt il fait entendre
Qu'il consent à se rendre,
Il fait baisser les ponts ;
La bourgeoisie entrée
Soudain est massacrée
Par le feu des canons.

Un bourgeois de courage
Fameux, sieur Hulin,
Les gardes il encourage
Par un discours divin,
Criant : Chers camarades,
Citoyens prenons garde
A ne laisser périr
Et massacrer nos frères
Dedans cette carrière
Il faut vaincre ou mourir.

Les gardes à merveille
Y marchent les premiers
D'une ardeur sans pareille,
Et tous leurs officiers.
Le coup de canon tonne,
Mais aucune personne
N'en demeure effrayé :
Bientôt la brèche est faite,
La victoire est complète
Et le fort est gagné.

A l'assaut, sans attendre,
Qui d'abord a monté ?
Comme l'on doit entendre,
Ce fut le sieur Harné,
Brave soldat des gardes
Que partout l'on regarde,
Suivi du sieur Humbert,
Qui, sur les embrasures,
Montrèrent en belle figure
Drapeaux à découvert.

Bientôt le sieur Hélie,
Que l'on avait cru mort,
Reparoît plein de vie,
Glorieux dans ce fort,
Portant très bien plantée,
Au bout de son épée,
Capitulation.
Nous voilà donc les maîtres :
Chacun crie des fenêtres,
Vive la Nation !

de la première République

Le sieur Maillard ensuite,
Portant drapeau d'honneur,
Tous deux vont au plus vite
D'abord au gouverneur.

HYMNE

SUR LA JOURNÉE DU **14** JUILLET

ou

LA BASTILLE RENVERSÉE

Air de l'*Hymne des Marseillais*

Ils languissoient dans l'esclavage,
Les descendants des fiers Gaulois;
Ils avoient courbé leur courage
Sous le sceptre odieux des rois;
La Bastille, de noirs abîmes
Des vertus étoient le séjour;
A peine un gémissement sourd
Osoit dire aux cœurs magnanimes:
Nous avons trop subi de tyranniques loix,
Brisons (*bis*) nos fers honteux et rentrons dans nos droits.

Chœur

Nous avons trop subi, etc.

Le monstre affreux du despotisme,
Au gré de ses projets cruels,
Secondé par le fanatisme,
Fouloit sous ses pieds les mortels.
Son ambition et ses crimes
Faisoient couler des flots de sang;
Ceux dont il déchiroit le flanc
Poussoient au ciel ces cris sublimes :
Nous avons trop subi de tyranniques loix,
Brisons (*bis*) nos fers honteux et rentrons dans nos droits.

Chœur

Nous avons, etc.

Que vois-je! l'on frémit en France
De ramper sous un souverain...
Mais où vole ce peuple immense,
D'un long sommeil sortant enfin ?
Armé de faux, de faibles piques,
Il brave cent bouches d'airain;
Marche et chante au son du tocsin,
Dans ses transports patriotiques :
Nous avons trop subi de tyranniques loix,
Brisons (*bis*) nos fers honteux et rentrons dans nos droits.

Chœur

Nous avons, etc.

Il escalade avec furie
Les murs, les menaçantes tours,
Qui devoient de la tyrannie
Prolonger à jamais les jours.

En vain, à son ardent courage
S'opposent de larges fossés :
Que nos cadavres entassés,
Cria-t-il, ouvrent un passage :
Nous avons trop subi de tyranniques loix,
Brisons (*bis*) nos fers honteux et rentrons dans nos droits.

Chœur

Nous avons, etc.

C'en est fait, le ciel se déclare
Contre un despote détesté.
Tombe, forteresse barbare,
Cède aux coups de la Liberté ;
Déjà les murs sont en poussière ;
Élevés sur leurs fondements,
Les plus augustes monumens
Vont redire à l'Europe entière :
Vous avez trop subi de tyranniques loix,
Brisez (*bis*) vos fers honteux et rentrez dans vos droits.

Chœur

Nous avons, etc.

COUPLETS

SUR LA COCARDE NATIONALE

18 JUILLET 1789

Par le citoyen MERCIER

Air: *On compterait les diamants.*

J'admire la variété
De ces rubans, de cette aigrette,
Dont le citoyen exalté
Embellit à l'envi sa tête.
Emblême de l'égalité,
Une cocarde est sa marotte;
Le savoyard marche à côté
Du gentilhomme qu'il décrotte. (*bis*)

Chaque citoyen est guerrier,
Cœur, fortune, amour, tout le lie,
Chacun arbore le laurier
Comme vengeur de la patrie;
Tous sont frères, tous sont égaux,
L'astre de la liberté brille,
Et la France, oubliant ses maux,
Ne forme plus qu'une famille. (*bis*)

Des fléaux de la nation
Pour chasser la horde funeste,
Il n'a fallu que l'union
Du bleu, du rouge et du céleste;
Le blanc annonce la candeur
D'âme vraiment républicaine;
Le bleu fait présager au cœur
Une existence plus sereine. (*bis*)

Reste le rouge, mais comment
Lui trouverai-je une origine ?
M'y voici, c'est que, sûrement,
Les fleurs viendront après l'épine;
Peut-être encore, sexe charmant,
Chaque preux, défendant ta cause,
A voulu porter galament
Ta couleur en prenant le rose. (*bis*)

Femmes, exaucez donc un vœu
Dicté par le patriotisme;
Au blanc assortissez le bleu
Et partagez notre héroïsme;
Que de leurs festons ondoyans
Le goût décore vos coëffures;
La cocarde de vos amans
Doit se faire avec vos ceintures. (*bis*)

COUPLETS

COMPOSÉS ET CHANTÉS

PAR LES DAMES DÉPUTÉES DU MARCHÉ SAINT-PAUL

LE 20 JUILLET 1789

Air de *La Gaité*.

Buvons à rasade
A la santé du Roi,
Mes chers camarades,
Ayons le cœur en joie.
Nos grands députés aujourd'hui
    Ont la gloire
De voir le monarque à Paris.
    Vive Louis !

Nos gardes-françoises
Et nos bons citoyens
Sont tous remplis d'aise,
Ont banni le chagrin ;
Ils ont remporté la victoire
    De la France,
Et nous voilà tous réunis.
    Vive Louis !

Que d'feux d'artifice,
Que d'illuminations

En dedans la ville !
On n'y voit que lampions.
Paris, Versailles et Saint-Germain
　　Sont en danse,
D'voir les trois ordres réunis.
　　Vive Louis !

L'ABOLITION DES PRIVILÈGES

DANS LA NUIT DU 4 AU 5 AOÛT 1789

Air : *Avec les jeux dans le village.*

Enfans d'un vrai peuple de frères
Gouverné par les mêmes loix,
Sous l'empire heureux des lumières
Jouissez tous des mêmes droits :
Non, la liberté n'est qu'un piège.
Par l'avare orgueil apprêté,
Tant que le mot de privilège
Blesse la sainte égalité. (*bis*)

Amour sacré de la patrie,
Vertu la plus chère aux grands cœurs,
Tu fais, dans une âme flétrie,
Naître les plus nobles ardeurs :
Ces êtres, esclaves vulgaires
Des préjugés et des abus,
Aussitôt que tu les éclaires,
Deviennent des Fabricius. (*bis*)

Oui, je l'ai vu ce grand miracle
Ici s'opérer à mes yeux :
Qu'il est bien digne spectacle
De frapper les regards des dieux !
O nuit d'immortelle mémoire,
Nuit que consacre notre amour,
Tu dois aux fastes de l'histoire
L'emporter sur le plus beau jour. (*bis*)

Dans cet auguste aréopage
Soudain se lèvent les vertus ;
A l'instant le combat s'engage
Contre les antiques abus :
Pour avoir part à la victoire,
Développant tous ses moyens,
Chacun n'aspire qu'à la gloire
Des plus grands héros citoyens ! (*bis*)

Jamais l'infâme despotisme
N'osera souiller nos regards.
Comme aujourd'hui si le civisme
Brille toujours dans nos remparts ;

Songeons qu'il conserve et féconde
Le bien, sans lui trop incertain,
Que pour le bonheur de ce monde
Peut enfanter l'esprit humain. (*bis*)

Ce monde entier qui nous contemple
Brûle ici de nous imiter ;
L'honneur de lui donner l'exemple
Est bien fait pour nous exalter :
Prouvons-lui que, de l'esclavage
Qu'il voit à nos pieds abattu,
Qui triomphe par le courage
S'en préserve par la vertu. (*bis*)

Que votre accord inébranlable
Offre, législateurs unis,
Une barrière insurmontable
Aux efforts de nos ennemis :
Contre eux, d'une ardeur peu commune,
Que chaque orateur transporté
Lance du haut de la tribune
Les foudres de la vérité. (*bis*)

Sages, que la France rassemble
Pour concourir à son salut,
Unissez vos moyens ensemble,
N'ayez jamais qu'un même but :
Aux principes toujours fidèles,
Tous n'ayez jamais qu'un seul cœur ;
Voilà les bases éternelles
De sa gloire et de son bonheur. (*bis*)

COUPLETS

A MONSIEUR LE MARQUIS DE LA FAYETTE
PRÉSENT A LA BÉNÉDICTION DU DRAPEAU DU DISTRICT
DES CORDELIERS, LE 13 AOUT 1789

Paroles de IMBERT

Prête à jouir de sa noble conquête,
La liberté consacre nos drapeaux ;
Celui-là seul doit présider sa fête
Qui sut longtemps en être le héros.

Il réunit le zèle et la prudence ;
A l'Amérique il a su le prouver :
Ce qu'une fois a conquis sa vaillance,
Par sa sagesse il sait le conserver.

Dieu, tu dois être à ses désirs propice ;
Chez les mortels qui ne peuvent te voir,
La vertu doit figurer ta justice,
Et la valeur remplacer ton pouvoir.

L'aimable objet à qui l'hymen l'engage (1)
Daigne à nos vœux accorder un souris ;
Et la beauté qui sourit au courage,
Après la gloire est son plus digne prix.

(1) Madame la Marquise de La Fayette assistait à cette cérémonie.

Ciel, à Louis prête un bras tutélaire ;
D'un peuple libre il est le digne appui ;
Roi-Citoyen, pour nous qu'il vive en père,
Chacun de nous saura mourir pour lui.

DÉCLARATION
DES DROITS DE L'HOMME ET DU CITOYEN
LES 20, 21, 22, 25 ET 26 AOUT, 1789

Air : *Philis demande son portrait.*

Généreux et braves François,
    En vantant son courage,
Chantez les immortels bienfoits
    De votre aréopage !
Il s'élance à pas de géant
    Dans sa vaste carrière,
Et rend à l'homme, en débutant,
    Sa dignité première.

Prenant de tes augustes loix,
    Pour base la plus sûre,
Tous les imprescriptibles droits
    Qu'il tient de la nature,

Tu vas, sage législateur,
    Que j'aime et que j'admire,
De ces loix saintes dans son cœur
    Eterniser l'empire !

Ces droits qu'ici tu reconnois
    Sont inaliénables ;
En France comme au Paraguay
    Ils sont impérissables :
Apprends au despote cruel
    Qu'en traits ardens de flammes,
Le doigt sacré de l'Éternel
    Les grava dans nos âmes !

Oui, tous les hommes sont égaux,
    Et leurs droits sont les mêmes ;
On ne distingue les héros
    Qu'à leurs vertus suprêmes ;
Mais la loi qui vous pèse tous
    Dans sa juste balance,
Mortels, ne doit mettre entre vous
    Aucune différence.

Vivre libre est le premier bien
    Aux champs comme à la ville ;
Partout on doit du citoyen
    Respecter l'humble asile ;
Qu'un vil tyran ose tenter
    D'en faire sa victime,
Il peut s'armer et résister
    A quiconque l'opprime.

Dès qu'à mon prochain respecté
    On ne me voit pas nuire,
Rien, ô ma chère liberté !
    Ne peut te circonscrire :
Quand la loi parle, à son décret
    Je cède à l'instant même ;
Mon plaisir, dès qu'elle se toit,
    Est ma règle suprême.

Je puis désormois en tout lieu,
    Fidèle à ma croyance,
Adorer et servir mon Dieu
    Suivant ma conscience,
Ferme dans mon opinion,
    Et sans crainte des pièges,
Braver de l'inquisition
    Les fureurs sacrilèges.

Aujourd'hui libre de tes fers,
    Quel pays, riche France,
Pourroit sur toi, dans l'univers,
    Avoir la préférence !
Ailleurs on chercheroit en vain
    Le sort le plus prospère ;
Le bonheur n'est que dans ton sein
    Ou n'est pas sur la terre.

CHANSON DE 1789

Air: *La belle Bourbonnaise.*

Falcon dans sa boutique,
Avec toute sa clique, (*bis*)
Chacun leur fait la nique.
Ils poussent des holà ! ha, ha, ha, ha,
Oh ! les tristes figures
Qu'ils ont, je vous assure ;
Ils ont tous l'encolure
De craindre le trépas, ha, ha, ha, ha.

Malgré leur rage extrême
De n'avoir ceux qu'ils aiment, (*bis*)
Collot, Barère, Varenne
Pour eux n'existent plus, hu, hu, hu, hu.
Il vont, dans leur délire,
Ces faiseurs de soupirs,
Regorger, c'est tout dire,
Le sang qu'ils avaient bu, hu, hu, hu, hu.

Il est un grand apôtre,
En quittant sa calotte, (*bis*)
Se disant sans-culotte,
Regorgé de forfaits, hé, hé, hé, hé.
Vingt autres de sa suite,
Suivant bien la tactique
De l'animal inique,
Au mieux le secondoit, hé, hé, hé, hé.

Vengeur de l'innocence,
Soutiens ta contenance; *(bis)*
Désarme en assurance
Les suppôts des Bilhaut, hau, hau, hau, hau.
Leur but est la discorde,
Leur confort est la corde,
Les emblêmes qu'ils portent,
Ce sont des échauffeaux, hau, hau, hau, hau.

CHANT PATRIOTIQUE DE 1789

Air: *Reçois dans ton galetas.*

Quand la richesse est le fruit
Du travail et du génie,
Aimons quiconque en jouit :
Respect à l'honnête industrie !
Mais, François, guerre à celui
Qui ne vit qu'aux dépens d'autrui !

On voit aller et venir
Ces gens du nouveau commerce ;
Il est bien temps de sévir
Contre cette engeance perverse,
Car chacun d'eux est celui
Qui ne vit qu'aux dépens d'autrui.

C'est dans ces perfides mains
Que croît le prix des denrées ;
C'est après d'injustes gains
Qu'aux pauvres elles sont livrées :
Ces gains nourrissent celui
Qui ne vit qu'aux dépens d'autrui.

Marchand qui, pour nos besoins,
Tient sa boutique fournie,
Est l'abeille dont les soins
Font que la ruche est bien garnie :
Mais chassons les frelons qui
Ne vivent qu'aux dépens d'autrui.

AUPRÈS DE MA BLONDE

CHANSON POPULAIRE DE 1789

Dans les jardins d'mon père } *bis*
Les lilas sont fleuris ;
Tous les oiseaux du monde
Viennent y faire leurs nids.
Auprès de ma blonde
Qu'il fait bon dormi.

Tous les oiseaux du monde } *bis*
Viennent y faire leurs nids,

La caille, la tourterelle
Et la joli' perdrix,
Auprès de ma blonde
Qu'il fait bon dormi.

La caille, la tourterelle ⎱ bis
Et la joli' perdrix, ⎰
Et ma joli' colombe
Qui chante jour et nuit.
Auprès de ma blonde
Qu'il fait bon dormi.

Et ma joli' colombe, ⎱ bis
Qui chante jour et nuit; ⎰
Qui chante pour les filles
Qui n'ont pas de mari.
Auprès de ma blonde
Qu'il fait bon dormi.

Qui chante pour les filles ⎱ bis
Qui n'ont pas de mari. ⎰
Pour moi ne chante guère,
Car j'en ai un joli.
Auprès de ma blonde,
Qu'il fait bon dormi.

Pour moi ne chante guère, ⎱ bis
Car j'en ai un joli. ⎰
« Dites-nous donc, la belle,
« Où donc est votr' mari ? »
Auprès de ma blonde
Qu'il fait bon dormi.

« Dites-nous donc, la belle, } bis
« Où donc est votr' mari ? »
Il est dans la Hollande,
Les Hollandais l'ont pris.
Auprès de ma blonde
Qu'il fait bon dormi.

Il est dans la Hollande, } bis
Les Hollandais l'ont pris.
« Que donneriez-vous, belle,
« Pour avoir votr' mari ? »
Auprès de ma blonde,
Qu'il fait bon dormi.

« Que donneriez-vous, belle, } bis
« Pour avoir votr' mari ? »
Je donnerais Versailles,
Paris et Saint-Denis.
Auprès de ma blonde,
Qu'il fait bon dormi

Je donnerais Versailles, } bis
Paris et Saint-Denis,
Les tours de Notre-Dame,
Le clocher d'mon pays.
Auprès de ma blonde
Qu'il fait bon dormi.

Les tours de Notre-Dame } bis
Et l' clocher d' mon pays

Et ma joli' colombe
Pour avoir mon ami.
Auprès de ma blonde
Qu'il fait bon dormi.

LES VOEUX DE LA NATION

Par DEVIS, auteur patriote.

Air: *Vive Henri IV!*

Vive Louis seize!
Ce bon roi citoyen;
Son cœur est aise
De faire notre bien.
Vive Louis seize!
Ce bon roi citoyen.

Vivent sans cesse
Nos dignes députés!
Dont la sagesse
Fait nos félicités.
Vivent sans cesse
Nos dignes députés!

Vive la France !
Vive la liberté !
Paix, abondance,
Justice, égalité :
Vive la France !
Vive la liberté !

Vive le maire !
Le vertueux Bailly ;
Ce tendre père
Est notre bon ami ;
Vive le maire !
Ce vertueux Bailly.

De La Fayette
Célébrons les succès ;
Que la trompette
Sonne pour les hauts faits
De La Fayette,
Le héros des François.

Vivent nos frères,
Nos soldats, nos amis !
Nos cœurs sincères
Sont enfin réunis :
Vivent nos frères,
Nos soldats, nos amis !

MONSIEUR ET MADAME DENIS

SOUVENIRS NOCTURNES DE DEUX ÉPOUX DU XVIIe SIÈCLE

Il avoit plu toute la journée, et, n'ayant pu aller le soir faire leur partie de loto chez Mme Caquet, sage-femme, rue des Martyrs, M^r et Mme Denis s'étoient couchés de bonne heure. Au bout de vingt-trois minutes, Mme Denis qui ne dormoit pas, impatiente du silence obstiné de son mari, qui n'avoit pas cessé de lui tourner le dos, soupira trois fois et prit la parole :

> Quoi ! vous ne me dites rien ?
> Mon ami, ce n'est pas bien ;
> Jadis, c'étoit différent,
> Souvenez-vous-en, souvenez-vous-en,
> J'étais sourde à vos discours,
> Et vous me parliez toujours.

MONSIEUR DENIS (se retournant.)

> Mais, m'amour, j'ai sur le corps
> Cinquante ans de plus qu'alors,
> Car c'étoit en mil-sept-cent,
> Souvenez-vous-en, souvenez-vous-en.
> O premier de mes amours,
> Que ne duriez-vous toujours !

MADAME DENIS (se ravisant.)

> C'est de vous qu'en sept-cent-un
> Une anguille de Melun

M'arriva si galamment!
Souvenez-vous-en, souvenez-vous-en,
Avec des prunaux de Tours
Que je crois manger toujours.

Monsieur Denis

En mil-sept-cent-deux, mon cœur
Vous déclara son ardeur;
J'étois un petit volcan,
Souvenez-vous-en, souvenez-vous-en.
Feu des premières amours,
Que ne brûlez-vous toujours!

Madame Denis

On nous maria, je crois,
A Saint-Germain-l'Auxerrois :
J'étois mise en satin blanc,
Souvenez-vous-en, souvenez-vous-en.
Du plaisir charmants atours,
Je vous conserve toujours!

Monsieur Denis (se mettant sur son séant.)

Comme j'étois étoffé!

Madame Denis (s'asseyant de même.)

Comme vous étiez coiffé!

Monsieur Denis

Habit jaune en bouracan,
Souvenez-vous-en, souvenez-vous-en,

Madame Denis.

Et culotte de velours
Que je regrette toujours.

(Continuant:)

Comme en dansant le menuet
Vous tendites le jarret ;
Ah ! vous alliez joliment,
Souvenez-vous-en, souvenez-vous-en,

Monsieur Denis

Aujourd'hui nous sommes lourds,
On ne danse pas toujours.

(S'animant:)

Comme votre joli sein
S'animoit sous le satin !
Il étoit mieux qu'à présent,
Souvenez-vous-en, souvenez-vous-en ;
Belles formes, doux contours
Que ne duriez-vous toujours !

Madame Denis

La nuit, pour ne pas rougir,
Je fis semblant de dormir ;
Vous me pinciez doucement,
Souvenez-vous-en, souvenez-vous-en ;
Mais, à présent, nuit et jour,
C'est moi qui pince toujours.

Monsieur Denis

La nuit, lorsque votre époux
S'émancipait avec vous,

Comme vous faisiez l'enfant!
Souvenez-vous-en, souvenez-vous-en;
Mais on foit les premiers jours
Ce qu'on ne foit pas toujours.

Madame Denis

« Comment avez-vous dormi ? »
Nous demandoit chaque ami ;
« Bien » répondois-je à l'instant,
Souvenez-vous-en, souvenez-vous-en :
Mais nos yeux et nos discours
Se contredisoient toujours.

Monsieur Denis (lui offrant une prise de tabac.)

Demain, songez, s'il vous plaît,
A me donner un bouquet.

Madame Denis (tenant la prise de tabac sous le nez.)

Quoi c'est demain la Saint-Jean?

Monsieur Denis (rentrant dans son lit.)

Souvenez-vous-en, souvenez-vous-en ;
Époque où j'ai des retours
Qui me surprennent toujours.

Madame Denis (se recouchant.)

Oui, jolis retours, ma foi!
Votre éloquence avec moi
Éclate une fois par an,
Souvenez-vous-en, souvenez-vous-en ;

Encore votre beau discours
Ne finit-il pas toujours.

(Ici. M. Denis a une réminiscence.)

MADAME DENIS (minaudant.)

Que faites-vous donc, mon cœur ?

MONSIEUR DENIS

Rien!... je me pique d'honneur.

MADAME DENIS

Quel baiser!... il est brûlant...

MONSIEUR DENIS (toussant.)

Souvenez-vous-en, souvenez-vous-en.

MADAME DENIS (rajustant sa cornette.)

Tendre objet de mes amours,
Pique-toi d'honneur toujours !

Ici le couple bailla,
S'étendit et someilla,
L'un marmottant en ronflant :
Souvenez-vous-en. souvenez-vous-en ;
L'autre : Objet de mes amours,
Pique-toi d'honneur toujours !

COUPLETS

CHANTÉS EN L'ASSEMBLÉE DES COMPAGNIES DE GRENADIERS ET DE CHASSEURS DU BATAILLON DE BONNE-NOUVELLE, DONT LE DRAPEAU PORTE POUR DEVISE: « UNION, FORCE, LIBERTÉ. » ET RÉPÉTÉS A CELLES DU BATAILLON DE L'ORATOIRE RÉUNIES DANS LE MÊME LIEU, LE DIMANCHE 20 DÉCEMBRE, 1789.

Par CHARON, ci-devant officier de la garde nationale.

Air: *Aussitôt que la lumière.*

Quel exemple plus sublime
Qu'aux regards de l'univers
Offre un peuple magnanime
Qui vient de briser ses fers ?
Défenseur de la patrie,
Dans sa bouillante fierté,
Il perdrait plutôt la vie
Que l'heureuse liberté.

Jusques aux marches du trône
Il poursuit ses ennemis,
Mais raffermit la couronne
Sur la tête de Louis.
Courageux, mais trop volage,
Il chantoit ses maux, ses droits ;
Anjourd'hui, vaillant et sage,
Il combat et fait ses loix.

Loin de craindre les fatigues,
Loin de chercher le repos,
Chacun des citoyens brigue
Les dangers et les travaux.
Quand dans les champs de Bellone
Tous vont cueillir des lauriers,
L'honneur tresse la couronne
Des chasseurs et grenadiers.

Aussitôt que la trompette
Frappe l'air de ses éclats,
Aussitôt que La Fayette
Appelle à lui ses soldats,
Une brillante jeunesse
A l'instant sous les drapeaux
S'agite, accourt et s'empresse
D'obéir à ce héros.

A l'orme s'unit le lierre,
Qui rampe sans ce soutien :
Voyons un parent, un frère
Dans chaque concitoyen.
Au nom cher de la patrie,
Conservons l'égalité,
Et pour devise chérie :
Union, force et liberté.

CHANSON NOUVELLE

DE DEUX DAMES DE LA HALLE QUI ONT EU L'HONNEUR
DE VOIR LE ROI, LA REINE,
MONSEIGNEUR LE DAUPHIN ET TOUTE LA FAMILLE ROYALE,
AU CHATEAU DES TUILLERIES, EN 1789.

Par BARRÉ

LAGUITTE

Catau veux-tu v'nir avec moi (*bis*)
Aux Thuill'ri's pour y voir le roi ? (*bis*)
Prens l'casaquin qu't'avois dimanche
Et tâch' d'avoir un' chemis' blanche.

CATAU

Je l'voudrois ben de tout mon cœur, (*bis*)
Ça s'roit pour moi beaucoup d'honneur; (*bis*)
Mais tu parl' comme eune ébêtée,
Car on nous z'en laissera pas l'entrée.

LAGUITTE

Moi, j'te répond d'entrer partout (*bis*)
Et que j'verrons tout d'bout en bout. (*bis*)
J'nai qu'à parler à c'gros cent d'Suisse
Qu'est l'preup' enfant d'ma mèr' nourrice.

Catau

Je n'savois pas qu't'avois l'honneur (*bis*)
D'connoît : un aussi grand seigneur; (*bis*)
Y peut ben nous faire voir Louis seize
Et la fille à Mari'-Thérèse.

Laguitte

J'espèr' ben que j'verrons l'Dauphin, (*bis*)
Qu'est plus beau qu'un p'tit séraphin; (*bis*)
Ainsi qu' sa sœur, Madame première,
Qu'est tout l'portrait d'Monsieur son ch'père.

Catau *au Roi :*

Vous v'là donc v'nu d'meurer ici? (*bis*)
Allez, croyez-moi, restez-y ; (*bis*)
Car aussi ben l'château d'Versailles
N'vaut quasiment plus rien qui vaille.

Laguitte *à la Reine*

J'ai su qu'vous restiez za Paris; (*bis*)
Pardon d'la liberté qu'j'ai pris ; (*bis*)
N'retournez jamais en Allemagne :
Y fait trop cher vivre en campagne.

Catau *au Dauphin :*

Bonjour monseigneur le Dauphin. (*bis*)
A c't' heur' que vous v'là not' voisin, (*bis*)
J'viendrons d'temps en temps, moi, Laguitte,
A cel'fin d' vous rendre not' visite.

Laguitte à Madame première:

Je n'savons pas si j'nous trompons, (*bis*)
N'êt's-vous pas d'la rac' des Bourbons? (*bis*)
Vot' figure, vot' ton, vot' magnière,
C'est tout craché l'portrait d'vot' mère.

Ensemble, pour toute la Nation.

D'vous voir tretous j'somme ben contens. (*bis*)
Vous savez qu'les François sont francs: (*bis*)
On dit qu'si l'ya d'belles tapisseries,
Qu'a sont dans l'château des Thuil'ries.

Le lit du Roi.

Y peuvent ben t'nir là tous les deux, (*bis*)
C'lit-là n'est pas un lit boudeux. (*bis*)
Y z'ont biau faire la bagatelle,
Y n'tomberont jamais dans la ruelle.

Le lit de la Reine.

Est-c' qu'a couch'roit tout' seul' là d'dans? (*bis*)
Il y tiendroit ben six enfants! (*bis*)

Laguitte

Al' y pass' la saison des roses,
Car les femmes ont toujours quequ' chose.

Le lit du Dauphin.

C'est donc ça l'lit d'monsieur l'Dauphin. (*bis*)
J'vas y arranger son traversin. (*bis*)
Sur-tout, prenez garde qu'y n'tumbe,
Et j'suis ben vot' sarvante très-humbe.

Le lit de Madame première

V'là donc celui d'Madame sa sœur; (*bis*)
Il est pour le moins plus meyeur, (*bis*)
La courte-pointe en est tout' neuve ;
Tiens tat'zi t'en verras la preuve.

Laguitte

Tiens, r'garde donc queux grand miroir (*bis*)
Y n'faut pas s'baisser pour s'y voir ; (*bis*)
C'est plus cher qu'eune autre marchandise,
Car on dit qu'c'est d'la glace de V'nise.

Catau

J'ai ben vu d' la glace à Paris (*bis*)
Plus épaisse et pas d'si grand prix ; (*bis*)
L'an passé, d'bout en bout d'la Seine,
Toute la rivière en était pleine.

Laguitte

Catau, viens-t'en, y n' fait plus jour, (*bis*)
Y allons r'mercier monsieur d'Fribourg ; (*bis*)
Tu sais qu'c'est un très galant homme,
Je l'régalerons d'un coup d'rogomme

LE CURÉ ET SA SERVANTE

CHANSON POPULAIRE DE 1789

D'où venez-vous si crotté, } bis
   Monsieur le curé ?
De la foire et du marché,
   Simone, ma Simone,
De la foire et du marché,
   Ma petite mignone.

Qu'est'ce que vous m'en rapportez, } bis
   Monsieur le curé ?
Des souliers blancs pour danser,
   Simone, ma Simone,
Des souliers blancs pour danser,
   Ma petite mignone.

Quand est-ce que vous m'les donn'rez, } bis
   Monsieur le curé ?
Quand tu sauras travailler,
   Simone, ma Simone,
Quand tu sauras travailler,
   Ma petite mignone.

Je sais bien coudre et filer, } bis
   Monsieur le curé,
Alors je te les donn'rai,
   Simone, ma Simone,
Alors je te les donn'rai,
   Ma petite mignone.

J'voudrois bien me confesser, } *bis*
   Monsieur le curé,
Dis-moi ton plus gros péché,
   Simone, ma Simone,
Dis-moi ton plus gros péché,
   Ma petite mignone.

C'est de trop vous aimer, } *bis*
   Monsieur le curé.
Faudra donc nous séparer,
   Simone, ma Simone,
Faudra donc nous séparer,
   Ma petite mignone.

Oh ! alors j'en mourrai, } *bis*
   Monsieur le curé.
Alors je t'enterrerai,
   Simone, ma Simone,
Alors je t'enterrerai,
   Ma petite mignone.

Est-c'que vous me pleurerez, } *bis*
   Monsieur le curé ?
Non car il faudra chanter,
   Simone, ma Simone,
Requiescat in pace,
   Ma petite mignone.

COUPLETS SUR LES BOURBONS

Air: Français laisserons-nous flétrir.

Manes invengés des Bourbons,
Errants autour de votre tombe,
Sur votre sort nous gémissons ;
Mais bientôt nous vous offrirons
De Jacobins une hécatombe.

Ah ! François, sous ces oppresseurs,
   Vous fûtes régicides,
   Vous fûtes déicides ;
  Pour venger tant d'horreurs
   Immolons ces perfides.

Ces monstres, par l'enfer vomis
Pour le châtiment de la terre,
Du genre humain sont ennemis.
Mais pour les voir bientôt soumis,
Relençons-les dans leurs repaires.

Ah ! François, etc.

Faisons trêve à l'humanité ;
Aux scélérats jamais de grâce ;
Leur force est dans l'impunité,
Aux tourmens de l'éternité
Vouons cette exécrable race.

Ah ! François, etc.

Celui qui craint de les frapper
Ne peut être que leur complice ;
Dans leurs complots il dut tremper ;
Il faut, s'il veut nous détromper,
Que lui-même en fasse justice.

Ah! François, etc.

Le sang pur versé par leurs mains
Retomberoit sur notre tête,
Si nous manquions les assassins.
Du ciel secondons les desseins ;
Lui-même à les punir s'apprête.

Ah! François, etc.

L'esprit de vertige et d'erreurs
Enfin nous livre des victimes
Que l'on protégeoit sans pudeur.
Qu'elles éprouvent la terreur
Qu'inspirèrent longtemps leurs crimes.

Ah! François, etc.

Une montagne, avec fracas,
Couvre la France de scories.
Ouvrons ses flancs, elle est à bas!
Le fer en main, n'hésitons pas,
Sondons ces entrailles pourries.

Ah! François, etc.

Et vous, qu'égara quelquefois
Des vils Jacobins la furie,
Vengez vos affronts et vos droits ;
Montrez-vous défenseurs des loix
Et de l'ordre et de le patrie.

Ah ! soldats, sous ces oppresseurs,
   Vous fûtes régicides,
   Vous fûtes déicides ;
   Pour venger tant d'horreurs
   Immolez ces perfides.

CHANSON

SUR LES SENTIMENTS DU PEUPLE
CONTRE LE CI-DEVANT ROI ET SUR LES TRAHISONS
DE L'EXÉCRABLE BOUILLÉ

Air : *Reçois dans ton galetas.*

François, voici le moment
De montrer notre courage,
Louis fausse son serment :
Pour nous préserver de l'orage,
Restons toujours bien unis,
Et nous vaincrons nos ennemis. (*bis*)

Louis étoit notre ami,
Nous le nommions notre père ;
Sans rien dire, il est parti.
Hélas ! Qu'espéroit-il faire ?
C'est l'exécrable Bouillé
Qui dans la France a tout troublé. (*bis*)

Dans l'affaire de Nançi,
Il eut en vain des louanges,
Croyant avoir réussi,
Du vrai, du faux fit des mélanges.
Sous le nom de citoyen,
Ses faits montrent qu'il ne vaut rien. (*bis*)

Il voudroit, par ses écrits,
Faire aux François des menaces,
On les voit avec mépris,
Les François lui font des grimaces ;
Sa clique ne nous fait pas peur ;
Qu'il vienne, s'il a du cœur ! (*bis*)

Ce traître est donc bien subtil
Pour vaincre la capitale,
Sachant la route, dit-il !
Mais la force nationale
Se moque de ses discours,
Qu'il craigne plutôt pour ses jours. (*bis*)

Bouillé seroit-il César,
Seroit-il un Olopherne ?
Non, ce n'est qu'un babillard,
Un réchappé de la lanterne.

On a mis sa tête à prix,
Qu'il vienne, qu'il vienne à Paris ! (*bis*)

Vivre libre c'est la loi
De tout le peuple de France,
Mais, soutenir un faux roi,
Tout bon François autrement pense.
Nous connoissons les vertus,
Du vice nous n'en voulons plus. (*bis*)

LE SOLDAT PATRIOTIQUE

Air : *Oui, j'aime à boire, moi.*

Oui, je suis soldat, moi,
Oui, pour la patrie,
Pour la loi comme à mon roi,
Je donnerois ma vie.

Si par quelque événement
La France se divise,
Vivre ou mourir triomphant,
Est ma seule devise.

Oui, je suis soldat, etc.

Je ne crains pas le souci
  D'un noir aristocrate.
Si mon courage est hardi,
  C'est pour le démocrate.

  Oui, je suis soldat, etc.

Aristocrate orgueilleux
  Des titres de tes pères,
Crois-moi, ces titres pompeux
  Ne sont que des chimères.

  Oui, je suis soldat, etc.

Aujourd'hui l'égalité
  Détruit la tyrannie.
Chérissons la liberté,
  En dépit de l'envie.

  Oui, je suis soldat, etc.

Trop aimable liberté,
  Tu vas régner en France;
Tu fais la félicité
  D'un peuple qui t'encense.

  Oui, je suis soldat, etc.

Louis, le meilleur des rois,
  La France te révère;
La France chérit en toi
  Un citoyen, un père.

  Oui, je suis soldat, etc.

AU CI-DEVANT ROI

Air: *Ce fut par la chute du fort.*

Monarque autrefois si fêté,
Des bons François l'unique idole,
Pour avoir trop mal écouté,
Tu fréquentas mauvoise école.
Souviens-toi de cette leçon,
Tu viens de ternir ta mémoire.
Réfléchis bien dans ta prison
Que vertu seule fait gloire.

Le bonheur eût filé tes jours;
Que ta conscience en décide,
Les rois nés bons le sont toujours
Quand la vertu devient leur guide.
Si ton sort fut d'être abusé,
Les François ne veulent plus l'être;
Pour ce que tu nous as causé,
Apprend comme on punit un traître.

O FILII NATIONAL

François enfin vous avez triomphé ;
Les noirs complots sont étouffés,
Et votre honneur subsistera.
    Alleluia.

Avoient ensemble résolu
D'avoir votre dernier écu
Et de vous endosser le bât.
    Alleluia.

Cette gueuse de Polignac
Comptoit aussi remplir son sac ;
La chambre noire en crèvera.
    Alleluia.

Vous n'entendez donc plus crier
Linguet, canard de ce bourbier ;
Désormais il y pourrira.
    Alleluia.

Jouant Dieu, vos hauts calotins
De leurs plus perfides venins
Croyoient empoisonner l'État.
    Alleluia.

A saint Tartuffe, leur patron,
Ils avoient fait vœu, ce dit-on,
D'agir en fils de Loyola.
    Alleluia.

Aussi leur très digne moteur,
La croix en main avec ferveur,
Sa doctrine au roi débita.
    Alleluia.

Vos beaux messieurs les baladins
Vouloient vous traiter en gredins.
Mais on leur a dit, halte-là.
    Alleluia.

Honneur, honneur aux esprits forts
Qui rendent nuls tous les efforts;
Leur nom à jamais survivra.
    Alleluia.

Bailly, Targer, Jaller, Dillon,
Grégoire, le brave Crillon,
Lally et nos dignes prélats.
    Alleluia.

Mirabeau, Rabund, Chapellier,
Barnave, Sieyès et Le Monnier,
Sur le marbre on vous gravera.
    Alleluia.

A Necker réservons l'airain ;
C'est lui qui d'une habile main
Tous ces miracles prépara
    Alleluia.

Pour d'Orléans et son parti
Brûlons l'encens, car, Dieu merci,
Avec le temps tout se fera.
    Alleluia.

Pour couronner un si beau jour,
Il nous faut des brigands de cour
Faire un fagot qu'on brûlera.
    Alleluia.

LES DROITS DE L'HOMME ET DU CITOYEN

Mis en Vaudeville avec le texte au-dessus de chaque couplet.

Article Premier

Les hommes naissent et demeurent libres et égaux en droits ; les distinctions sociales ne peuvent être fondées que sur l'utilité commune.

Tous les hommes, dès leur naissance,
Ont et gardent les mêmes droits ;
Libres, mais sans indépendance,
Ils demeurent soumis aux loix.
Plus d'intrigue, plus de cabale,
Plus de folles prétentions ;
Sur l'utilité générale
Reposent les distinctions. *(bis)*

Article II

Le but de toute association politique est la conservation des droits naturels et imprescriptibles de l'homme ; ces droits sont : la liberté, la propriété, la sûreté et la résistance à l'oppression.

Vivre sans appréhension,
Sans se permettre de licence,
Opposer à l'oppression
Une intrépide résistance,
Conserver la possession
De tous ses droits imprescriptibles :
De toute association
Voilà les signes infaillibles. *(bis)*

de la première République

Article III

Le principe de toute souveraineté réside essentiellement dans la Nation; nul corps, nul individu ne peut exercer d'autorité qui n'en émane expressément.

> De toute souveraineté
> La Nation est le principe,
> Il est dans la société,
> Tout citoyen y participe ;
> Nul ordre, nul empêchement
> Qui n'en émane expressément.

Article IV

La liberté consiste à pouvoir faire tout ce qui ne nuit pas à autrui; ainsi l'exercice des droits naturels de chaque homme n'a de bornes que celles qui assurent aux autres membres de la société la jouissance de ces mêmes droits ; ces bornes ne peuvent être déterminées par la loi.

> Qu'est-ce donc que la liberté ?
> Notre propre volonté ;
> C'est le droit, c'est la faculté
> De penser, de faire,
> De dire ou de taire,
> D'aller d'un ou d'autre côté,
> V'la c'que c'est qu'la liberté.

Article V

La loi n'a le droit de défendre que les actions nuisibles à la société. Tout ce qui n'est pas défendu par la loi ne peut être empêché, et nul ne peut être contraint à faire ce qu'elle n'ordonne pas.

> Du temps lorsqu'on fait bon emploi,
> On n'est pas puni, car la loi
> Ne défend d'aimer ni de boire :

Mais quand on nuit à son prochain,
Par la fraude et par le larcin.

Dam ! C'est que la loi ne badine plus, elle vous agite comme son panache terrible qui fait trembler le coupable, et lui dit d'une voix de tonnerre :

J'veux être un chien, etc.

Article VI

La loi est l'expression de la volonté générale ; tous les citoyens ont droit de concourir personnellement ou par leurs représentants à sa formation ; elle doit être la même pour tous, soit qu'elle protège, soit qu'elle punisse. Tous les citoyens étant égaux à ses yeux sont également admissibles à toutes dignités, places et emplois publics, selon leur capacité, et sans autres distinctions que celles de leurs vertus et de leurs talents.

Des honneurs, des emplois,
    Mon cousin,
Rien ne peut nous exclure :
Vite si tu m'en crois,
    Mon cousin,
Vite à la prélature,
    Mon cousin,
Voilà, mon cousin l'allure, etc.

Article VII

Nul homme ne peut être accusé, arrêté ni détenu que dans des cas déterminés par la loi, et selon les formes qu'elle a prescrites. Ceux qui sollicitent, expédient, exécutent ou font exécuter des ordres arbitraires doivent être punis ; mais tout citoyen appelé ou saisi en vertu de la loi doit obéir à l'instant : il se rend coupable par résistance.

Nul ne peut être mis en cage
Que suivant la formalité :
Plus de ces lettres en usage
Sous l'absolue autorité ;

Mais toute résistance est vaine
Pour celui que la loi surprend,
    R'li, r'lan
R'lan tan plan, on vous mène,
R'lan tan plan, tambour battant.

Article VIII

La loi ne doit établir que des peines strictement et évidemment nécessaires, et nul ne peut être puni qu'en vertu d'une loi établie antérieurement au délit et légalement appliquée.

La loi ne doit établir
Que la peine nécessaire ;
Ce n'est point une mégère
Sans cesse prête à punir :
Mais, quand elle s'y voit forcée,
Elle ouvre le code et lit :
La peine au semblable délit } bis
Auparavant prononcée.

Article IX

Tout homme étant présumé innocent jusqu'à ce qu'il ait été déclaré coupable, s'il est jugé indispensable de l'arrêter, toute rigueur qui ne seroit pas nécessaire pour s'assurer de sa personne doit être sévèrement réprimée par la loi.

Tout homme, bien qu'on le soupçonne,
Peut être une honnête personne ;
N'allez avant le jugement
Sévir inconsidérément. (*bis*)
La loi défend, la loi supprime
Ces fers qui, sans raison ni rime,
Servoient jadis de chapelet
Aux habitants du Châtelet. (*bis*)

Article X

Nul ne doit être inquiété pour ses opinions, même religieuses, pourvu que leur manifestation ne trouble pas l'ordre public établi par la loi.

>Nul ne peut être inquiété
>Pour son défaut de piété ;
>Fort à son aise il peut médire
>Du culte et des loix de l'empire ;
>Mais pourvu que, dans aucun cas,
>Le bon ordre il ne trouble pas.

Article XI

La libre communication des pensées et des opinions est un des droits les plus précieux de l'homme. Tout citoyen peut donc parler, écrire, imprimer librement, sauf à répondre de l'abus de cette liberté, dans le cas déterminé par la loi.

>Tout citoyen peut être auteur
>Sans craindre la censure,
>Même devenir imprimeur
>Suivant la conjecture.
>Mais, s'il n'y fait pas attention,
>La faridondaine, la faridondon,
>On pourra l'imprimer aussi,
>   Biribi,
>A la façon de Barbari,
>   Mon ami.

Article XII

La garantie des droits de l'homme et du citoyen nécessite une force publique. Cette force est donc instituée pour l'avantage de tous et et non pour l'utilité particulière de ceux à qui elle est confiée.

>Pour l'intérêt de la chose publique,
>Il faut un chef à la société,

Qui revêtu de son autorité,
Non pas pour lui, mais pour elle l'applique.

Article XIII

Pour l'entretien de la force publique, et pour les dépenses de l'administration, une contribution commune est indispensable; elle doit être également répartie entre tous les citoyens, en raison de leurs facultés.

Pour maintenir la suprême puissance,
Il faut des bras, il faut un coffre-fort.
Tout citoyen doit donner, sans effort,
Dans le besoin, son sang et sa finance.

Article XIV

Les citoyens ont le droit de constater par eux-mêmes ou par leurs représentants la nécessité de la contribution publique, de la consentir librement, d'en suivre l'emploi et d'en déterminer la quotité, l'assiette, le recouvrement, la durée.

Tout citoyen a droit de régler les subsides,
D'en fixer le montant aux publicains avides,
De consentir l'impôt et d'en suivre l'emploi,
De le payer surtout, c'est la première loi.

Article XV

La société a le droit de demander compte à tout agent public de son administration.

Nous devons de même, en tout temps,
Demander compte à nos agents ;
Tout citoyen, sans doute,
  Eh bien !
Est las de n'y voir goutte ;
 Vous m'entendez bien.

Article XVI

Toute société dans laquelle la garantie des droits n'est pas assurée ni la séparation des pouvoirs déterminée, n'a point de Constitution.

Quand les hommes vivent ensemble,
Plus par crainte que par devoir;
Quand chez eux l'absolu pouvoir
Est le lien qui les rassemble,
Une pareille nation
N'a pas de Constitution.

Article XVII

Les propriétés étant un droit inviolable et sacré, nul ne peut en être privé, si ce n'est lorsque la nécessité publique l'exige évidemment, et sous la condition d'une juste et valable indemnité.

Sans une juste indemnité,
Au citoyen en jouissance,
Aucun fonds ne peut être ôté,
Fût-ce pour le bonheur de la France.
Dans toutes les sociétés,
L'usurpateur est condamnable;
Le droit le plus inviolable
Est celui des propriétés

CONCLUSION

Voilà les droits
De tout peuple, de tout empire,
Voilà les droits
Immuables bases des loix :
Des miens si vous voulez maudire,
Souvenez-vous que de la lyre
Voilà les droits.

CHANSON DE 1789

Air : *O filii et filia.*

Notre saint Père est un dindon,
Le calotin est un fripon,
Notre archevêque un scélérat.
    Alleluia.

Ces malheureux ont arrêté
Les bienfaits de sa majesté;
Tôt ou tard il en périra.
    Alleluia.

A quoi sert la confession,
Ainsi que l'absolution?
Le Seigneur nous la donnera.
    Alleluia.

Le clergé s'est bien entêté,
Le pain a toujours augmenté,
Mais Necker le diminuera.
    Alleluia.

Ils ont caché tous leurs trésors,
Empilés dans des coffres-forts.
Mais bientôt on les trouvera.
    Alleluia.

Grand Dieu ! mettez fin à nos maux,
Délivrez-nous de ces corbeaux ;
Nous chanterons des *libera*.
   Alleluia.

1790

ÇA IRA !

CHANTÉ A LA FÊTE DE LA FÉDÉRATION NATIONALE
LE 1ᵉʳ JUILLET 1790

Paroles de LADRÉ

Musique de BÉCOURT

Ah ! ça ira, ça ira, ça ira.
Le peuple, en ce jour, sans cesse répète :
Ah ! ça ira, ça ira, ça ira,
Malgré les mutins, tout réussira.

Nos ennemis confus en restent là,
Et nous allons chanter Alleluia.
Ah ! ça ira, ça ira, ça ira.
En chantant une chansonnette,
Avec plaisir on dira :

Ah ! ça ira, ça ira, ça ira.
Le peuple, en ce jour, sans cesse répète :
Ah ! ça ira, ça ira, ça ira,
Malgré les mutins, tout réussira.

Quand Boileau jadis du clergé parla,
Comme un prophète, il prédit cela :
    Ah ! ça ira, ça ira, ça ira,
Suivons les maximes de l'évangile,
    Ah ! ça ira, ça ira, ça ira,
Du législateur tout s'accomplira :
Celui qui s'élève, on l'abaissera,
Celui qui s'abaisse, on l'élèvera.

    Ah ça ira, ça ira, ça ira.
Le peuple en ce jour sans cesse répète :
    Ah ! ça ira, ça ira, ça ira,
Malgré les mutins, tout réussira.

Le vrai catéchisme nous instruira
Et l'affreux fanatisme s'éteindra.
    Pour être à la loi docile,
    Tout François s'exercera.

    Ah ! ça ira, ça ira, ça ira.
Le peuple, en ce jour, sans cesse répète :
    Ah ! ça ira, ça ira, ça ira,
Malgré les mutins, tout réussira.

    Ah ! ça ira, ça ira, ça ira.
Pierrot et Margot chantent à la guinguette :
    Ah ! ça ira, ça ira, ça ira ;
Réjouissons-nous, le bon temps reviendra.
Le peuple françois, jadis *a quia ;*
L'aristocrate dit : *mea culpa.*

Ah! ça ira, ça ira, ça ira.
Le clergé regrette le bien qu'il a ;
Par justice la nation l'aura ;
    Par le prudent La Fayette
    Tout trouble s'apaisera.
    Ah! ça ira, ça ira, ça ira.

    Ah ! ça ira, ça ira, ça ira,
Par les flambeaux de l'auguste Assemblée ;
    Ah! ça ira, ça ira, ça ira.
Le peuple armé toujours se gardera ;
Le vrai d'avec le faux l'on connoîtra ;
Le citoyen pour le bien soutiendra.
    Ah ! ça ira, ça ira, ça ira.
Quand l'aristocrate protestera,
Le bon citoyen au nez lui rira,
    Sans avoir l'âme troublée,
    Toujours le plus fort sera.

    Ah! ça ira, ça ira, ça ira.
Le peuple, en ce jour, sans cesse répète :
    Ah! ça ira, ça ira, ça ira,
Malgré les mutins, tout réussira.

    Ah! ça ira, ça ira, ça ira.
Petits comme grands sont soldats dans l'âme ;
    Ah! ça ira, ça ira, ça ira !
Pendant la guerre aucun ne trahira ;
Avec cœur tout bon François combattra ;
S'il voit du louche, hardiment parlera.
    Ah! ça ira, ça ira, ça ira.

La liberté dit : vienne qui voudra,
Le patriotisme lui répondra.
 Sans craindre ni feu ni flamme,
 Le François toujours vaincra !

 Ah ! ça ira, ça ira, ça ira.
Le peuple, en ce jour, sans cesse répète :
 Ah ! ça ira, ça ira, ça ira,
Malgré les mutins, tout réussira (1).

CHANT DU 14 JUILLET

Paroles de MARIE-JOSEPH CHÉNIER

Musique de GOSSEC

Dieu du peuple et des rois, des cités, des campagnes,
De Luther, de Calvin, des enfants d'Israël,
Dieu que le Guèbre adore au pied de ses montagnes,
 En invoquant l'astre du ciel.

---

(1) Le refrain ci-dessus a été travesti de la manière suivante :
 Ah ! ça ira, ça ira, ça ira,
 Les aristocrates à la lanterne ;
 Ah ! ça ira, ça ira, ça ira,
 Les aristocrates on les pendra ;
 Et quand on les aura tous pendus,
 On leur fich'ra la pelle au c...

Ici sont rassemblés, sous ton regard immense,
De l'empire françois les fils et les soutiens,
Célébrant devant toi leur bonheur qui commence,
    Égaux à leurs yeux comme aux tiens.

Rappelons-nous ces temps où des tyrans sinistres
Des François asservis fouloient aux pieds les droits ;
Ces temps, si près de nous, où d'infâmes ministres
    Trompoient les peuples et les rois.

Des brigands féodaux les rejetons gothiques
Alors à nos vertus opposoient leurs aïeux ;
Et le glaive à la main, des prêtres fanatiques
    Versoient le sang au nom des cieux.

Princes, nobles, prélats nageoient dans l'opulence
Le peuple gémissoit de leurs prospérités :
Du sang des opprimés, des pleurs de l'indigence
    Leurs palais étaient cimentés.

En de pieux cachots, l'oisiveté stupide,
Afin de plaire à Dieu, détestoit les mortels ;
Des martyrs, périssant par un long suicide,
    Blasphémoient au pied des autels.

Ils n'existeront plus ces abus innombrables ;
La sainte liberté les a tous effacés ;
Ils n'existeront plus ces monuments coupables ;
    Son bras les a tous renversés.

Dix ans sont écoulés : nos vaisseaux, rois de l'onde,
A sa voix souveraine ont traversé les mers;
Elle vient maintenant, des bords du nouveau monde,
  Régner sur l'antique univers.

Soleil, qui, parcourant ta route accoutumée,
Donnes, ravis le jour et règles les saisons;
Qui, versant des torrents de lumière enflammée,
  Mûris nos fertiles moissons;

Feu pur, œil éternel, âme et ressort du monde,
Puisses-tu des François admirer la splendeur !
Puisses-tu ne rien voir dans ta course féconde
  Qui soit égal à leur grandeur !

Que les fers soient brisés ; que la terre respire :
Que la raison des loix parlant aux nations
Dans l'univers charmé fonde un nouvel empire
  Qui dure autant que tes rayons.

Que des siècles trompés le long crime s'expie;
Le ciel pour être libre a fait l'humanité;
Ainsi que le tyran, l'esclave est un impie
  Rebelle à la divinité.

HYMNE

POUR LA FÊTE DE LA RÉVOLUTION, LE 14 JUILLET 1790

Paroles de MARIE-JOSEPH CHÉNIER

Il est venu le jour où, depuis une année,
Les destins de la France ont fini ses revers ;
Accourez, citoyens ; cette auguste journée
    A rompu nos antiques fers.

François, offrons à Dieu l'hymne patriotique ;
Mêlons à nos serments des chants pleins de fierté,
Courons sur le lieu même, autrefois despotique,
    Où naquit notre liberté.

Gravons sur les débris de ces tours formidables
Le récit du combat, les exploits des vainqueurs,
Les loix de notre empire, et les noms respectables
    De nos premiers législateurs.

Que le roi des François ait part à notre hommage ;
Ne l'environnons point d'esclaves enchaînés,
Et n'avilissons point aux pieds de son image
    Des peuples entiers prosternés.

Nous avons vu des rois chéris de la victoire :
La justice du temps a brisé leurs autels ;
Mais le temps, toujours juste, élèvera sa gloire
    Sur des fondements immortels.

SERMENT DE LA CONFÉDÉRATION

LE 14 JUILLET 1790, PAR LES FÉDÉRÉS DE SENLIS

Citoyens que rien n'arrête
Dans le cours de vos exploits,
Quand votre bonheur s'apprête,
Prêtez l'oreille à ma voix :
Rempli d'une noble audace,
Fier de ma témérité,
Dédaignant faveurs et place,
Je chante la liberté.

En vain l'aristocratie
De ses venins malfaisants
Voudroit perdre la patrie,
Ses efforts sont impuissants !
Amis, citoyens, nos frères,
Vengeurs de la liberté,
Puissions-nous purger la terre
De ce monstre détesté.

Au Roi.

Roi chéri que je révère,
Digne objet de notre amour,
Permet qu'un peuple de frères
T'offrent leurs vœux tour à tour.

De cette union parfaite
Naît la douce égalité,
Et chacun de nous répète :
Vivons pour la liberté !

A nos Députés.

A vous, dieux de la patrie !
Bienfaisants législateurs,
De la loi presque flétrie
Puissants régénérateurs ;
Par votre zèle intrépide
L'homme a recouvré ses droits,
Et la vertu qui vous guide
Fait l'honneur du nom françois.

Serment civique.

Jurons tous d'être fidèles
Aux loix, à la nation,
Au roi qui règne par elles,
A la constitution ;
Qu'enfin notre espoir se fonde,
Et que notre liberté,
Donnant un exemple au monde,
Passe à la postérité.

COUPLETS SUR LA FÉDÉRATION

14 juillet 1790

Air: *On doit soixante mille francs.*

Les traîtres à la nation
Craignent la fédération ;
   C'est ce qui les désole. (*bis*)
Mais aussi, depuis plus d'un an,
La liberté poursuit son plan :
   C'est ce qui nous console. (*bis*)

L'instant arrive où pour jamais
Vont s'éclipser tous leurs projets :
   C'est ce qui les désole. (*bis*)
Mais l'homme enfin va, cette fois,
Rétablir l'homme dans ses droits :
   C'est ce qui nous console. (*bis*)

Il arrive souvent qu'au bois
Ou va deux pour revenir trois,
   Dit la chanson frivole. (*bis*)
Trois ordres s'étaient assemblés,
Un sage abbé les a mêlés :
   C'est ce qui nous console. (*bis*)

Quelques-uns regrettent leurs rangs,
Leurs croix, leurs titres, leurs rubans :

C'est ce qui les désole. (*bis*)
Ne brillons plus, il en est temps,
Que par les mœurs et les talents :
　　C'est ce qui nous console. (*bis*)

Ce dont on fera moins de cas,
C'est des cordons et des crachats :
　　C'est ce qui les désole. (*bis*)
Mais des lauriers, mais des épis,
Des feuilles de chêne ont leur prix :
　　C'est ce qui nous console. (*bis*)

On en a vus qui, franchement,
N'ont fait qu'épeler leur serment :
　　C'est ce qui nous désole. (*bis*)
Qu'on le répète à haute voix,
De bouche et de cœur à la fois :
　　C'est ce qui nous console. (*bis*)

La loge de la liberté
S'élève avec activité :
　　Maint tyran s'en désole. (*bis*)
Peuples divers, mêmes leçons
Vous rendront frères et maçons :
　　C'est ce qui nous console. (*bis*)

CHANSON PATRIOTIQUE

Air d'*Azémia*.

Parlons un peu de ces édits
Qui jettent l'épouvante ;
Parlons un peu de ces écrits
Du parlement qu'on vante.
Lamoignon, sans savoir pourquoi,
Clabaude et fait parler le roi ;
    Clabaude, clabaude,
Clabaude et fait parler le roi.
Pour éclaircir tout ce mystère,
Il veut parler et fait taire ;
Mais, Monseigneur, mais, Monseigneur,
Si vous êtes de bonne foi,
Laissez-nous donc parler au roi. (*bis*)

Taisez-vous, messieurs les robins,
Vraie race de canailles,
Et qui, tranchant du souverain,
Ne faites rien qui vaille ;
Nous vous chassons, vous et vos loix :
Sont-elles faites pour les rois ?
    Sont-elles, sont-elles,
Sont-elles faites pour les rois ?
Mais, si ce rien vous embarasse,
Messieurs, mettez-vous à ma place ;
Je n'eus jamais, je n'eus jamais,
Je n'eus jamais ni foi ni loi,
Et cependant je sers le roi. (*bis*)

Mais finissons cet entretien
Et tous ces radotages ;
N'est-ce pas pour votre bien
Qu'on vous fait des bailliages ?
Enfin nous aurons des impôts,
Sans craindre tous vos sots propos,
   Sans craindre, sans craindre,
Sans craindre tous vos sots propos.
Vous aurez pour magistrature
Des parlements en miniature
Qui jugeront, qui jugeront,
Qui jugeront..... comme ils voudront ;
Mais, du moins, ceux-là se tairont. (*bis*)

Pour rassurer les citoyens,
Il reste encor les dames ;
Il nous reste plus d'un moyen :
Leur babil et leurs âmes ;
Pour imposer à leur caquet,
Que servent lettres-de-cachet ?
   Que servent, que servent,
Que servent lettres-de-cachet ?
Amour, honneur et le courage,
Tous les moyens mis en usage
Enflammeront, enflammeront,
Et les amants et les maris
Deviendront citoyens au lit. (*bis*)

LA FRANCE INVINCIBLE

PAR LE PATRIOTISME

Par LADRÉ

Air: *A la dragonne*.

La belle constitution
Va réjouir la nation ;
Que la trompette sonne.
Nous sommes libres maintenant ;
En bons amis chantons gaiement,
A la rataplan, à la rataplan, pan,
    A la dragonne.

Malgré tous les mauvais complots,
Nos ennemis sont tous capots ;
Contre eux notre loi tonne ;
Contre elle, qui sera méchant
Sera mené tambour battant,
A la rataplan, etc.

Condé, tout armé doit venir ;
Qu'il vienne s'il aime à mourir,
C'est la loi qui l'ordonne.
Sans avoir égard à son rang,
En France à pied ferme on l'attend,
A la rataplan, etc.

Rohan, ce méchant cardinal,
Près du Rhin cause bien du mal

Par les conseils qu'il donne ;
Et ce fanatique galant
Vivoit en nous scandalisant,
A la rataplan, etc.

Malgré son éminent chapeau,
La Bastille fut son château ;
Aimant trop la mignonne,
Aujourd'hui voudroit saintement
Des François voir couler le sang,
A la rataplan, etc.

Non, le sang ne coulera pas,
Les François armés ont des bras,
Tous enfants de Bellone ;
Que seroient donc ces émigrans
Contre tant de François vaillans?
A la rataplan, etc.

Condé, Mirabeau, d'Autichamp
Et tous les soldats de leur camp
Ne font peur à personne ;
Le louis d'or et l'écu blanc
Ne vaincront pas le François franc,
A la rataplan, etc.

Contre tous les conspirateurs
La voix de nos législateurs
Par justice raisonne.
Tous François, François combattant,
Aussitôt, la mort les attend,
A la rataplan, etc.

L'HEUREUSE RÉFORME

Par le citoyen MULOT, de Compiègne.

Air de la *Croisée*.

Quittons un instant ma Zulmé,
Quittons un instant ma Zulmé,
Ses talents, ses goûts, sa folie,
Et sa douce mélancolie ;
Cessons un instant nos plaisirs,
   Quittons-la pour la forme ;
Plus vifs en noîtrons nos désirs,
   Et chantons la réforme. (*bis*)

Concitoyens, il n'en est pas
Ainsi de tout ce qui s'exerce ;
Nous, nous réformons à grands pas ;
Tyrans, erreurs, tout se renverse,
Voilà le fanatisme à bas,
   Ce n'est pas pour la forme.
Laissons les sots gémir tout bas ;
   Moi, j'aime la réforme. (*bis*)

Le bonnet de la liberté
Contre la mitre a fait échange
Pour nous rendre l'égalité,
Et nous ne perdons rien au change ;
Tous les hochets du prestolet,
   Prenant meilleure forme,
De tous côtés vont au creuset,
   Ah ! la bonne réforme. (*bis*)

Nous avons admis la raison
En place d'absurdes mystères,
Fruits de la superstition
Qui si longtemps berça nos pères ;
Ce que tous ces cuistres prêchoient
  N'étoit que pour la forme
Dieu sait ce que tous en croyoient :
  Allons à la réforme. (*bis*)

Plus de voluptueux prélat
Traîné dans un char magnifique,
Insultant au peuple, à l'État,
Qu'opprimoit leur gourmande clique :
Le philosophe gémissoit
  De ce spectacle informe,
Et tout citoyen désiroit
  Cette heureuse réforme. (*bis*)

Sans revenus, plus de moyens
D'afficher le libertinage
Des mœurs... ce sont là les vrais biens ;
Le luxe à bas, on devient sage,
Filles, époux qu'ils attrappoient,
  Dans le fond, dans la forme,
Vengeance de ceux qu'ils trompoient ;
  Chantons cette réforme. (*bis*)

CHANSON PATRIOTIQUE

Par M. L. G. F., avocat.

Air: *C'est la petite Thérese*, de la pièce des *Vendangeurs*.

Ce n'est point une fadaise,
Les François sont triomphans ;
Quand à moi, j'en suis fort aise,
Ils ont l'air de bons enfans.
Pour le coup, l'aristocrate
Dans le filet comme un sot ;
En vain sa bile dilate,
Il crève sans dire mot.

Abbés, prélats, monacaille
Sont effimés comme rien ;
Ils faisoient grande ripaille
Et possédoient tout le bien ;
Certain curé sans ressource,
Quoique fort sage et fort discret,
Étoit, curé de la bourse,
Plus malheureux qu'un valet.

Paris avec les provinces,
Tous États sont réunis ;
Plus de comtes ni de princes,
Les grands titres sont bannis ;
L'Assemblée nationale
Met les gens à l'unisson ;
Quand la vanité détale,
Au diable soit le blason !

Livrons-nous à l'allégresse,
Célébrons un si beau jour ;
Plus de soucis ni tristesse,
Éloignons-les sans retour ;
Chantons, dansons tous en ronde,
Au doux son des violons ;
Qu'on dise par tout le monde,
François sont de bons lurons.

LA DÉROUTE DES AGIOTEURS

Air : *On doit soixante mille francs.*

Vous pairez six cent mille francs
Pour avoir bien volé les gens ;
  C'est ce qui vous désole.
Mais nous ne mourrons plus de faim,
Et nous aurons enfin du pain,
  C'est ce qui nous console.

Vous qui brocantiez des louis,
Adieu, messieurs, tous vos profits :
  C'est ce qui vous désole.
Mais l'abondance reviendra
Grâce à ce petit malheur là ;
  C'est ce qui nous console.

En cabriolets, en Wiskis
Vous n'irez plus, mes bons amis ;
   C'est ce qui vous désole.
Mais par vous l'honnête homme à pié
Ne sera plus estropié ;
   C'est ce qui nous console.

Dans Paris, le vice insolent
Ne sera plus aussi brillant ;
   C'est ce qui le désole.
Quand on n'aura plus de voleurs,
On verra renoître les mœurs :
   C'est ce qui nous console.

Le fripon ne voit en payant
Que la perte de son argent ;
   C'est ce qui le désole.
L'honnête homme en payant dira :
Le bien public y gagnera,
   C'est ce qui me console.

L'ADOPTION

CHANT PATRIOTIQUE

Air : *Jeunes amans, cueillez des fleurs.*

Le bienfaiteur sourit en paix
Aux heureux dont il est le père :
Entouré de ceux qu'il a faits,
Il songe à ceux qu'il pourrait faire :
Chaque jour il cueille le fruit
Des biens que ses dons lui ravissent ;
Sa bienfaisance l'appauvrit,
Ses jouissances l'enrichissent. (bis)

Homme inhumain ! sois comme lui
Sensible au cri de la misère ;
L'infortuné cherche un appui,
Oublieras-tu qu'il est ton frère ?
Ah ! le ciel, au gré de nos vœux,
Également le ciel nous aime ;
Adopter l'être malheureux,
C'est honorer l'être suprême. (bis)

Oui, par le ciel, par la raison,
L'adoption est consacrée ;
Et parmi nous l'adoption
Cesserait d'être vénérée ?

Chez elle habite l'amitié :
De ses vertus c'est la première ;
Tendre fille de la pitié,
Du sentiment elle est la mère. (bis)

Des jours heureux de l'orphelin
L'adoption hâte l'aurore ;
Au vieillard elle tend la main,
Et le vieillard veut vivre encore ;
Il n'est de bien qu'en tous les temps
L'adoption ne nous procure ;
Elle nous donne les enfants
Que nous refuse la nature. (bis)

Ah ! qu'à jamais honte et malheur
Poursuivent le riche coupable,
Qui, sans rougir, ferme son cœur
Sur les besoins de son semblable :
Qu'il soit par la fraternité
Rayé de la liste civique.
Qui n'aime pas l'humanité
Ne peut aimer la République. (bis)

LES RATS ET LES CHATS

Air : *Pour que l'hymen m'engage.*

Vous qui voulez entendre
Un récit très plaisant,
Tâchez de le comprendre
Toujours en plaisantant. (*bis*)
Tous les soldats de France,
On les nomme des rats ;
Aussi par préférence,
Les Anglois sont des chats. (*bis*)

Oui, sur notre hémisphère,
On voit beaucoup de chats ;
On dit que sur la terre
Ils attrappent les rats.
Les bords de la Tamise
Sont gardés par des chats,
De crainte de surprise
De la part de nos rats. (*bis*)

Les chats de l'Angleterre
Nagent bien, c'est fort beau,
Nous leur feront la guerre,
Montés sur des rats d'eau.
Oui mais les chats sont traîtres,
Et ces vilains matous
Veulent être nos maîtres
Et nous dévorer tous. (*bis*)

Hélas! quels mauvais signes,
Pour tous les chats anglois,
Que de voir sur deux lignes
Deux cents rats d'eau françois.
Les chats comme des lâches.
En faisant le gros dos,
Se sauvent des moustaches
Que portent nos rats d'eau. (bis)

Déjà tous les chats miaulent.
Voyant tous les rats d'eau
De plaisir qui s'accollent
En s'approchant de l'eau.
Près de notre ratière,
Ils grognent après nous;
Gare à votre repaire
Si les rats vont chez vous. (bis)

Dans l'ancienne méthode,
Les chats mangeaient les rats;
Dans la nouvelle mode,
Les rats mangent les chats.
Tous les chats veulent nuire
A de tranquilles rats.
Mes amis, faut détruire
La sequelle des chats. (bis)

LE TRIOMPHE DE LA LIBERTÉ

Trop longtemps des fers odieux
   Ont fait gémir la France;
En vain elle priait les dieux
   De finir sa souffrance.
La Liberté songe au François,
   Qui l'a si bien servie,
Et veux pour prix de ses bienfaits,
   Secourir sa patrie.

Mais qui sera son écuyer?
   Il le faut brave et sage.
J'ai, dit-elle, mon chevalier,
   Avec lui je voyage;
En Amérique, de son bras
   Je fus très satisfaite:
Qui pourroit mieux guider mes pas
   Que n'a fait La Fayette?

Elle arrive! à l'œil enchanté
   Comme elle paroît belle!
On admire, on est transporté,
   Tous les vœux sont pour elle;
Des couleurs qu'offrent ses atours
   On se pare la tête;
Chacun, au péril de ses jours,
   Veut faire sa conquête.

Ses regards changent en héros
  Le citoyen paisible,
Au François qui suit ses drapeaux
  Il n'est rien d'impossible.
La déesse, sous ses lauriers,
  En souriant contemple
Ce nouveau peuple de guerriers.
  Qui lui consacre un temple.

Comme on voit sur les toits nouveaux
  Bouquets d'heureux présage,
Marquer le succès des travaux
  Et la fin de l'ouvrage,
L'étendard de la liberté
  Du temple orne le faîte,
Et, par La Fayette planté,
  Il brave la tempête.

L'UNION PATRIOTIQUE

Par le citoyen BOULAY

Vers le temple de la victoire,
François, nous courons à grands pas :
Toujours animés par la gloire,
Nous redoutons peu le trépas.

Maintenant, sortis d'esclavage,
Réunis par l'égalité,
Nous chantons d'une voix plus sage
Vive à jamais la liberté. (*bis*)

Aujourd'hui, nous sommes tous frères,
L'égalité serre nos nœuds ;
Nous punirons les téméraires
Qui s'opposeroient à nos vœux.

Maintenant, etc.

Désormois, plus de préférence
Pour la pourpre de nos seigneurs ;
Le vain titre de la noissance
Ne donnera plus les honneurs.

Maintenant, etc.

Tout citoyen plein de mérite
Qui remplira bien ses devoirs,
Pourra, sans qu'il le sollicite,
Obtenir d'illustres pouvoirs.

Maintenant, etc.

Notre étonnante décadence
Nous a fait trouver un trésor,
Et la plus féconde abondance
Va nous ramener l'âge d'or.

Maintenant, etc.

Ce jour heureux qui nous rassemble
Est l'ère de notre bonheur,
Il nous excite tous ensemble
A conserver la même ardeur.

Maintenant, etc.

HOMMAGE A L'ACTE CONSTITUTIONNEL

HYMNE
POUR LA FÊTE DE LA SANCTION PAR LE PEUPLE

Par E. ROUSSEAU

Air : *Avec les jeux dans le village.*

Peuple sensible et magnanime,
Quel beau jour frappe mes regards !
Embrasé du feu qui m'anime,
J'accours au sein de tes remparts :

Cédant à ma bouillante ivresse,
J'acours pour chanter avec toi
Le chef d'œuvre de la sagesse,
Le livre immortel de la loi. (*bis*)

Objet sacré de mes hommages,
Évangile du genre humain,
Du foyer brûlant des orages
Quel dieu te fait sortir soudain ?
Sur la Montagne étincelante,
Parmi les foudres, les éclairs,
C'est la vérité qui t'enfante
Pour le bonheur de l'univers. (*bis*)

Saisi d'une soudaine rage,
L'ennemi de l'égalité
A ton aspect, sublime ouvrage,
Recule et tombe épouvanté ;
Tandis que, grâce à ta lumière,
La France, marchant droit au but,
En toi seul admire et révère
L'astre immortel de son salut. (*bis*)

Brille, ô loi vraiment populaire !
Et, pour premier de tes bienfaits,
Aux cris de leur plaintive mère
Viens rallier tous les François.
Code de l'amitié leur donne !
N'est-il pas juste dans ce jour
Que l'amitié le sanctionne
Sous les auspices de l'amour. (*bis*)

Ce livre adoré dont la vue
Suffit pour nous électriser,
Tyrans est le coup de massue
Qui seul doit tous vous écraser.
Ainsi que la tête effrayante
De la Méduse d'autrefois,
Lui seul va glacer d'épouvante
Et pétrifier tous les rois. (*bis*)

Sous cette égide impénétrable,
Combattez, Hercules vaillants,
La horde affreuse et détestable
De leurs satellites brigands.
Mourir pour votre loi suprême,
Voilà le comble de l'honneur ;
Tout François doit penser de même,
Si j'en juge d'après mon cœur. (*bis*)

CHANSON

CONTRE L'ASSEMBLÉE NATIONALE

Air: *Quand le bien-aimé reviendra.*

Le duc d'Orléans reviendra ;
Tous les matins on nous l'anonce ;
Le duc d'Orléans ne vient pas,
Sa fuite seule le dénonce :
    Chacun l'accuse,
    Chacun l'accuse.
Hélas! hélas! le duc d'Orléans ne vient pas.

Aussitôt qu'il arrivera
Dans sa malheureuse patrie,
D'un seul mot il repoussera
Les soupçons de la calomnie :
    Chacun l'espère,
    Chacun l'espère.
Ah! Ah! Ah! nous verrons comme il s'y prendra !

Aisément il triomphera ;
Mais, pour que son destin s'achève,
Son cher la Clos le conduira
Aux Porcherons et à la Grève :
    On l'y désire,
    On l'y désire.
Ah! Ah! Ah! Nous verrons s'il en sortira.

COUPLETS

COMPOSÉS ET CHANTÉS PAR LES OUVRIERS DU CHAMP-DE-MARS

Air : *Vive Henri IV !*

Aristocrates, vous voilà confondus,
Le Champ-de-Mars vous fiche pelle au cul ;
Aristocrates, vous voilà confondus.

Votre Bastille, que vous estimiez tant,
Comme vétille fut réduite au néant,
Votre Bastille, que vous aimiez tant.

Le roi, le père, l'ami du citoyen
Leur est prospère et ne veux que leur bien,
Ce roi, leur père, l'ami du citoyen.

O ! prince aimable, digne de notre amour
Ton règne affable nous promet d'heureux jours,
O ! prince aimable, digne de notre amour.

HYMNE A LA LIBERTÉ

CHANT DE TRIOMPHE

Paroles de BAOUR-LORMIAN

Musique de RIGEL, Père

Toi, dont le bras tyrannicide
Fit briller le glaive des loix ;
Couvert de ta céleste égide,
Le peuple a reconquis ses droits :
Du Tanaïs au bords du Tage,
Que tout répète nos accents,
Tes regards ont chassé l'orage
Prêt à fondre sur tes enfants.

O Liberté, chaste, immortelle,
Pénètre nos cœurs de tes feux ;
De ce peuple qui t'est fidèle
Fais toujours un peuple d'heureux.

En vain la nature sommeille
Au sein d'une profonde nuit,
A ta voix elle se réveille,
Le jour naît et l'erreur s'enfuit.
Tu parles, notre âme embrasée
Respire l'ardeur des combats,
Et la France volcanisée
Vomit un essaim de soldats.

    O Liberté, etc.

L'arbre impur de la tyrannie,
Étendant au loin ses rameaux,
Dévoroit la terre chérie
Et l'héritage des héros.
Liberté, tu lances la foudre :
Il courbe son front chancelant,
Et tombe enfin réduit en poudre
Dans les abymes du néant.

 O Liberté, etc.

Mais une horde sacrilège
Insulte encore ton pouvoir ;
Sous nos pas elle creuse un piège,
Et nourrit un frivole espoir ;
Monstres, aux chants de la victoire
Ne mêlez pas le bruit des fers ;
Reconnoissez dans notre gloire
Le triomphe de l'univers.

 O Liberté, etc.

Déjà l'opulente Ibérie
Se réunit à nos drapeaux ;
Loin de la Seine enorgueillie,
L'Èbre en paix roulera ses flots ;
Et toi, par une douce chaîne,
Rassemble les mortels épars ;
Que la discorde et que la haine
Meurent aux pieds de leurs remparts.

 O Liberté, etc.

CHANSON

Air : *O ma tendre musette.*

Prélat, hors de l'église,
A l'eau tant va le pot
Qu'à la fin il se brise,
Qu'à ta place on est sot ;
Enfin donc, on t'exile,
Tu deviens à ton tour
La fable de la ville
Ainsi que de la cour.

Du clergé la puissance
N'a pu te garantir ;
De ta persévérance
Tu dois te repentir ;
Ta liberté ravie,
Prélat, te prouve bien
Que l'homme dans la vie
Ne doit compter sur rien.

Des parlements l'absence
Fit ton contentement ;
Ils sont de cette offense
Vengés présentement ;
Ils prendront leur revanche.
Ne te plains pas à tort
Si la balance penche
Du côté du plus fort.

Rien n'échappe aux grands hommes
Pour le bien général ;
Dans le siècle où nous sommes,
Ils sont notre fanal ;
Mais, avant la déroute,
Tu devois bien prévoir
Qu'ils porteroient sans doute
Échec à ton pouvoir.

Ta trame, découverte
Par un grand magistrat,
Assure dans ta perte
Le repos de l'État.
Il falloit un exemple
Aux yeux de tes égaux ;
Crains Thémis dans son temple,
Préviens de plus grands maux.

Crois-moi, change de thèse,
Si tu ne veux longtemps
Méditer à ton aise.
Malgré tes partisans,
Abjure ton audace,
Et, moins rebelle aux loix,
Attends tout de la grâce
Du plus clément des rois.

CHANSON PATRIOTIQUE

Au feu brûlant de la liberté
   L'homme enfin s'électrise ;
Vivre libre et dans l'égalité,
   Telle est notre devise.
      Pour elle, en tout lieu,
      Ne formons qu'un vœu :
Réunissons-nous, bons patriotes,
Honneur aux Sans-culottes, morbleu !
    Honneur aux Sans-culottes !

   A Messieurs les ci-devant :

De la cour, imbéciles valets,
   Orgueilleux mercenaires,
Noirs caffards, indécens prestolets,
   Charlatans réfractaires,
     Sans l'abus des dons
     Pour des histrions,
Sans l'amour de quelques dévotes
Auriez-vous des culottes, fripons,
    Auriez-vous des culottes ?

   A Messieurs les honnêtes gens :

Spadassins, chevaliers saugrenus
   De nos anti-Lucrèces,
Vils escrocs, intrigants parvenus
   A force de bassesses ;

Avant les achats
De nos assignats,
Réduits à siffler des linottes,
Aviez-vous des culottes, goujats,
Aviez-vous des culottes?

Aux braves Sans-culottes:

Citoyens, volons au Champ-de-Mars,
Volons à la victoire ;
C'est au sein des dangers, des hazards
Que nous attend la gloire ;
Périsse à jamais
Le nom des Capets
Dans le sang impur des despotes ;
Vivent les Sans-culottes françois,
Vivent les Sans-culottes.

PORTRAIT DES ROIS

Air : *Colinette au bois s'en alla.*

Je veux vous faire cette fois
Le vrai portrait de tous les rois,
Même d'après les loix. (*bis*)

Imaginez-vous des zéros   000, 000
Qui sans chiffre restent capots...
  Ecoutez, en deux mots : (bis)

Pour le peuple, un chiffre placez,
Avant les zéros le mettez,   1 000, 000
  Cela forme un nombre ; (bis)

Mais, si vous mettez, si vous placez
Le chiffre tout au bout,   000, 000, 1
Les zéros ne font plus qu'une ombre
  Et le chiffre est tout. (bis)

CHANSON PATRIOTIQUE

La fière Autriche nous brave,
François, volons aux combats ;
Aux vainqueurs du Turc esclave
Opposons d'autres soldats ;
Le destin des patriotes
Est d'affranchir l'univers ;
Sur la tête des despotes,
Peuples, nous briseront nos fers.

C'est ici la juste guerre
Des peuples contre les rois ;
Aux oppresseurs de la terre
Nous redemandons nos droits ;

Tous leurs trônes sanguinaires
Seront brisés pour jamais,
Nous bâtirons des chaumières
Des débris de leurs palais.

La liberté, la patrie,
Voilà les dieux de nos cœurs,
Pour cette cause chérie,
Nous jurons d'être vainqueurs.
C'en est fait, le canon gronde ;
Nous ne voulons plus de paix,
Que tous les tyrans du monde
Ne soient aux pieds des François.

Une invisible puissance
D'avance a compté nos jours ;
Nul effort de la prudence
N'en peut prolonger le cours ;
L'heure fatale est écrite,
Le lâche fuiroit en vain,
La mort l'attend dans sa fuite
Et le frappe avec dédain.

Qu'à-t-il donc de si terrible,
Le trépas pour un guerrier ?
C'est un asile paisible
Sous l'ombrage d'un laurier ;
Son ombre à jamais chérie
Triomphe avec les vainqueurs.
On n'a point perdu la vie
Quand on vit dans tous les cœurs.

LE SAVETIER BON PATRIOTE

Par LANDRÉ

Air : *Le lendemain d'une ribote.*

Les François par une loi sage
Sont donc devenus tous égaux,
Les nobles, les riches, les gros
Doivent suivre ce bel usage ;
Moi qui ne suis qu'un savetier,
Je suis autant que le premier. (*bis*)

Je distingue un bon monarque,
Qui se rend soutient de nos loix,
Et d'autres, pour avoir ma voix,
C'est leur vertu que je remarque.
Le riche auprès de moi n'est rien
Lorsqu'il n'est pas bon citoyen. (*bis*)

Lorsque Paris dans les alarmes,
Presque sans farine et sans bled,
Tout le peuple étant menacé,
Comment faire n'ayant point d'armes ?
Je mis au plus vite un tranchet
Au bout de mon manche à ballet. (*bis*)

Je cours vite et vole à l'église,
Où les citoyens rassemblés
Me parurent tous désolés :
Vaincre ou mourir fut ma devise ;

Sur tous nos ennemis veillons,
Le jour et la nuit patrouillons. (bis.)

Avec zèle montons la garde
Pour notre propre sureté ;
Que notre chapeau soit orné
De la fraternelle cocarde,
Tâchons de nos bras et nos mains
De braver les traîtres inhumains. (bis)

Tout homme est homme quand il pense
Que tous les hommes ne font qu'un.
Autrefois, j'étais du commun,
Malgré mon baquet de science,
Aujourd'hui je me vois égal
Au prince comme au général. (bis)

Qu'on ne méprise plus ma forme,
Je suis un citoyen guerrier,
Quoique je sois un savetier ;
Quand j'ai mon habit d'uniforme,
Montant la garde chez le roi,
Et partout je soutiens la loi. (bis)

Je fais l'exercice sans peine
Et suis fier comme un grenadier.
Mon fusil je sais manier,
Plus lestement que mon haleine ;
Portant mon arme ou l'arme au bras,
Je sais fort bien marcher au pas. (bis)

Mon fusil et ma bayonnette
Sont les meilleurs de mes outils.
Tous mes mouvements sont subtils;
Fête ou combat, rien ne m'arrête,
Je marcherais jusqu'en enfer
S'il fallait prendre Lucifer. (*bis*)

ROMANCE RÉPUBLICAINE

Air : *J'ai six fois dans la plaine.*

L'autre jour sur l'herbette,
A l'ombre d'un bosquet,
Julie étoit seulette,
Et moi là je passoi ;
Voulant m'approcher d'elle
Pour lui prendre la main,
Arrête, me dit-elle,
Es-tu républicain ? (*bis*)

Oui, je suis patriote,
Lui dis-je au même instant,
Veux-tu d'un Sans-culotte
Recevoir le serment ?

Ah! si tu me refuse,
J'en ai bien du chagrin;
Je te parle sans ruse,
En bon républicain. (*bis*)

Mais, me dit la bergère,
Puisque tu es soldat,
As-tu, depuis la guerre,
Été dans les combats?
Racontes-moi de même,
N'es-tu pas muscadin?
Pour moi, ma foi! je n'aime
Qu'un bon républicain. (*bis*)

Oui dà, pour ma patrie
J'ai vu couler le sang,
J'ai exposé ma vie,
Ma chère, en combattant;
Contre plusieurs esclaves
J'ai mis le sabre en main;
Apprends que je suis brave
Soldat républicain. (*bis*)

Eh bien! me dit Julie,
Je te promets mon cœur.
Mais soit de la patrie
Toujours le défenseur,
Je te serai sincère;
Marche jusqu'à la fin
Et continue la guerre
En bon républicain. (*bis*)

Oui, pour la république
Et pour toi, belle enfant,
D'un courage héroïque
Je verserai mon sang.
Au champ de la victoire,
J'irai toujours grand train,
Pour mériter la gloire
D'un bon républicain. (*bis*)

Ne perds point courage,
Me dit-elle, citoyen,
Un jour le mariage
Sera tout notre bien;
Attends la récompense
D'un plus heureux destin;
Nous ferons à la France
Des petits républicains. (*bis*)

1791

LA JOURNÉE DES POIGNARDS

OU LE VINGT-HUIT FÉVRIER

Pot-pourri Civique

Air des *Pendus*.

Muses, célébrons les exploits
De ces vaillants amis des rois,
Troupe à son monarque fidèle,
Et qui, pour lui prouver son zèle,
Veut assassiner les François,
Et le tout pour leurs intérêts.

Toute la clique monarchique,
Le lundi vingt-huit (1) s'assembla,
Et, dans son style académique,
Ainsi l'abbé Maury parla :

Allons, courons vite au palois
   Défendre la couronne ;
C'est le devoir des bons François
   De périr près du trône.

(1) Février.

Moi, j'aime le roi tout de bon,
La faridondaine, la faridondon :
Ne l'aimez-vous pas tous aussi,
　　　Biribi ?
A la façon de Barbari,
　　　Mon ami.

En avant, troupe monarchiste ;
C'est votre roi qu'il faut sauver :
Il nous mettra tous sur sa liste,
Si nous le pouvons enlever.
　　— Quoi ! l'enlever ?
　　— Oui, l'enlever.
En avant, troupe monarchiste ;
C'est votre roi qu'il faut sauver.

　　　Ce projet
　　　A tous plaît ;
　　　L'on s'apprête :
　Mons Maury se déguisa
　Et se mit tout fier à
　　　Leur tête.

Mais, ô malheur ! O peine extrême !
　　　Hélas ! Grands dieux !
On découvrit le stratagème
　　　Aux soldats bleus.
Leur troupe accourt avec ardeur ;
　　　Elle environne
Le parti, zélé défenseur
　　　De la couronne.

Qui pourroit peindre la surprise
De ce pauvre club monarchien?
En vain chacun d'eux la déguise :
Que peuvent-ils faire ? Hélas ! rien,
S'armer d'un courage stérile
Contre nos valeureux soldats ?...
La résistance est inutile ;
Ça n'se peut pas, ça n'se peut pas.

   Messieurs les aristocrates,
   Leur crièrent nos soldats,
   Devant les bons démocrates,
   Allons, mettez armes bas.
   Et aye, et hu ; et aye et pousse,
Et aye et hu ; qu'on descende vite.
Ah ! si vous revenez comm'ça,
De même l'on vous recevra.
Allons, messieurs, passez par-là, (*bis*)
Ou bien sautez du haut en bas. (*bis*)

   Du haut en bas,
Mons Duval faisant le rebelle,
   Du haut en bas,
Zest !... on lui fit sauter le pas.
Mais la chose n'est pas nouvelle
Puisqu'on voit aller sa cervelle
   Du haut en bas.

Plein d'une humeur indocile,
Monseigneur de Frondeville
Dit qu'il était inutile
De lui crier : Armes bas !

Tous ces vaillants François
Portent à leur ceinture,
Outre deux pistolets,
Une arme bien plus sûre.
Ils sont fiers comme des césars,
Avec leur tirelire, lire,
Avec leur toureloure, loure,
 Leurs longs poignards.

De ces grands personnages
De tous rangs et de tous étages,
De ces grands personnages,
Muse, dis-moi les noms,
Muse dis-moi les noms.
Parmi ces champions,
Monsieur Foucault s'avance,
Monsieur Fou... de Foucault s'avance :
Ah ! c'est l'homme de France
Que l'on entend le mieux,
Que l'on entend le mieux.
Puis marchant deux à deux,
Cazalès, Follefille,
Murinois, Depoix, à la file,
Guillermy, Frondeville,
Montlausier, l'orateur,
Faucigny, le sabreur,
Duval, l'ex sénateur;
Clermont-Tonnerre ensuite,
Lequel mal... Malouet excite;
Clermont-Tonnerre, ensuite,
Faydel, *et cœtera*.

Virieux y fut-il aussi?
Vraiment, ma commère, oui.
Il partagea donc leur gloire?
Vraiment ma commère, voire,
Vraiment ma commère, oui.

L'on partit,
L'on suivit
Le bon prêtre,
Et, jusque dans le château,
Chacun *incognito*
Pénètre.

« Si jamais un téméraire
« Osait... » mais un coup par terre
Étend le parlementaire,
Qui s'écrie : « Ouf ! les deux bras ! »

Montlausier, Cazalès, Maury
Pensent encore à se défendre.
De mon sabre, dit Faucigny,
Attendez, je vais les pourfendre.
Mais, malgré tous ces beaux projets,
Ils reçoivent maints bons soufflets.
On les rosse, on les crosse tous,
Sens dessus dessous, sens devant derrière,
On les rosse, on les crosse tous,
Sens devant derrière, sens dessus dessous.

Cependant,
Prudemment

La cabale,
la faveur de la nuit,
Comme elle vint s'enfuit,
Et bien vite détale.
Mais Maury,
Qu'aucun bruit
Ne consterne,
Dans les groupes se mêla,
Et, déguisé, cria :
Mettez-les tous à la
Lanterne.

Ce fut ainsi
Que réussit leur entreprise ;
Et c'est ainsi
Que tous leurs projets ont fini.
Conspirez, nobles, gens d'église ;
Il en sera, quoiqu'on en dise,
Toujours ainsi.

HYMNE A L'AGRICULTURE

Par COUPIGNY

Musique de LEFÉVRE

Mère commune des humains,
Je te salue, Agriculture,
Les dons que prodiguent tes mains
Sont des bienfaits de la nature.
A ta voix sortant des forêts,
Quittant ses antres, ses montagnes,
L'homme féconda les guérets,
Et le soc nourricier sillonna les campagnes.

L'amour du travail, la santé
Habitent ton humble chaumière ;
Ils écartent la pauvreté
De ta demeure hospitalière ;
C'est là que les cœurs innocens
Des vertus nous offrent l'exemple :
Les vertus se plaisent aux champs,
Et ces filles du ciel y placèrent leur temple.

Laboureurs, citoyens, soldats,
Quel sort est plus digne d'envie ?
Dans les sillons, dans les combats,
Vous servez deux fois la patrie ;

Quand le dieu des sanglants hasards
Laisse reposer son tonnerre,
Par le plus utile des arts
Vous réparez encor les malheurs de la terre.

Mais bientôt de nouveaux succès
Vont mettre un terme à nos alarmes ;
Pour les attributs de Cérès
Déjà Mars échange ses armes.
Heureux au sein de vos foyers,
Qu'a protégés votre vaillance,
Sous l'ombrage de vos lauriers,
Vous trouverez la paix, le repos, l'abondance.

HYMNE A L'ÉGALITÉ

CHANTÉ DANS UNE FÊTE CIVIQUE LE 19 JUIN 1791

JOUR ANIVERSAIRE

DE L'ABOLITION DE LA NOBLESSE EN FRANCE

Paroles de JOSEPH CHÉNIER, représentant du peuple.

Musique de CATEL.

Égalité douce et touchante
Sur qui reposent nos destins,
C'est aujourd'hui que l'on chante
Parmi les jeux et les festins ;

Ce jour est saint pour la patrie ;
Il est fameux par tes bienfaits ;
C'est le jour où ta voix chérie
Vint rapprocher tous les François.

Tu fis tomber l'amas servile
Des titres fastieux et vains,
Hochets d'un orgueil imbécile,
Qui fouloit aux pieds les humains.

Tu brisas des fers sacrilèges,
Des peuples tu conquis les droits,
Tu détrônas les privilèges,
Tu fis noître et régner les loix.

Seule idole d'un peuple libre,
Trésor moins connu qu'adoré,
Les bords du Céphis et du Tibre
N'ont chéri que ton nom sacré.

Des guerriers, des sages rustiques,
Conquérant leurs droits immortels,
Sur les montagnes helvétiques
Ont posé tes premiers autels.

Ce Franklin, qui par son génie
Vainquit la foudre et les tyrans,
Aux champs de la Pensylvanie
T'assura des honneurs plus grands.

Le Rhône, la Loire et la Seine
T'offrent des rivages pompeux ;
Le front ceint d'olive et de chêne,
Viens y présider à nos jeux.

Répands ta lumière infinie,
Astre brillant et bienfaiteur ;
Des rayons de la tyrannie
Tu détruis l'éclat imposteur.

Ils rentrent dans la nuit profonde
Devant tes rayons souverains ;
Par toi, la terre est plus féconde,
Et tu rends les cieux plus sereins.

COUPLETS

CHANTÉS SUR LE THÉATRE DE LA NATION, LE 16 SEPTEMBRE

Dans le spectacle gratis.

Par RICHARD

Air des *Dettes: C'est ce qui me console.*

Quand je voyons queuque malin
Au bon Henri fair' du chagrin,
  Jarni ça me désole ! (*bis*)
Mais je savons que l' cœur françois,
Pour son Roi ne change jamais
  C'est ce qui me console. (*bis*)

Egaux tretous devant la loi,
Si mon bon droit va de guinguoi,
   Morgué je me désole. (*bis*)
Mais si dans ce qu'on doit au Roi,
On l'y fait plus d'honneurs qu'à moi,
   C'est juste, et j'm'en console. (*bis*)

Not' bon Roi n'a voulu que l' bien,
Ces chiens d'ligueux n'en disent rien,
   C'est ce qui me désole ; (*bis*)
Pour tant de maux qu'il a soufferts,
Nos cœurs, nos bras l'y sont ouverts,
   J' sis sûr que ça l'console. (*bis*)

Dans ce beau jour n'songeons à rien,
Qu'à c'qui peut nous faire du bien :
   Tant pis pour qui s'désole ! (*bis*)
Bon Roi, bon père et bon époux,
Jurons ben fort d'l'aimer tretous :
   Ce serment-là console. (*bis*)

HYMNE A VOLTAIRE

CHANTÉ A PARIS LE 12 JUILLET 1791

ÉPOQUE DE LA TRANSLATION DES CENDRES DE VOLTAIRE

AU PANTHÉON FRANÇOIS

Paroles de JOSEPH CHÉNIER

Musique de GOSSEC

Ah! ce n'est point des pleurs qu'il est tems de répandre ;
    Jour de triomphe et non jour de regrets,
Que mes chants d'allégresse accompagnent la cendre
    Du plus illustre des François.

Jadis, par les tyrans cette cendre exilée
Au milieu des sanglots fuyait loin de nos yeux ;
Mais, par un peuple libre aujourd'hui rapportée,
    Elle vient consacrer ces lieux.

Salut, mortel divin, bienfaiteur de la terre,
Nos murs privés de toi vont te reconquérir ;
C'est à nous qu'appartient tout ce qui fut Voltaire ;
    Nos murs t'ont vu naître et mourir.

Ton souffle créateur nous fit ce que nous sommes ;
Reçois le libre encens de la France à genoux,
Sois désormais le dieu du temple des grands hommes,
    Toi qui les as surpassés tous.

Le flambeau vigilant de ta raison sublime
Sur des prêtres menteurs éclaira les mortels;
Fléau de ces tyrans, tu découvris l'abyme
    Qu'ils creusoient au pied des autels.

Les tragiques pinceaux des demi-dieux du Tibre
Ont su ressusciter les antiques vertus ;
Et la France a conçu le besoin d'être libre
    Aux fiers accents des deux Brutus.

Sur cent tons différens ta lyre enchanteresse,
Fidèle à la raison comme à l'humanité,
Aux mensonges brillans inventés par la Grèce
    Unit la simple vérité.

Citoyens, courez tous au devant de Voltaire ;
Il renoît parmi nous, grand, chéri, respecté ;
Comme à son dernier jour ne prêchant à la terre
    Que Dieu seul et la liberté.

LA BONNE AVENTURE

COUPLETS POUR L'ANNIVERSAIRE DU 14 JUILLET 1791

Le quatorze de juillet
  Saint Bonaventure,
Est le saint qu'avec respect
  On fête en nature :
Il deviendra le patron
  De la fédération.
La bonne aventure au gué,
  La bonne aventure.

Quel beau jour que celui-là
  Dans toute la France !
Les calottins sont à bas,
  Robins et finance :
Quand du noble et du cagot
  Nous ferons un haricot.
La bonne aventure au gué,
  La bonne aventure.

Nous n'aurons plus de marquis,
  De ducs, de comtesses :
Les voilà, ma foi bien pris !
  Bonsoir les princesses ;
Adieu donc la vanité,
  Et vive la liberté !
La bonne aventure au gué,
  La bonne aventure.

COUPLETS

CHANTÉS SUR LES DÉBRIS LE LA BASTILLE

DEVANT LE BUSTE DE JEAN-JACQUES ROUSSEAU

LE 14 JUILLET 1791

Tandis que de la liberté
Paris célèbre la conquête,
D'un ami de l'humanité
Que ce jour soit aussi la fête!
Rousseau nous révéla nos droits :
C'est à sa profonde éloquence
Que l'on doit le trésor des loix
Dont on vient d'enrichir la France.

Du feu pur de l'humanité
Animant toujours son langage,
Pour le peuple persécuté,
Rousseau déploya son courage ;
C'est pour lui qu'il se déclara ;
Et sorti de son esclavage,
Au grand homme qui l'en tira
Ce peuple entier doit son hommage.

Que d'autres flattent les guerriers,
Nous révérons aussi leur gloire ;
Mais le sang qui teint leurs lauriers
Tache trop souvent leur mémoire,

Rousseau par de sanglants exploits,
N'a point affligé la nature :
Il fut l'apôtre de ses loix,
Et comme elle sa gloire est pure.

L'erreur dans de vieux préjugés
Avoit plongé la France entière ;
Rousseau nous en a dégagés
En nous prodiguant la lumière ;
Mais effrayé de ses leçons
Le monstre de la tyrannie,
Dans les cachots que nous foulons
Voulut engloutir son génie.

Ces cachots tombés sous nos coups,
De leurs débris jonchent la terre ;
Oh ! que ne peut-il avec nous
Les voir couchés dans la poussière ;
Ce lieu détruit, homme immortel !
Te rend un éclatant hommage,
Et ses ruines sont l'autel
Où nous révérons ton image,

LE CHANT DES VICTOIRES

HYMNE DE GUERRE

Par J. CHÉNIER, Représentant du Peuple.

Musique de MÉHUL

De Brutus éveillons la cendre ;
O Gracques, sortez du cercueil !
La liberté dans Rome en deuil
Du haut des Alpes va descendre ;
Disparoissez, prêtres impurs ;
Fuyez, impuissantes cohortes :
Camille n'est plus dans vos murs,
Et les Gaulois sont à vos portes.

  Gloire au peuple François
  Il soit venger ses droits :
    Vive la république,
  Et périssent les Rois !

Lève-toi, sors des mers profondes,
Cadavre fumant du Vengeur ;
Toi, qui vis le François vainqueur
Des Anglois, des feux et des ondes.
D'où partent ces cris déchirans ?
Quelles sont ces voix magnanimes ?
Les voix des braves expirans,
Qui chantent du fond des abimes :

    Gloire, etc.

Fleurus, champs dignes de mémoire,
Monument d'un triple succès,
Fleurus, champs amis des François
Semés trois fois par la victoire;
Fleurus que ton nom soit chanté
Du Tage au Rhin, du Var au Tibre :
Sur ton rivage ensanglanté
Il est écrit : L'Europe est libre.

   Gloire, etc.

Dans nos cités, dans nos campagnes,
Du peuple on entend les concerts :
L'écho des fleuves et des mers
Répond à l'écho des montagnes.
Tout répète ces noms touchants :
Victoire, Liberté, Patrie.
L'Europe se mêle à nos chants,
Le genre humain se lève et crie :

   Gloire, etc.

HYMNE POPULAIRE

Par les Citoyens BOUQUIER et MALINE

Vive la constitution
Dont l'influence féconde
Fera de notre nation
Le premier peuple du monde!
Elle affranchira l'univers
Des rois, des tyrans et des fers!

En vain la coalition
Des brigands et des esclaves
Voudroit à notre nation
Donner encore des entraves,
Contre ses complots armons-nous!
Elle expirera sous nos coups!

Hâtons de nous réunir,
La liberté nous appelle!
Si son destin est de périr,
Périssons tous avec elle
Amis! C'est en bravant la mort
Qu'un François maîtrise le sort!

A la voix du Dieu des combats
Amis, volons à la gloire!
Quand on soit braver le trépas
On est sûr de la victoire!
Marchons, volons, braves guerriers!
Allons moissonner des lauriers.

COUPLETS POPULAIRES

THÉATRE FEYDEAU, LE 26 NOVEMBRE 1791

Paroles du COUSIN-JACQUES

Le tems présent est une fleur
Qu'étouffent les épines ;
Leur nombre ternit sa fraîcheur,
Ses couleurs purpurines.
On ôte à ces épines-là
Chaque jour quelque chose ;
Vous verrez qu'il ne restera
Bientôt plus que la rose.

Dans peu, vous verrez la gaîté
Reprendre son empire ;
A l'attroit de la liberté
La France va sourire ;
De sa tristesse elle perd déjà
Chaque jour quelque chose ;
Bientôt l'épine s'oubliera
En faveur de la rose.

RONDE PATRIOTIQUE

Air: *Ah! le bel oiseau maman.*

Laurenceot est un présent
Que la France nous envoie ;
Chantons ce représentant,
C'est pour le crime un tourment.

A l'école du malheur
Il connut le prix des larmes.
Pour convaincre il faut un cœur,
Il ne faut point d'autres armes.

Laurenceot, etc.

Chacun de nous l'aimera,
Il est époux, il est père ;
Et chaque Blésois sera
Son ami, son tendre frère.

Laurenceot, etc.

A son aspect l'intriguant
Rentrera dans la poussière ;
Sa bourse de l'indigent
Allégera la misère.

Laurenceot, etc.

C'est lui qui saura donner
Aux talents la préférence,
Et qui fera succéder
Le mérite à l'ignorance.

Laurenceot, etc.

Il banira les fripons
Et tous les faux patriotes,
Ne placera que les bons,
Les vertueux sans-culottes.

Laurenceot, etc.

Il déteste la rigueur,
Il n'aime pas la vengeance ;
Le glaive de la terreur
N'arma jamais l'innocence.

Laurenceot, etc.

Pour bien servir son pays,
Parlez d'un époux, d'un père ;
Ces noms ne sont point chéris
Par le froid célibataire.

Laurenceot, etc.

Vive notre nation,
Et vive la République !
Vive la Convention,
Et vive notre réplique !

Laurenceot, etc.

HYMNE A LA LIBERTÉ

Paroles de TH. DLFORGUES

Musique de LANGLÉ

Triomphe ! De nos droits célébrons la conquête ;
Que l'esclave abattu baisse un front attristé :
Peuple vainqueur des rois, c'est aujourd'hui ta fête.
    La fête de la liberté.

Du jour que l'Éternel, interrogeoit l'abîme,
Dit : Soleil, lève-toi ; mortels, ouvrez les yeux :
La liberté naquit, et ce gage sublime
    Avec l'homme allia les cieux.

C'est là cette Pallas, qui, respirant la guerre,
Le casque sur la tête et la lance à la main,
Du front de Jupiter s'élança sur la terre
    Pour affranchir le genre humain.

La pauvreté robuste et la vertu rigide,
Devançoient ses coursiers, proclamèrent ses loix ;
Et la gloire, élevant sa prophétique égide,
    Y grava la chute des rois.

Des peuples sur sa route elle brisa les chaînes ;
O Sparte, elle habita tes modestes remparts :
Elle donna son nom à la brillante Athènes
    Et l'orna du luxe des Arts.

Bientôt elle vola sur les rives du Tibre ;
Deux fois pour l'affranchir elle enfanta Brutus :
Vains efforts, Rome tombe, et le François plus libre
    Hérite enfin de ses vertus.

Elle éteint sur nos bords les feux du fanatisme,
De l'aveugle licence arrête les complots :
Rétablit l'harmonie ; et l'affreux vandalisme
    Se replonge dans le chaos.

Grand Dieu, si par nos mains elle a vengé ta cause,
Enchaîne sa fortune à l'empire François ;
Dans nos murs désormais que son char se repose.
    Et se confie à nos succès.

CHANT RÉPUBLICAIN

Nous triomphons,
Nous avons la victoire ;
Chantons, chantons
L'éclat de notre gloire.

Les rois ont peur
De voir des républiques ;
Apprenons-leur
Nos airs patriotiques.

Au Vatican,
Le Pape se désole;
Chaque tyran
Danse la Carmagnole.

Déjà ça va
Pour la France vengée,
Et ça ira
Pour la terre outragée.

❀

LES ÉMIGRANS

Paroles de BIGNON

Air : *Au pied du lit.*

Amis, faut-il en France
Retenir par prudence
   Les mécontens?
Non; ouvrons-leur la porte,
Et que le diable emporte
   Les émigrans.

Si de nos loix nouvelles
Quelques François rebelles
   Sont mécontens,
Qu'ils se rendent justice,
Qu'ils partent... Dieu bénisse
   Les émigrans.

Puissent, loin de nos rives,
Fuir les troupes plaintives
  Des émigrans !
Tout ce que je regrette,
C'est la riche cassette
  Des émigrans.

Dieu ! c'est au bord du Tibre
Que, loin d'un climat libre,
  Les mécontens
Vont chercher l'esclavage,
Digne et juste partage
  Des émigrans.

Caton dans sa patrie
Secondant la furie
  Des mécontens,
Un prêtre, sans scrupule,
Laisse baiser sa mule
  Aux émigrans.

Morts fameux, que sous l'herbe
Foulent d'un pied superbe
  Les mécontens ;
Romains, que votre cendre
Parle et se fasse entendre
  Aux émigrans.

Mais non, non, la Vengeance
Ramène seule en France

Les mécontens.
Quel orage s'apprête!
Condé marche à la tête
　　Des émigrans.

Sous ce chef redoutable
Vient l'armée innombrable
　　Des mécontens :
Mais moins fort que nos pères,
Nous ne craignons plus guère
　　Les revenans.

PORTRAIT DE PHILIPPE-ÉGALITÉ

Air : *On compterait les diamants.*

Toujours sur l'humide élément,
D'Orléans a fait des merveilles,
Et ce grand vainqueur d'Oussant
Va dit-on ramer à Marseille,
Rendons grâces à la liberté
Qui l'exile sur nos galères ;
Un amant de l'égalité
Ne peut rencontrer que des frères.

Ce prince aimoit depuis longtemps
Des forçats l'aimable coëffure !
Pour leurs goûts et leurs sentiments,
Il les reçut de la nature (1).
S'il lui manque la fleur de lys.
Vite, qu'on l'applique à ce drôle ;
Un si vil enfant des Louis
Ne peut l'avoir que sur l'épaule,

(1) Son visage enflammé et bourgeonné.

1792

COUPLETS

CHANTÉS SUR LE THÉATRE DU VAUDEVILLE, LE 26 FÉVRIER

Paroles de M. LA CHABEAUSSIÈRE

Air du *Petit mot pour rire.*

Aimable fils de la gaîté.
Et de Thalie enfant gâté,
  J'ai deux mots à te dire ;
Chez toi seul, j'en disois merci,
J'avois rencontré jusqu'ici
  Le petit mot pour rire.

Lorsque dans d'aimables chansons
Tu donnes d'utiles leçons,
  Je t'aime et je t'admire ;
On peut se permettre à propos,
Sur les méchants et sur les sots,
  Le petit mot pour rire.

Sois toujours gai, toujours badin,
Parfois sois même un peu malin,

Mais jamais de satyre;
Elle a l'air sombre et sérieux.
Sais-tu ce qui te va le mieux?
　　Le petit mot pour rire.

Toi dont l'esprit national
Fait le mérite principal,
　　Est-ce à toi de médire?
Le despotisme qui te hait
Bientôt mon cher t'interdiroit
　　Le petit mot pour rire.

Pourquoi donc au sacré vallon
Du tendre et paisible Apollon
　　Ensanglanter la lyre?
Dans une arène de combats,
Les muses ne trouveront pas
　　Le petit mot pour rire.

De deux partis trop en fureur
Ah! plutôt tempère l'aigreur,
　　En blâmant leur délire.
Au nom de l'ordre et de la paix,
Ramène l'aimable François
　　Au petit mot pour rire.

Vive mon pays et la loi!
Puis après eux, Vive le roi!
　　Voilà comme il faut dire.
Qu'un seul cri les chante tous trois,
Et nous dirons, mieux qu'autrefois,
　　Le petit mot pour rire.

En attendant ces jours touchans,
Je ne t'offrirai point de chants,
  Je suspendroi ma lyre ;
Ton nouveau ton ne me ploît pas ;
Je reviendroi quand tu diras
  Le petit mot pour rire.

COUPLETS

SUR LA SUPPRESSION DES COSTUMES RELIGIEUX

DÉCRÉTÉE LE 6 AVRIL 1792

SUR LA MOTION DE TORNÉ, ÉVÊQUE DU CENTRE

Par Monsieur DUCROISI

Air : *Philis demande son portrait.*

Tombez à la voix de Torné,
  Bizarre hiéroglyphe,
Dont l'orgueil seul avoit orné
  L'estomac d'un pontife.
Rochets, soutanes et rabats,
  Déguisemens fantasques,
Il falloit bien vous mettre à bas
  Puisqu'on défend les masques.

Un moine perdra-t-il le don,
  Mesdames, de vous plaire,
Quand il n'aura plus son cordon
  Ou bien son scapulaire ?
Ah ! connoissez mieux frère Roc
  Et son talent céleste :
Qu'importe qu'il perde son froc,
  Quand sa vertu lui reste ?

Et vous, dont les charmants appas
  Se cachoient sous la toile,
Sœur Luce ne regrettez pas
  La guimpe ni le voile.
Venez d'un costume nouveau
  Essayer la parure ;
L'Amour vous offre son bandeau,
  Et Vénus sa ceinture.

Bénissons nos législateurs,
  Ces fameux philosophes ;
Leur décret charme les tailleurs
  Et les marchands d'étoffes.
Heureux décret, qui des nonains
  Au monde rend les charmes,
Qui fait la barbe aux capucins
  Et qui chausse les carmes.

LA MARSEILLAISE

CHANT DE GUERRE

Paroles et musique de ROUGET de l'ISLE (Claude-Joseph), né à Lons-le-Saulnier, le 10 mai 1760, mort à Choisy-le-Roi, dans la nuit du 26 au 27 juin 1836. Il composa la *Marseillaise* à Strasbourg, en 1792. Elle fut chantée pour la première fois sur la place d'armes de cette ville le 29 avril, le 25 juin, dans un banquet civique à Marseille et, pour la première fois à Paris, dans les premiers jours d'août, par le « Bataillon des Marseillois. »
Rouget de l'Isle avait appelé cet hymne : *Chant de l'armée du Rhin.*

    Allons, enfans de la patrie !
    Le jour de gloire est arrivé !
    Contre nous de la tyrannie
    L'étendard sanglant est levé. (*bis*)
    Entendez-vous, dans ces campagnes,
    Mugir ces féroces soldats?
    Ils viennent jusque dans nos bras
    Égorger nos fils, nos compagnes !...

Aux armes ! citoyens, formez vos bataillons !
Marchons (*bis*), qu'un sang impur abreuve nos sillons !

    Que veut cette horde d'esclaves,
    De traîtres, de rois conjurés?
    Pour qui ces ignobles entraves,
    Ces fers dès long-tems préparés ? (*bis*)
    François ! pour vous ! Ah ! quel outrage !
    Quels transports il doit exciter !
    C'est vous qu'on ose méditer
    De rendre à l'antique esclavage !...

Aux armes ! etc.

Quoi! ces cohortes étrangères
Feroient la loi dans nos foyers!
Quoi! ces phalanges mercenaires
Terrasseroient nos fiers guerriers! (*bis*)
Grand Dieu!... par des mains enchaînées,
Nos fronts sous le joug se ploiroient!
De vils despotes deviendroient
Les maîtres de nos destinées!

Aux armes! etc.

Tremblez tyrans et vous perfides,
L'opprobre de tous les partis,
Tremblez!... vos projets parricides
Vont enfin recevoir leur prix. (*bis*)
Tout est soldat pour vous combattre :
S'ils tombent, nos jeunes héros,
La terre en produit de nouveaux
Contre vous tout prêts à se battre!...

Aux Armes! etc.

François, en guerriers magnanimes,
Portez ou retenez vos coups ;
Épargnez ces tristes victimes
A regret s'armant contre nous. (*bis*)
Mais le despote sanguinaire,
Mais les complices de Bouillé,
Tous ces tigres, qui, sans pitié,
Déchirent le sein de leur mère!...

Aux armes! etc.

Amour sacré de la patrie !
Conduis, soutiens nos bras vengeurs !
Liberté, liberté chérie !
Combats avec tes défenseurs. (*bis*)
Sous nos drapeaux, que la victoire
Accoure à tes mâles accens ;
Que tes ennemis expirans
Voient ton triomphe et notre gloire !

Aux armes ! etc.

COUPLET DES ENFANTS, AJOUTÉ A LA PIÈCE PRÉCÉDENTE (1)

Nous entrerons dans la carrière
Quand nos aînés n'y seront plus ;
Nous y trouverons leur poussière
Et la trace de leurs vertus. (*bis*)

Lettre de Grétry. — (De la collection du cabinet de M. Albert Vizentini.) — Belle lettre pleine de détails sur son opéra : *les Deux Couvents* ou *le Despotisme monacal*, découvert par un brave sans-culotte.

Il lui mande ensuite que ses couplets des Marseillais « Allons enfants de la patrie » soient chantés dans tous les spectacles et dans tous les coins de Paris. L'air est très bien saisi par tout le monde, parce qu'on l'entend tous les jours chanté par de bons chanteurs.

Vous ne m'avez pas dit le nom du musicien, est-ce Edelmar ?

(1) M. Victorin Joncières nous raconte, dans son feuilleton musical de la *Liberté*, une curieuse anecdote relative à un collaborateur bien inattendu de Rouget de l'Isle, pour les paroles de la *Marseillaise*.

« Transcrite et orchestrée par Gossec, la *Marseillaise* fut exécutée à l'Opéra dans une sorte d'à-propos patriotique intitulé *l'Offrande à la Liberté*. La mise en scène, réglée par Gardel, le célèbre maître de ballets, ne contribua pas peu à l'effet que produisit sur le public la représentation de cet ouvrage.

« Quelques jours après la première audition de l'hymne des Marseillais à l'Opéra, se célébrait la fête civique sur la place de la Liberté (14 octobre) ; Lays chantait chaque couplet dont le refrain

> Bien moins jaloux de leur survivre
> Que de partager leur cercueil,
> Nous aurons le sublime orgueil
> De les venger ou de les suivre.

Aux armes ! etc.

était repris par les chœurs; une dernière strophe avait été ajoutée pour les enfants.

« Ce couplet était d'un prêtre, l'abbé Pessonneaux, qui l'avait composé à l'occasion de la fête de la Fédération, le 14 juillet 1792.

Il fut chanté quelques mois après à une représentation extraordinaire de l'Opéra, à laquelle assistaient un grand nombre de membres de la Convention.

« Suivant l'usage, le public réclame la *Marseillaise*. Le dernier couplet vient d'être achevé lorsque paraissent les enfants, qui, de leur voix argentine attaquent la nouvelle strophe :

« Nous entrerons dans la carrière. »

L'enthousiasme est à son comble; on applaudit avec transport; « l'auteur! l'auteur! » crie-t-on de toutes parts; un membre de la Convention se lève et jette le nom de l'abbé Pessonneaux à la foule qui l'acclame.

« L'année suivante, un pauvre prêtre était traîné devant le tribunal révolutionnaire siégeant à Lyon. « Qui es-tu? » lui demanda durement le président. A cette question, l'accusé répondit fièrement: « Je suis l'abbé Pessonneaux, l'auteur du « couplet des Enfants » de la *Marseillaise*. »

« Une émotion parcourut la salle. Les juges inflexibles n'osèrent pas condamner le collaborateur de Rouget de l'Isle.

« Quarante ans plus tard, Rouget de l'Isle reçut du gouvernement de Juillet une pension de 1.200 francs; mais le pauvre abbé Pessonneaux fut oublié; amèrement désillusionné au souvenir des élans patriotiques de sa jeunesse, il vécut dans l'indigence jusqu'à sa mort en 1835. »

Maintenant il nous faut ajouter que, depuis quelque temps, de nombreuses et longues discussions ont prouvé que, si Rouget de l'Isle a bien écrit les paroles de la *Marseillaise,* il n'en a nullement écrit la musique; il aurait pris le thème à un oratorio d'un nommé Grison, maître de chapelle, à Caen, et composé en 1782.

COUPLETS

AU SUJET DE LA MOTION FAITE A L'ASSEMBLÉE NATIONALE

DE FONDRE TOUTES LES CLOCHES DU ROYAUME

17 MAI 1792

Paroles de PIIS

En province comme à Paris
Toutes les cloches ont leur prix ;
C'est bien ce que l'on pèsera,
   Alléluia ! alléluia ! alléluia !

Notre-Dame au plus tôt mettra
Son ut, son ré, son mi, son fa,
Bouillir avec si, sol et la :
   Alléluia ! alléluia ! alléluia !

Aujourd'hui, plutôt que demain,
Saint-Jean, Saint-Paul et Saint-Germain,
Suivront ce bel exemple-là,
   Alléluia ! alléluia ! alléluia !

Graves bourdons de Saint-Victor
De résister vous auriez tort :
Georges d'Amboise y passera,
   Alléluia ! alléluia ! alléluia !

Et toi, dont le timbre ennemi
Sonna la saint Barthélémi,
Qu'avec plaisir on te fondra !
   Alléluia ! alléluia ! alléluia !

Nous n'entendrons plus, dieu merci,
Pour celui-là, pour celui-ci,
Tinter de tristes libera,
   Alléluia ! alléluia ! alléluia !

Sans réveiller chacun la nuit,
Un marguillier à petit bruit
Dans la tombe s'endormira ;
   Alléluia ! alléluia ! alléluia !

J'aimois quand un salut joyeux
Forçoit un carillon pieux
De mêler aux airs d'opéra,
   Alléluia ! alléluia ! alléluia !

Mais, pour le salut général,
On fait si bien, que ce métal
En sous-marqués se changera :
   Alléluia ! alléluia ! alléluia !

Par trois fois trois si l'angélus
De bon matin ne sonne plus,
L'impie entre ses draps dira :
   Alléluia ! alléluia ! alléluia !

Mais aussi, sans clochette ad hoc,
Tout bon chrétien, au chant du coq,
Devant le ciel s'humiliera...
    Alléluia! alléluia! alléluia!

Et quand à l'office divin,
La crécelle, soir et matin,
En passant m'en avertira...
    Alléluia! alléluia! alléluia!

On sait que le dévot airain
Avoit souvent un sot parrain,
Duc, baron, comte, et cœtera,
    Et cœtera! et cœtera! et cœtera!

Voilà des noms en quantité
Perdus pour l'immortalité;
Le talent seul y parviendra :
    Alléluia! alléluia! alléluia!

Les carillonneurs consternés,
Les fondeurs de cloche étonnés,
Gagneront Rome ou Malaga :
    Alléluia! alléluia! alléluia!

Par un tocsin mal entendu,
Nul nuage n'étant fendu,
Le tonnerre en l'air restera...
    Alléluia! alléluia! alléluia!

Si le feu prend à ma maison,
Un tambour vaut bien un bourdon,
Et la générale battra...
    Alléluia ! alléluia ! alléluia !

Quand il va savoir, au surplus,
Qu'en ce monde on ne sonne plus,
Boileau chez les morts chantera...
    Alléluia ! alléluia ! alléluia !

Des réveils-matin indiscrets,
Et des sonnettes des mulets,
Sans doute on nous délivrera.
    Alléluia ! alléluia ! alléluia !

Je n'en ai qu'une à mon manoir
Que mes créanciers font mouvoir,
O ma patrie, emportez-la !
    Alléluia ! alléluia ! alléluia !

CHANT POUR LA FÊTE DE CHATEAUVIEUX

CHANTÉ EN MAI, 1792, ÉPOQUE DE LA DÉLIVRANCE DES SUISSES QUI AVAIENT ÉTÉ CONDAMNÉS A LA CHAINE POUR AVOIR DÉFENDU LE PEUPLE CONTRE LA BARBARIE DE BOUILLÉ, DANS LES MURS DE NANCY.

Musique de GOSSEC

L'innocence est de retour ;
Le triomphe a son tour.
Liberté dans ce beau jour
Viens remplir notre âme ;
Répands sur nous tes bienfoits ;
Que ta voix nous enflâme ;
Conserve au peuple François
La gloire et la paix à jamais.

Vous frémissez ennemis de la France,
Fils ingrats, despotes jaloux,
Si vous bravez sa vaillance
Vous, tomberez tous sous ses coups,
La liberté nous servira de guide,
Son glaive et son égide
Marcheront devant nous,
    Contre vous.

HYMNE FUNÈBRE

CHANTÉ A L'OCCASION DE LA CÉRÉMONIE CONSACRÉE

A LA MÉMOIRE DE JACQUES-GUILLAUME SIMONEAU

3 JUIN 1792

Paroles de M. ROUCHER

Musique de GOSSEC

Gémis et pleure sur ton crime,
O toi, qu'ont trompé des méchans ;
Gémis : qui prens-tu pour victime ?
Sur qui frappent tes coups sanglans ?
Ils succombent sous ta furie,
Les magistrats choisis par toi.
Simoneau ! Simoneau ! tu meurs, et la Patrie
      S'écrie :
  O jour de sang ! O jour impie !
L'homicide a souillé l'Écharpe de la loi !

CHANT DE TRIOMPHE

Salut et respect à la loi !
Honneur au citoyen qui lui reste fidèle !
Triomphe au magistrat qui sait mourir pour elle !
Salut et respect à la loi !

Qu'on la chérisse, qu'on la craigne.
        Elle règne
    Par l'amour et l'effroi.
Nouveau peuple François, marche sous ses enseignes :
  La sainte liberté va marcher avec toi.
    Salut et respect à la loi !

LE CHANT DU 10 AOUT

Par le Citoyen CLÉMENT, Secrétaire du Commissaire Central

Air : *Un vaste deuil couvroit la France.*

Le plus horrible des despotes
Avait armé tous ses suppôts ;
Du sang des meilleurs patriotes
Ils alloient s'abreuver par flots ;
Tout à coup le peuple se lève ;
Il tonne, il frappe, il a vaincu !
La royauté n'est plus qu'un rêve, } *bis*
Et ses vils suppôts ont vécu.

Ah ! qu'il fut beau, qu'il fut sublime,
Cet assaut, ce combat soudain
De la vertu contre le crime
Du brave contre l'assassin !

Dans son étonnement extrême
L'histoire dira franchement,
Qu'Athènes, que Rome, elle-même, ⎫
N'a jamais rien fait d'aussi grand ⎭ *bis*

O jour à jamais mémorable?
Jour de gloire et de liberté,
Ton nom, au tyran redoutable,
Est bien cher à l'humanité!
C'est à toi que la République
Doit sa noissance et ses succès;
Sans toi le monstre despotique ⎫
Eût dévoré tous les François. ⎭ *bis*

Pour affermir sa tyrannie,
Et nous dépouiller de nos droits,
Dans son exécrable génie,
En vain Pitt unit tous les rois :
Tôt ou tard, armés de la foudre,
Nous écraserons ce pervers,
Et nous saurons réduire en poudre ⎫
Tous les trônes de l'univers. ⎭ *bis*

CHANTÉ A LA RÉUNION DU 10 AOUT

Paroles de MOLINE et BOUQUIER

Musique de PORTA

UN CITOYEN

Périssez signes abhorrés
Vains ornements de l'égoisme,
Vils attributs du despotisme
Par la bassesse à l'orgueil consacrés.
Soyez dévorés par les flammes !
Que vos cendres jouets des vents,
Aillent porter la terreur dans les âmes
Des satrapes et des tyrans.

UNE HÉROÏNE

O liberté sainte
Objet du culte des mortels
Unis par la douce étreinte
Nos cœurs t'élèvent des autels.
Reçois, Déesse immortelle
L'hommage de nos vœux ardens,
Du haut de la voute éternelle
Prête l'oreille à nos accens.

LE DIVORCE

Chanson populaire

DIALOGUE ENTRE Mme ENGUEULE ET Mme SAUMON, HARANGÈRES
AOUT 1792

Air : *Les marigners d'la guernouillère.*

MADAME ENGUEULE.

J'aurons l'divorce ma commère,
En dépit de nos calotins ;
Avec leux quatre mots latins
Du mariage, ils font eunn galère,
Et l'sacrement nous plonge encore
Au fond d'l'enfer après la mort.

Jeune brebis douce et gentille
Tombe à vieux vilain loup garou,
On met du dur avec du mou
Pour l'intérêt de la famille ;
La jeune fille n'en veut pas
Mais papa veut ; faut sauter l'pas.

C'te pauvre enfant qu'on tyrannise
Obéit et n'ose broncher,
Comme l'agneau va cheux l'boucher,
Telle elle va triste à l'église,
Sa bouche y dit, oui, son cœur, non,
V'là qu'est baclé ; l'mariage est bon.

Madame Saumon.

N'y a pu moyen de s'en dédire,
Par l'indissolubricité,
Du bon Dieu c'est la volonté
Qu'all souffre un éternel martyre.
V'la comme vous raisonne un cagot
Qui d'son Dieu fait un ostrogot.

Madame Engueule.

Faut d'la vertu, pu gros qu'un ange
Pour que l'matin n'soit pas cocu ;
Bientôt la tête emporte l'cul,
Faut bien gratter où ça démange ;
Un galant gratte, et par un sort,
V'la qu'ça démange encore plus fort.

Madame Saumon.

Pour la vertu faut zêtre libre,
L'choix qu'on fait soy même est l'seul bon,
L'mariage est comme le canon
Faut qu'son boulet soit de qualibre ;
Sinon il rate ou porte à faux
Et c'est j'ter sa poudre aux moignaux.

Madame Engueule.

Avec l'divorce mon chien d'homme
N'me f'ra pu tant son embarras ;
Il n'vendra plus jusqu'à nos draps
Pour payer ses d'misquiés d'rogôme,

Il saura que j'peu l'planter là
Et ça seul le corrigera.

MADAME SAUMON.

Et l'mien donc, qui porte à sa gueuse
C'que j'gagne, et jusqu'à mes juppons,
J'en f'ray justice, j'ten réponds,
Tu verras c'te belle engueuleuse,
Drès que l'divorce sera v'nu,
Les yeux pochés et l'cul tout nu.

LA RÉPUBLIQUE

22 SEPTEMBRE 1792

Vive la république
Dont la force énergique
Imprime à notre nation,
Par un troit électrique,
L'horreur des rois,
L'amour des loix
Et de la république !

L'aristocratie aux abois
Va donc fermer boutique;
Elle profère quelquefois
(Mais c'est par politique)
    Tout bas ces mots,
    Avec sanglots:
  Vive la république!

Que devient des coalisés
L'annonce prophétique!
Tous leurs grands moyens sont usés,
Leur état est critique.
    Que ces faux dieux
    Baissent les yeux
  Devant la république.

Frappe-t-on l'air du nom François!
C'est pour eux l'émétique;
Et le moindre de nos succès
Leur donne la colique:
    Pour eux enfin
    Quel médecin
  Que notre république!

Le Peuple a repris tous ses droits.
  Et sa puissance antique;
Il a déraciné des rois
L'arbre chronologique,
    Et consacré
    L'arbre sacré
  De notre république.

GAIETÉ PATRIOTIQUE

22 OCTOBRE 1792

Air: *Que le sultan Saladin* (de *Richard Cœur-de-Lion*.

Que le grand Roi des Hulans,
Sur la foi des Emigrans,
Ait cru prendre pour ses peines
La France en quatre semaines,
Sans obstacle en son chemin,
   C'est bien, fort bien,
Cela ne nous blesse en rien :
Que gagne-t-il au lieu de gloire ?
   Rien que la F.... (*bis*)

Que le capitan Brunswick,
L'illuminé Frédéric,
Avec leurs troupes expertes,
Forcent les portes ouvertes
Pour partir le lendemain,
   C'est bien, très-bien,
Cela ne nous blesse en rien :
Ils s'en furent, dira l'histoire,
   Avec la F.... (*bis*)

SECONDE GAIETÉ PATRIOTIQUE

23 OCTOBRE 1792

Air : *C'est la petite Thérèse*

Savez-vous la belle histoire
De ces fameux Prussiens,
Ils marchoient à la victoire
Avec les Autrichiens ;
Au lieu de palmes de gloire
Ils ont cueilli des raisins :

Le raisin donne la F....
Quand on le mange sans pain,
Pas plus de pain que de gloire,
C'est le sort du Prussien :
Il s'en va chantant victoire,
Il s'en va criant la faim.

Le grand Frédéric s'échappe,
Prenant le plus court chemin ;
Mais Dumouriez le ratrappe,
Et lui chante ce refrain :
N'allez plus mordre à la grappe
Dans la vigne du voisin.

N'ayez peur qu'on m'y rattrape,
Dit le héros Prussien,
Je sauroi, si j'en réchappe,
Dire au brave Autrichien :
Va tout seul cueillir la grappe
Dans la vigne du voisin.

LA DÉESSE DE LA LIBERTÉ

NOVEMBRE 1792, AN PREMIER DE LA RÉPUBLIQUE FRANÇAISE

Air : *Ce fut par la faute du sort.*

L'heure des tyrans va frapper ;
La foudre sur leur tête gronde ;
En vain ils croiroient m'échapper ;
Je veux en délivrer le monde.
Belge, Savoisien, Germain,
De leur cœur me feront un temple ;
Et je verrai le genre humain
Du François imiter l'exemple.
Et vous ici qui m'appellez,
Vous dont je fais l'inquiétude,
Vous enfin qui vous réveillez
Du sommeil de la servitude ;
Unis à vos libérateurs,
Des rois effacez l'existence ;
Des peuples soyez les vengeurs,
Et je suis votre récompense.

LE SIÈGE DE LILLE

COUPLETS POPULAIRES — 21 NOVEMBRE 1792

Paroles du Citoyen JOIGNY

Musique de TRIAL Fils

L'amour, dans le cœur d'un François,
L'amour est le bonheur suprême ;
Tous les instans sont pleins d'attroits
Auprès de la beauté qu'il aime : (*bis*)

Mais au premier son du tambour,
   Il sacrifie
   A sa patrie
Son bien, sa vie et son amour. (*bis*)

A s'acquitter de son devoir
Un bon François trouve des charmes ;
De son amante au désespoir
Lui-même il essuye les larmes. (*bis*)

 Mais au premier son, etc.

Tout homme sage avec regret
S'arme pour frapper et détruire ;
Toujours actif et toujours prêt,
Des maux de la guerre il soupire. (*bis*)

 Mais au premier son, etc.

Qui sait délivrer son pays
Est vu comme un Dieu sur la terre.
A l'objet dont il est épris
Le François, est jaloux de plaire. (bis)

  Mais au premier son, etc.

J'aime qu'on désire la paix :
Aux humains elle est nécessaire ;
J'aime qu'au déclin d'un jour frais
L'on s'égaye sur la fougère, (bis)

  Mais au premier son, etc.

LE GÉNÉRAL CUSTINE

Fait Historique

NOVEMBRE 1792, AN PREMIER DE LA RÉPUBLIQUE FRANÇAISE

Par les Citoyens D. D.

D'un héros qu'anima la gloire,
Chantons l'éclatante valeur ;
Lorsqu'il enchaîne la victoire,
Il captive aussi notre cœur.
Au nom d'un peuple heureux de frères
Il apporte la Liberté ;
Pour lui les enseignes guerrières
Sont celles de l'humanité.

Des fers étoient notre partage,
Le crime nous dictoit les loix.
Le François vient; plus d'esclavage;
La vertu nous rend tous nos droits.
Ah! bénissons notre défaite,
Vaincus, nous sommes triomphans.
La Liberté sur nous s'arrête;
Nous sommes aussi ses enfans.

Cruels tyrans, sur vous la foudre
S'apprête à tomber en éclats;
Le François va réduire en poudre
Et vos trônes et vos soldats.
Chaque peuple déjà l'appelle;
De vous abattre impatient,
François tu soufflas l'étincelle;
Bientôt suivra l'embrasement.

ÉLOGE DE THIONVILLE ET DE LILLE

Thionville, place illustrée,
Combien de toi l'on parlera!
Tu seras la cité sacrée
Que tout François visitera. (bis)

Que de lauriers, et que d'hommages
Mérite ta fidélité!
L'exemple de la fermeté
Fera dire dans tous les âges:
Aux armes, citoyens! formez vos bataillons;
Marchons, marchons, qu'un sang impur abreuve nos
[sillons!

Dans l'accord qui se fait entendre,
N'oublions pas, frères, amis,
Ce fameux rempart de la Flandre,
L'écueil de nos vils ennemis, *(bis)*
L'airain détruit; mais la victoire
Ne couronne point des brigands:
Le Lillois, dans ses murs fumants,
S'écrie, en contemplant sa gloire:
Aux armes, etc.

Dans notre ardeur patriotique,
Chantons, célébrons à jamais.
Ces deux clefs de la république
Éternisant le nom François! *(bis)*
Ces tyrans, que notre âme abhorre,
Sans elles, nous donnoient des fers,
Tandis qu'aux yeux de l'univers,
Par elles, nous crions encore:
Aux armes, etc.

Oui, du joug de la tyrannie,
Un Dieu vengeur nous a sauvé;
Oui, du bonheur de la patrie,
Enfin, le jour est arrivé. *(bis.)*

Tout peuple fatigué d'un maître,
Si l'énergie est dans son cœur,
Pour se voir libre du malheur,
N'a qu'à s'écrier, s'il veut l'être :

Aux armes, etc.

LA CARMAGNOLE

CHANT RÉVOLUTIONNAIRE

Madam' Veto avoit promis, (*bis*)
De faire égorger tout Paris, (*bis*)
 Mais le coup a manqué,
 Grâce à nos canonniers!

 Dansons la carmagnole,
  Vive le son. (*bis*)
 Dansons la carmagnole,
  Vive le son du canon.

Monsieur Veto avoit promis (*bis*)
D'être fidèle à son pays; (*bis*)
 Mais il y a manqué,
 Ne faisons plus quartié.

 Dansons la carmagnole, etc.

Antoinette avoit résolu, (*bis*)
De nous faire tomber sur le cu; (*bis*)
 Mais le coup a manqué,
 Elle a le nez cassé.

 Dansons la carmagnole, etc.

Son mari se croyant vainqueur, (bis)
Connoissoit peu notre valeur; (bis)
   Va Louis, gros paour,
   Du Temple dans la tour.

   Dansons la carmagnole, etc.

Les Suisses avoient promis (bis)
Qu'ils feroient feu sur nos amis ; (bis)
   Mais comme ils ont sauté,
   Comme ils ont tous dansé.

   Dansons la carmagnole, etc.

Quand Antoinette vit la tour, (bis)
Elle voulut faire demi-tour ; (bis)
   Elle avoit mal au cœur
   De se voir sans honneur.

   Dansons la carmagnole, etc.

Lorsque Louis vit fossoyer, (bis)
A ceux qu'il voyoit travailler, (bis)
   Il disoit que pour peu
   Il étoit dans ce lieu.

   Dansons la carmagnole, etc.

Le patriote a pour amis (bis)
Tous les bonnes gens du pays ; (bis)
   Mais ils se soutiendront
   Tous au son du canon.

   Dansons la carmagnole, etc.

L'aristocrate a pour amis (*bis*)
Tous les royalistes à Paris ; (*bis*)
   Ils vous les soutiendront
   Tous comm' de vrais poltrons.

   Dansons la carmagnole, etc.

La gendarm'rie avoit promis (*bis*)
Qu'elle soutiendroit la patrie ; (*bis*)
   Mais ils n'ont pas manqué
   Au son du canonnié.

   Dansons la carmagnole, etc.

Amis, restons toujours unis, (*bis*)
Ne craignons pas nos ennemis, (*bis*)
   S'ils vienn'nt nous attaquer,
   Nous les ferons sauter.

   Dansons la carmagnole, etc.

Oui, je suis sans-culotte, moi, (*bis*)
En dépit des amis du roi ; (*bis*)
   Vivent les Marseillais,
   Les Bretons et nos loix.

   Dansons la carmagnole, etc.

Oui, nous nous souviendrons toujours (*bis*)
Des sans-culottes des faubourgs ; (*bis*)
   A leur santé buvons,
   Vivent ces francs lurons.

   Dansons la carmagnole, etc.

ADIEU DES FRANÇOISES

AUX DÉFENSEURS DE LA PATRIE PARTANT POUR L'ARMÉE

EN 1792

Air : *Gaston, le sort de la patrie.*

Adieu, les Vengeurs de la France,
Vous nos époux ou nos amants ;
Allez renverser l'espérance
Et les noirs complots des tyrans. (*bis*)
Votre absence, ô troupe chérie !
Va nous causer bien des chagrins ;
Mais il faut sauver la patrie   ⎫ *bis*
Dont le sort est mis dans vos mains. ⎭

En vain l'amour songe avec crainte
Aux dangers qu'il vous faut courir ;
Est-il tems d'écouter sa plainte ?
Non, non :... Vivre libre ou mourir !.. (*bis*)
Dès longtemps nous nous imposâmes
Cette règle de vos travaux ;
Elle étoit au fond de nos âmes   ⎫ *bis*
Avant d'être sur vos drapeaux.   ⎭

Ah ! pourquoi toujours inutiles
Dans les cas les plus dangereux ;
Avons-nous des bras si débiles
Et des desseins si généreux ? (*bis*)

S'il ne falloit qu'aimer la gloire...
Partout notre ardeur eût planté,
Et l'étendard de la victoire } bis
Et l'arbre de la liberté.

Jamais une cause aussi belle
D'un peuple n'armera les mains ;
Jamais aussi grande querelle
Ne régna parmi les humains. (bis)
L'Europe attend sa destinée
De vos succès, de vos revers,
Et le cercle de cette année } bis
Fixe le sort de l'univers.

Sur la grandeur de l'entreprise
Osez mesurer votre essor ;
Fidèles à votre devise,
Donnez ou recevez la mort. (bis)
Qu'un jour content de votre gloire,
L'amour oubliant ses douleurs,
Puisse chanter votre victoire, } bis
Ou couvrir vos tombeaux de fleurs.

Oh ! quand partout de l'esclavage
Vos mains auront brisé les fers ;
Comme vos noms, votre courage
Seront fameux dans l'univers ! (bis)
Alors dédaignant les conquêtes,
Ecueil trop commun des guerriers,
Venez, plus chéris dans nos fêtes, } bis
Vous reposer sous vos lauriers.

C'est-là que vos cœurs à leur aise
Pourront librement s'enflammer ;
Il ne sera point de Françoise
Qui refuse de vous aimer : (*bis*)
La vertu même est orgueilleuse
D'avoir su fixer un vainqueur ;
Et la beauté s'estime heureuse } *bis*
D'être le prix de la valeur.

MARCHE

DES JEUNES CITOYENS DE LA PREMIÈRE RÉQUISITION

Air : *Valeureux François.*

On rappelle, on bat...
Volons au combat,
Despotes, tyrans,
Tombez il est temps
Que cesse cet orage.

MINEUR

Quel feu s'empare de nos sens,
Déjà les trompettes résonnent,
Et j'entends les guerriers accens
Des vieillards qui nous environnent.

On rappelle, etc.,

de la première République

Du fond des humides tombeaux
Quels cris plaintifs se font entendre :
Dieu ! c'est la voix de nos héros,
Mourons tous ou vengeons leurs cendres.

    On rappelle, etc.

Voyez-vous cette mère en deuil
Qu'un triste appareil environne ?
C'est la France près du cercueil
Où la plongea l'orgueil du trône.

    On rappelle, etc.

S'il est quelque trêve à ses pleurs,
Au sein de ses vives alarmes,
C'est qu'elle s'attend sur nos cœurs
Et sur les succès de nos armes.

    On rappelle, etc.

Chacun de nous va s'empresser,
O patrie, à sécher tes larmes,
Ta vengeance va commencer
Et tu recouvrera tes charmes,

    On rappelle, etc.

Mère tendre, père chéri,
De vous écartez la tristesse ;
Un jour vous reverrez vos fils
Couronnés par votre tendresse.

    On rappelle, etc.

Vous que nous aimons sans retour,
Ne redoutez pas notre absence,
Nous n'en serons à votre amour
Que plus chéris par notre constance

    Ou rappelle, etc.

Si ce fer vient d'armer nos mains
C'est pour toi liberté chérie.
Qu'il perce les rois inhumains
Et toute leur sequelle impie.

    On rappelle, etc.

Quoi! de nouveau par ces pervers;
La France seroit asservie!
Quoi de maux déjà trop soufferts,
Ils chargeroient notre patrie.

    On rappelle, etc

Quel tourbillon près ce pays,
Quelle poussière, quel vacarme
Ce sont les soldats ennemis...
Aux armes, vite, amis aux armes.

    On rappelle, etc.

LE BONNET DE LA RÉPUBLIQUE

Air du Vaudeville des *Visitandines*.

Citoyens, malgré les intrigues
Des fanatiques et des rois,
Pour prix de nos longues fatigues,
Nous jouirons de tous nos droits : (*bis*)
Que notre seule politique
Soit d'être toujours bien unis,
Et nous recueillerons les fruits
Que nous promet la République. (*bis*)

Donnons un autre nom mes frères,
A nos balles, à nos boulets,
Envoyés par nos volontaires,
Aux auteurs de tant de forfaits. (*bis*)
Ce fut pour eux un émétique.
Ils ont rendu Longwy, Verdun,
Et ce remède peu commun
C'est l'ami de la République. (*bis*)

Combattons, et que nos conquêtes
Détruisent les tyrans du nord
A leurs peuples donnons des fêtes,
C'est de nous que dépend leur sort. (*bis*)
Volons secourir la Belgique,
Allons seconder ses efforts ;
Nous serons toujours les plus forts
En propageant la République. (*bis*)

De notre saint Père de Rome
Nous ne craignons pas les fureurs ;
Il voit que, près des droits de l'homme,
Ses bulles ne sont que des vapeurs. (bis)
Portons dans cette ville antique
Le cathéchisme de nos lois
Pour la voir encore une fois,
Devenir une République. (bis)

Si nous voulons que la victoire
Fasse le bonheur des humains ;
De l'Espagne que notre gloire
Fasse trembler les paladins : (bis)
Que ce peuple mette en pratique,
Notre sainte insurrection ;
Que la grande inquisition
Rende hommage à la République. (bis)

Nous irons voir dans la Turquie
Le disciple de Mahomet
Il faut qu'il soit de la partie ;
Nous lui dirons notre secret (bis)
S'il prête son serment civique,
Et s'il abjure l'alcoran
Je lui donne au lieu d'un turban,
Le bonnet de la République (bis)

Que la raison soit notre égide,
Pour conserver la liberté
Et la nature notre guide,
Pour établir l'égalité ; (bis)

C'est un système sans réplique,
Tout patriote l'avouera,
Tout l'univers deviendra,
Par la suite une République. (bis)

Amis redoublons de courage,
Le ciel protège nos travaux.
Nous avons partout l'avantage
En dépit de tous nos rivaux. (bis)
Pour la prospérité publique,
Formons les vœux les plus ardents,
Et nous serons indépendants
Sous les loix de la République. (bis)

CHANSON SATIRIQUE

COMPOSÉE DES NOMS DE TOUS LES DÉPUTÉS

Air: *Ahi povero Calpiggi.*

Le jour de la fédération, un soldat vétéran, député de la garnison de Metz, disait à un ci-devant garde-française : « Mais je n'entends dans la bouche d'un million de personnes et nommément dans celle de vos camarades que cette plate chanson des halles avec ce refrain équivoque : *Ça ira, ça ira....* Sera-ce bien ou mal, camarade ? pourquoi ne pas s'expliquer ? Est-ce comme ça, sacré nom d'un dieu, qu'on célèbre les augustes représentants de la nation ? » Le soldat national ne sut que répondre et fut au contraire fort étonné d'entendre le brave, et respectable vétéran chanter en impromptu sur un air nouveau :

> Dans l'heureux temps où nous sommes,
> Pour célébrer les grands hommes,
> Il suffit de les nommer.

Telle est aussi notre intention, mais si scrupuleusement remplie qu'on ne sauroit même nous reprocher d'avoir ajouté ou retranché une seule lettre des noms augustes dont cette chanson nous offre le rassemblement. Nous observerons cependant que nous n'avons fait usage des articles *le* ou *la* qu'autant qu'il a été nécessaire pour la mesure des vers dont la rime est toujours riche ou très rarement suffisante. Il en est de même de la préposition *de* qu'on sait avoir été supprimée par un décret de l'Assemblée nationale.
Honni soit qui mal y pense.

> Couppé, Menu, Menon, Tonnerre,
> Boucher, Barnave, Robespierre,
> Rewbel, Duport, Curte, Delacourt,
> Lejeans, Poutre, de Liancourt, (*bis*)
> Raby, Raboud, Fos, Lafayette,
> Mulier, d'Aiguillon, Labeste,
> Dupont, Failly, Plas, Dinocheau,
> D'Orléans, Bandi, Mirabeau. (*bis*)

> Périsse, Gouttes, Castellane,
> Castellanet, Lasnier, Palasne,
> Fréteau, Camus, Target, Treilhard,
> Villebranche, Tronchet, Vieillard, (*bis*)
> Fisson, Garat, Mercier, Prud'homme,
> Le Chapelier, Grégoire, Jaume,
> Thouret, don Gerle, Gouy d'Arcy,
> Nicodême, Montmorency. (*bis*)

> Sales, Lameth, Salle, Latouche,
> Bouche, Dutrou, la Salle, Bouche,

Belzais, Lanusse, Dumont, Culant,
Populus, Pison du Gallant, (*bis*)
Auclerc-des-Cottes, Costebelle,
Riquier, Grangier, Sollier, Soustrelle,
Lastil, Latteux, Lasnon, Launoy,
Claude, Maquerel, Duquesnoy. (*bis*)

Chastre, Biencourt, Buzot, Dieuzic,
Noailles, Pélissier, Lavie,
Levis, Gros, Long, Fort, Jacquemart,
Rœderer, Lecouteux, Goudard, (*bis*)
Bureaux, Lacoste, Des Salines,
Logras, Allard, Cochon, de Luynes,
Leclerc, Leroux, Leblanc, Lebrun,
Noir, Payen, Evêque d'Autun. (*bis*)

Chasset, Bailly, Baillot, Billette,
Bion, Berthonnier, de la Vilette,
Babet, Bailleut, Brillat, Ballard,
Baucheton, Baudoin, Ballidard, (*bis*)
Bazin, Beaudrap, Blin, Villeneuve,
Fermon, Laporte, Maisonneuve,
Parent, Bourgeois, Marquis, Baron,
Broves, Brousse, Bourran, Bourron. (*bis*)

L'ORDRE DES PRÊTRES

PRÉLATS

Choisy, Rohan-de-Guemenée ;
Duplessis, d'Argentré, Pavée,
Juigné, Lastic, Conzié, Mercy,
Mézières, de Béthisy, (*bis*)

Nicolaï, Clermont-Tonnerre,
Lafare, Champion d'Auxerre,
Bonnac, Fontanges, de Machault,
Talleyrand, la Rochefoucault. (*bis*)

CURÉS

Champeaux, Chouvet, Choppier, Dufresne,
Texier, chapellain de la Reine,
Bourdet, Bourdon, Bracq, Bodineau,
Banassat, Brousse, Berthereau, (*bis*)
Touzet, curé de Sainte-Terre,
Rolin, Rollan, curé du Caire,
Aubert, curé de Couvignon,
Cousin, curé de Cucuron. (*bis*)

AVOCATS

Nioches, de la Metherie,
De Bourgerel, la Claverie,
Lemoine de la Giraudais,
Emmery, Ricard, Lanjuinais, (*bis*)
Dupont, Sachère de la Palière.
Lois, Francheteau de la Glautière,
D'André, Lacoste, de Blacons,
Chassebeuf, Font, Sèze, de Mons. (*bis*)

Saignelet, Riche, Mereville,
Puisay, Delort, Mont d'Or, Laville,
Leroux, Biron, Michel, Morin,
Tailhardat, Coupard, Guillotin, (*bis*)
Raze, de Prez, Beaupoil, Barbie,
Muguet, Fleury, Branche, Fleurye,

de la première République 181

Hercé, Dillon, Fargeau, Latour,
Livré, Dionis du Séjour. (*bis*)

Piis, Sauveur, Lefranc, Bergasse,
De Bonvouloir, Dosfant, Laplace,
Virieu, Malouet, Montlosier,
Cazales, Vaillant, Chevalier, (*bis*)
Bonnal, Talaru de Coutances,
Faye, l'Eleu, l'Évêque, de France,
Wolter, Lefort, le Grand, Maury,
De la Renne, des Roys, Lamy. (*bis*)

Robert, Richard, Roger, de Lilles,
Creuzé, la Salle, Folleville,
Clapiers, de Ratz, de Manjau, Pous,
Mevolhon, Provançal, Repoux, (*bis*)
Hautoy, le Maréchal, Broglie,
Fay, Regnier, Antoine, Marie,
Pardieu, Rendon, Mestre, Lay, Roy,
Andurant, Bonnemant, Laloy. (*bis*)

CORPS DE LA NOBLESSE

Trie, Ormesson, Croix, Pampelone,
Toulouse, Angosse, Artur, Verdonne,
Vassé, Laqueuille, Ambly, Paroy,
De Bonnegens, de Bonnefoy, (*bis*)
Tessé, Crussol, Foucauld, Ferrières,
Praslin, Vaudreuil, Robecq, Cypierres,
Causans, la Marck, Luze, Aguesseau,
Mars, Renaud, Cadet Mirabeau. (*bis*)

BANQUET NATIONAL

Boys, de Mascon, Bordeaux, Pothée,
De Sillery, de Puivallée,
Chevreuil, Vanneau, Merle, Perdry,
Brocheton, Pons, la Poule, Aury, (*bis*)
Petit, Sallé-de-Choux, Marolles,
De Roquefort, Brignon, Crezolles,
Pain, de Froment, Belbœuf, Cardon,
Poulle, Allard, Petit, Poix, Melon. (*bis*)

❦

CHANT DE GUERRE

Air : *Reçois dans ton galetas.*

Soldats de la liberté,
L'Europe vous considère ;
Combattez pour l'égalité,
Et vous délivrerez la terre
De ce despotisme insultant,
La gloire ou la mort vous attend. (*bis*)

Voyez le midi, le nord,
Seconder votre vaillance ;
Un peuple libre est bien plus fort ;
Entendez les cris de la France ;
L'esclavage l'a fait frémir,
Et vous devez vaincre ou mourir. (*bis*)

Mais du grand art des combats
Retenez bien la doctrine ;
Votre valeur ne suffit pas
Sans la sévère discipline ;
A ses loix les soldats soumis,
Triomphent de leurs ennemis. (*bis*)

Voyez la postérité,
Citer vos noms d'âge en âge ;
Vous donnerez la liberté
A cent peuples dans l'esclavage ;
Oui, le François triomphera,
Et l'univers applaudira. (*bis*)

AU GÉNÉRAL DUMOURIEZ

SUR LA PRISE DE MONS

Par NOIRAUX

Air : *Que Pantin seroit content.*

Dumouriez vous mène ça
Comme on mène une pucelle ;
Dumouriez vous mène ça
En homme qui veut en venir là.
Du train dont le gaillard va,
Toutes les villes qu'il attaquera
Ne feront pas les cruelles
Plus qu'une vierge d'opéra.

Dumouriez, etc.

QUEL MAL POURROIENT-ILS FAIRE ?

CHANTÉ EN 1792

Paroles de BIGNON.

Air : *L'amour est un enfant trompeur.*

De nos illustres vagabonds
La troupe sanguinaire
Quête en tous lieux des compagnons
Pour nous faire la guerre.
Devons-nous craindre leurs efforts ?
Non, non ; ceux qui sont morts sont morts :
Quel mal pourroient-ils faire ? (*bis*)

Condé voit bien maint officier
Marcher sous sa bannière ;
Mais il n'a pas un fusilier
Dans son armée entière.
Sous lui, chacun commandera,
Et personne n'obéira ;
Quel mal peut-il nous faire ? (*bis*)

Ne croyez point, mes chers amis,
Que jamais le Saint-Père,
Pour venir corriger ses fils,
Monte dans sa galère ;
Son naturel est trop clément ;
Et, supposé qu'il fût méchant,
Eh ! qu'iroit-il y faire. (*bis*)

De Bacchus le joyeux enfant (1)
Dans son ardeur guerrière
Rencontrera, chemin faisant,
Une double barrière :
L'horreur de l'eau, l'amour du vin
L'arrêteront au bord du Rhin ;
Las ! que pourra-t-il faire ? (*bis*)

HOMMAGE A J.-J. ROUSSEAU

Air : *Pauvre Jacques*

O Jean-Jacques ! nos respects, notre amour,
Vont croître pour toi d'âge en âge ;
Quand les vertus sont à l'ordre du jour,
C'est l'instant de te rendre hommage. (*bis*)

Ami des mœurs et de la vérité,
Tu nous fis haïr l'esclavage ;
De l'Eternel, tu prouvas la bonté,
Et tu fus son plus bel ouvrage.
   O Jean-Jacques, etc.

Qu'un monument, éternisant tes traits,
Ces traits si chéris de la France,
A tous les yeux rappelle tes bienfaits,
Et prouve la reconnaissance.
   O Jean-Jacques, etc.

(1) Mirabeau-Tonneau

CHANT DE GUERRE

DES SOLDATS FRANÇOIS

Par de XIMENÉE

Sparte, aux accents de Tyrtée,
S'élançoit dans les combats,
Et Messène épouvantée
A ses fers tendit les bras.
François ! qu'éveille la gloire
Plus belle que la beauté,
Allez chercher la victoire
Au cri de la liberté.

Le sceptre de l'ignorance
Courba vos aïeux trompés ;
Vos mains rendront à la France
Ses droits longtemps usurpés.
Levez-vous : changez vos chaînes
En glaives étincelants,
Qui brisent les armes vaines
De vos ennemis tremblants.

Laissez applaudir la terre
A des arts ingénieux :
C'est par la force et la guerre
Que l'homme est égal aux dieux.
Ainsi les amis d'Alcide
Ont partagé ses autels,
Marchez, élite intrépide !
La mort fait les immortels.

LE BONNET DE LA LIBERTÉ

Air: *Du haut en bas.*

Que ce bonnet,
Aux bons François donne de grâces!
Que ce bonnet
Sur nos fronts fait un bel effet!
Aux aristocratiques faces,
Rien ne cause tant de grimaces,
Que ce bonnet.

Que ce bonnet,
Femmes, vous serve de parure,
Que ce bonnet
Des enfants soit le bourrelet;
A vos maris je vous conjure,
De ne donner d'autre coiffure
Que ce bonnet.

De ce bonnet
Tous les habitants de la terre,
De ce bonnet
Se couvriront le cervelet;
Et même un jour quelque commère
Affublera le très-saint-père,
De ce bonnet.

Notre bonnet
Embellira toutes nos fêtes,
Notre bonnet
Se conservera pur et net;
Grand Dieu ! que les Bourbons sont bêtes,
De n'avoir pas mis sur leurs têtes
Notre bonnet.

Par un bonnet
France assure-toi la victoire,
Par un bonnet
Ton triomphe sera complet;
Que les ennemis de ta gloire
Soient chassés de ton territoire
Par un bonnet.

CHANT

POUR LA FÊTE DE L'AGRICULTURE

Par LACHABEAUSSIERE

Musique d'Hyacinthe JADIN

Assez longtemps à l'imposture
L'orgueil dressa des monuments,
Assez longtemps de la nature
On oublia les vrais enfants.

de la première République

François! la liberté te crie :
Vengeons-les de ce froid dédain ;
Fêtons au nom de la patrie,
L'art qui nourrit le genre humain.

Des maux qui désolent la terre
C'est le soutien consolateur ;
Et des blessures de la guerre
C'est le baume réparateur.
Noble travail! belle industrie!
Inspire un chant républicain!
Fêtons au nom de la patrie,
L'art qui nourrit le genre humain.

Approchez-vous! vieillards augustes!
Debout jeunesse! à leur aspect :
Que les hommages les plus justes
Soient les garants d'un saint respect.
De la liberté si chérie
L'arbre fut planté de leur main.
Fêtons au nom de la patrie,
L'art qui nourrit le genre humain.

Sur le sol de la république
Leur fils ont planté le laurier,
Pour la félicité publique
Ils y planteront l'olivier.
La paix, l'abondance chérie
Diront ensemble ce refrain :
Fêtons, au nom de la patrie,
L'art qui nourrit le genre humain.

LES VOYAGES DU BONNET ROUGE

CHANT RÉVOLUTIONNAIRE DE 1792

Par SALLE

Le bonnet de la liberté
Brille et voyage avec fierté,
  En dépit des despotes.
Sa course embrasse l'univers.
Partout il va briser les fers
  Des braves sans-culottes.

Déjà ce signe rédempteur
Imprime une juste terreur
  Sur le front des despotes.
Ils s'arment en vain contre lui !
Les sceptres tombent aujourd'hui
  Devant les sans-culottes.

A Rome, à Londres, à Berlin,
A Vienne, à Madrid, à Turin,
  On voit les fiers despotes,
Sur ce bonnet, en lettres d'or,
Lire tous l'arrêt de leur mort,
  Au gré des sans-culottes.

L'esclave, enfant de Mahomet.
Libre en recevant ce bonnet,

Va frapper ses despotes.
Déjà sous les yeux du sultan
Il bénit le nouveau turban
　Des François sans-culottes.

Enfin, de Paris au Japon,
De l'Africain jusqu'au Lapon,
　L'égalité se fonde.
Tyrans, le sort en est jeté :
Le bonnet de la liberté
　Fera le tour du monde.

AUX CITOYENS

COMPOSANT LA SECONDE COMPAGNIE DES VOLONTAIRES

DE LA SECTION DU PANTHÉON FRANÇAIS

Air : *Avec les jeux, dans le village.*

Lorsqu'en riant chacun s'engage
Pour aller battre l'ennemi ;
Qu'en chantant il fait le voyage,
Avec son frère et son ami,
Mais, amis, c'est de bon augure
De partir chantant Ça ira ;
Car cela certes nous assure
Qu'il reviendra chantant Ça va (*bis.*)

Tous mes regrets, chers camarades.
Sont de n'être pas avec vous :
Recevez donc mes embrassades
Et mon fils au milieu de vous.
En patriote je partage,
Puisque je n'ai que deux enfants,
Et garde ma fille en otage
Pour répondre de mes serments. (*bis*)

DIALOGUE

ENTRE BOUILLÉ ET MIRABEAU-TONNEAU

Air : *Dans une cabane obscure.*

MIRABEAU.

Quel terrible délire
Agite vos esprits ?

BOUILLÉ.

Je ne puis m'en dédire,
Je cours droit à Paris.

MIRABEAU.

Qu'y prétendez-vous faire
Mon cadet Scipion ?

BOUILLÉ.

Offrir dans ma colère
Un plat de ma façon.

MIRABEAU.

Au moins de qu'elle idée
Votre âme, en ce moment,
Est-elle possédée ?
Parlez-moi franchement.

BOUILLÉ.

Je ne veux pas mon frère,
Foi d'honnête marquis,
Laisser pierre sur pierre
Dans cet affreux Paris.

MIRABEAU.

Et de quelle besogne,
Amis, vous chargez-vous ?
Osez-vous sans vergogne
Montrer tant de courroux ?

BOUILLÉ.

Oui, cher Tonneau, je l'ose,
Et pour notre bon roi,
Sandis : je vous propose
De venir avec moi.

MIRABEAU.

Qu'elle vaine bravade
Allez-vous faire ici ?
Déjà Brunswick malade
Est presque anéanti ;
Déjà le grand Guillaume,
Par trop humillié,
Pour revoir son royaume
A pris la poste à pié.

BOUILLÉ.

Mon brave capitaine
Que m'apprenez-vous là ?

MIRABEAU.

La nouvelle est certaine,
Lisez plutôt Carra,
Notre bon saint nitouche
Aime la vérité

BOUILLÉ.

Tout autant que Cartouche
Aimoit la probité ;
Mais que dit ce feuilliste,
Ce terrible aboyeur ?

MIRABEAU.

Qu'on nous suit à la piste
Pour nous ficher malheur ;
Que Capet et sa femme,
Justement détrônés,

Sont pour leur vie infâme
Au Temple confinés.

Bouillé.

Quoi ? le peuple l'emporte

Mirabeau.

Oui nous sommes tondus !
La raison est plus forte
Que tous les vieux abus.
D'une rigueur pareille,
Loin de nous désoler,
C'est avec la bouteille
Qu'il faut s'en consoler

Bouillé.

Peste soit de l'ivrogne

Mirabeau.

Attend petit faquin !
S'il faut que je t'empogne...

Bouillé.

Laissons ce sac à vin.

Mirabeau.

Oui, cours prendre le coche,
Va retrouver ton roi ;
Au bouchon le plus proche
Je prierai Dieu pour toi.

HYMNE

CHANTÉ SUR LE THÉATRE DE LA RUE DE LOUVOIS

Par un Anonyme

Sur l'Air chéri.

Enfant chéri de la nature,
Aimable et douce égalité,
Vous seule ornez d'une main sure
Les autels de la liberté. (*bis*)
Vous ne craignez point ce parjure,
L'honneur vous grava dans nos cœurs ;
Nous vous préférons aux grandeurs
Qu'exhaloit une source impure.

   Jurons tous citoyens,
   De conserver ces biens
   Chantons, chantons,
Salut et gloire aux francs républicains.

Sur les erreurs du fanatisme,
La raison dessille nos yeux ;
Le souffle impur du despotisme
Déjà ne souille plus ces lieux ; (*bis*)
Plus de prêtres, plus de noblesse,
Notre culte est la liberté ;
Sous les loix de l'égalité,
Nous nous aimons, mais sans faiblesse.

   Jurons, etc.

Quittez le temple de mémoire,
Venez un instant parmi nous,
Pelletier, Marat, votre gloire
Est immortelle comme vous, (*bis*)
De fleurs quand nous ornons nos têtes
C'est un hommage mérité ;
Les martyrs de la liberté
Sont les seuls objets de vos fêtes.

    Jurons, etc.

Etends un salubre feuillage,
Arbre que nos mains ont planté ;
C'est désormais sous ton ombrage
Qu'on fêtera la liberté ; (*bis*)
Toi seul formera la couronne
Que ceindra le front des vertus ;
Qu'aux yeux des tyrans abattus
Brille l'éclat qui t'environne.

    Jurons, etc

PROJET DE DÉCRET

TROUVÉ DANS LES PAPIERS DE MIRABEAU TONNEAU

Air : *Vive le vin, vive l'amour.*

Chers confrères, j'ai des projets
Qui doivent passer en décrets,
Pour les intérêts de la France
Vos grands travaux, votre prudence
Des nobles préparent le bien ;
Mais, hélas ! ne direz-vous rien
Sur le régime de la panse ? (*bis*)

Docile au plus doux des penchans,
Je me suis occupé longtems
D'un nouveau plan de subsistance ;
Car je sais par expérience,
Que l'estomac, plus d'une fois
Accusa la rigueur des loix
Prescrites par tempérance. (*bis*)

Quand l'estomac est bien lesté,
L'esprit est beaucoup mieux monté,
Et dans les affaires majeures
Ses opinions sont les meilleures.
Pour l'intérêt de nos débats,
Décrétons au moins six repas,
Ou du jour retranchons des heures. (*bis*)

Si du sénat, représentant,
Jamais je deviens président
Je veux, pour tribune, une treille ;
Défense de prêter l'oreille
Aux démocrates buveurs d'eau ;
J'aurai pour fauteuil un tonneau,
Et pour sonnette une bouteille. (*bis*)

CHANSON DE LA GAMELLE

Air de la *Carmagnole*.

Savez-vous pourquoi, mes amis,
Nous sommes tous si réjouis ?
   C'est qu'un repas n'est bon
   Qu'apprêté sans façon.
   Mangeons à la gamelle,
     Vive le son (*bis*)
   Mangeons à la gamelle,
     Vive le son du chaudron.

Point de froideur, point de hauteur,
L'aménité fait le bonheur,
   Oui, sans fraternité,
   Il n'est point de gaité.
   Mangeons à la gamelle,
     Vive, etc.

Nous faisons fi des bons repas,
On y veut rire on ne peut pas,
  Le mets le plus friand
  Dans un vase brillant.
  Mangeons à la gamelle,
    Vive, etc.

Une fille à tempérament,
Qui veut se choisir un amant,
  Aux faquins du bon ton
  Préfère un bon garçon
  Qui mange à la gamelle.
    Vive, etc.

Savez-vous pourquoi les Romains
Ont subjugué tous les humains?
  Amis, n'en doutez pas,
  C'est que ces fiers soldats
  Mangeaient à la gamelle.
    Vive, etc.

Ces Carthaginois si lurons
A Capoue ont fait les capons;
  S'ils ont été vaincus,
  C'est qu'ils ne daignoient plus
  Manger à la gamelle.
    Vive, etc.

Bientôt les brigands couronnés,
Mourant de faim, proscrits, bernés,
  Vont envier l'état
  Du plus mince soldat

Qui mange à la gamelle.
    Vive, etc.

Ah! s'ils avoient le sens commun,
Tous les peuples n'en feroient qu'un,
  Loin de s'entr'égorger,
  Ils viendroient tous manger
  A la même gamelle.
    Vive, etc.

Amis, terminons ces couplets
Par le serment des bons Français :
  Jurons tous, mes amis,
  D'être toujours unis.
  Vive la république,
  Vive le son, vive le son,
  Vive la république,
  Vive le son du canon.

COUPLETS

A L'OCCASION DE LA PRISE DE BRUXELLES

Paroles du Citoyen C. DE LA CORETTERIE

Chantés sur le théatre de l'Égalité par le Citoyen DURAND
acteur de ce théâtre.

Sur le Brabant, mes chers amis,
L'empereur n'a plus aucuns titres;
Tous les fameux remparts sont pris,
Et nous dîmons sur les chapitres.
A Nivelle il étoit encore;
Il étoit baron de Nivelle :
Mais on lui ravit ce trésor;
Il n'est plus qu'un Jean de Nivelle.

Dans Bruxelles, mes bons amis,
Les François ont fait leur entrée,
Nous avons des Rois réunis
Fait fuir la troupe timorée.
Tout cède à nos puissants canons,
Le ci-devant Roi de Bruxelles,
En fuite avec ses bataillons,
N'est plus qu'un Jean de Nivelle.

1793

—

LE TRIOMPHE DE LA RÉPUBLIQUE

Chant patriotique

Musique du Citoyen GOSSEC

27 JANVIER, AN II DE LA RÉPUBLIQUE

Guerriers qui volez au combat,
En respectant les loix, méritez la victoire;
La vertu fait les vrais soldats;
C'est dans la vertu qu'est la gloire.
Épargnez le sang des humains,
En conquérant la paix, sanctifiez la guerre;
Les palmes sur le front, l'olive dans les mains,
Délivrez et calmez la terre.

Que devient l'ardeur intrépide
De ces conquérans aguerris,
Qui devoient dans leur vol rapide
Renverser les murs de Paris?
La France à fait plier sous elle
Les tyrans et leur fol orgueil;
Le Rhin, la Marne, la Moselle,
De leurs guerriers sont le cercueil.

Le sombre tyran des Vandales,
Vengeur et complice des rois,
Devant ses enseignes fatales
Se flatoit de courber nos droits.
Il menaçoit, il prend la fuite
Il court, au fond de son palois,
Pleurer sa puissance détruite,
Et trembler au nom des François

A Namur, à Spire, à Mayence,
On réclame l'égalité:
A Chambery le peuple danse
Sous l'arbre de la liberté.
Enflammés d'un même génie,
Tous les peuples vont à la fois
Briser la triple tyrannie,
Des prêtres, des grands et des rois.

Déjà le Brabant nous appelle,
Et Liège implore nos guerriers;
Courons dans les murs de Bruxelles,
Conquérir de nouveaux lauriers.
Si l'Autriche résiste encore,
De Vienne gagnons les remparts;
Plantons l'étendart tricolore
Au sein du palois des Césars.

Citoyens, que de Rome esclave
Les fers soient brisés par nos mains;
Aux lieux ou siège le conclave,
Ressuscitons les vieux Romains;

Et dans cette terre classique,
Déserte aujourd'hui de vertus,
Réveillons la cendre héroïque
Et des Gracques et des Brutus.

COUPLETS CIVIQUES

Paroles du Citoyen Jean-Joseph LEBŒUF

Musique du Citoyen Pierre-Joseph CANDEILLE.

JANVIER 1793

Quand nos crédules ancêtres
Jadis voloient au combat,
Subordonnés à des maîtres,
Ils y bravoient le trépas.
S'ils remportoient la victoire
Le Monarque impérieux
S'en attribuoit la gloire !
La misère étoit pour eux.

De nos jours plus d'injustice ;
Armés pour la liberté,
Nous vaincrons sous les auspices
De la douce égalité ;
Les attributs du courage,
Si cher aux cœurs des soldats,
Ne feront plus le partage
Des illustres scélérats.

Peuples des deux hémisphères,
A jamais soyons amis ;
Et combattons en vrais frères
Nos superbes ennemis ;
Imitons l'homme sublime,
Le sage et fameux Brutus ;
Poursuivons partout le crime ;
Fêtons partout les vertus.

COUPLET

CHANTÉ DANS LA « CHASTE SUZANNE »

AU THÉATRE DU VAUDEVILLE, LE 31 JANVIER 1793

Affecter candeur et tendresse ;
Du plus offrant que l'amour presse,
Recevoir argent et présent :
C'est ce que l'on fait à présent ;
Refuser plaisir et richesse,
Pour conserver gloire et sagesse,
De la mort braver le tourment :
Oh ! c'est de l'ancien testament.

LE MOIS DE FÉVRIER

AUX MOIS DE JANVIER ET DE MARS

COUPLETS SUR LE CALENDRIER RÉPUBLICAIN

Par le Citoyen DUCROISI

Air : *Du prévôt des marchands.*

Messieurs de Mars et de Janvier,
Vous vous mocquiez de Février :
Près de trois fois six cens années,
Entre vous je fus comprimé :
Mais enfin des âmes bien nées
Viennent secourir l'opprimé.

Quand je n'avois que vingt-huit jours,
Sur trente-un vous comptiez toujours :
Avril, en me prêtant sa lune,
Secondoit votre lâcheté ;
Maintenant je ferai fortune,
A l'ombre de la liberté.

Tous les quatre ans, un jour de plus
Dans les miens je trouvois inclus ;
Par cet arrangement bizarre ;
Quelquefois je comptois vingt-neuf :
Mais aujourd'hui tout se répare ;
La France ouvre un siècle tout neuf.

Le tems reprenant son vrai cours,
Chaque mois aura trente jours.
Dans le calendrier de Rome,
Je fus deshérité par vous :
Mais grâce aux lumières de Romme (1),
L'égalité règne entre nous.

Dans le nouveau calendrier,
Je perds le nom de Février.
Ce nom ne disoit pas grand chose ;
Les vôtres ne valoient pas mieux,
Mais sous le titre de Ventôse,
J'épure la terre et les cieux.

Au changement que Fabre (2) a fait,
Nous gagnerons tous en effet.
Car cet élève de Molière,
Grave nos noms en lettres d'or,
Depuis le gai Vendémiaire,
Jusqu'au superbe Fructidor.

Rien de plus doux que Germinal ;
Rien de plus gai que Floréal :
Tous ont, à la métamorphose,
Gagné des noms bien composés ;
Nivôse même et Pluviôse,
Sont heureusement baptisés.

---

(1) Romme, rapporteur du comité d'instruction publique pour le nouveau calendrier.
(2) Fabre d'Eglantine, rapporteur de la commission chargée de la nouvelle dénomination des jours et des mois.

Primedi mène à Duodi,
Tridi, quartidi, quintidi ;
Sextidi vient, septidi passe,
Puis Octidi, puis Nonidi,
Et puis gaîment on se délasse
Dans le repos de Décadi.

Trois fois cent, plus trois fois dix jours,
Du travail auront le secours ;
Ce fut la volonté d'un sage (1) :
Mais des pontifes charlatans
Mettoient tous les jours en chomage,
Et commandoient l'abus du tems.

Nous remplaçons les vieux élus
Par les talens et les vertus :
Voilà nos dieux, voilà nos guides ;
Et laissant là le rit Romain,
Les cinq jours des sans-culotides
Sont fêtés du Républicain.

Au bout de trois ans, reviendra
L'an que sextile on nommera.
La Grèce eut ses Olympiades
Avec pompe on les célèbra :
Mais nous aurons nos Franciades
Que l'univers adoptera.

(1) Antonin ordonna par un édit qu'il y auroit trois cent trente jours de travail.

TOULON SOUMIS

Fait Historique

14 VENTOSE, AN II DE LA RÉPUBLIQUE (4 MARS 1793)

Air de la *Carmagnole*.

Hier au soir aux ennemis
Tout ce pays étoit soumis ;
Et les Anglois s'étoient promis
D'y massacrer tous nos amis ;
   Le matin, sans façon,
   Nous venons dans Toulon
   Danser la Carmagnole
Au bruit du son, au bruit du son,
   Danser la Carmagnole
   Au bruit du son du canon.

On dit que pour garder ces tours,
Qu'ils croyoient conserver toujours,
Les Espagnols dans quelques jours
Du pape attendoient des secours ;
   De près nous les verrons,
   Et nous leur chanteront
   L'air de la Carmagnole, etc.

Les Anglois ne sont pas poltrons
Quand ils nous tournent les talons ;
Soyez certains que ces lurons
Pour fuir ont de bonnes raisons.

Le fait n'est point douteux,
Il faut aller chez eux
Danser la Carmagnole, etc.

Tous les traîtres sont aux abois;
Les esclaves, pour cette fois,
Peuvent de leurs brillants exploits
Aller entretenir leurs rois,
A moins que leurs vaisseaux
N'aillent au fond des eaux
Danser la Carmagnole, etc.

HYMNE

CHANTÉ LORS DE LA TRANSLATION DES ARCHIVES

DES LIÉGEOIS

A LA MAISON-COMMUNE DE PARIS, LE 14 AVRIL 1793

Air des Marseillais.

D'une patrie infortunée,
Braves enfans accourez tous;
Dignes d'une autre destinée,
Venez habiter parmi nous (*bis*)
L'hospitalité fraternelle
Vous ouvre ses bras et son cœur,
Tandis qu'un féroce vainqueur
Vous forge une chaîne éternelle.
Amis, rassurons-nous. Les rois n'auront qu'un tems;
Bientôt (*bis*) ils paieront leurs succès insolens.

Si la liberté fugitive
Etoit poscrite en tout pays,
Elle viendroit sur cette rive,
Pour se rassurer dans Paris ; (*bis*)
Partagez donc avec vos frères
Le pain de la fraternité,
Dans le sein de l'égalité
Attendez des jours plus prospères.

Amis, rassurez-vous. Les rois n'auront qu'un tems ;
Paris (*bis*) sera toujours le tombeau des tyrans.

Le règne de l'indépendance,
Braves Liégeois n'en doutez pas,
Fondé d'abord dans notre France.
Doit s'étendre à tous les climats. (*bis*)
Oui, dans votre chère patrie
Nous vous reconduirons un jour ;
Vous chanterez à votre tour,
Vainqueurs de l'aristocratie :

Vive la liberté ! Les rois n'ont eu qu'un tems,
Enfin (*bis*) nous n'avons plus ni prêtres, ni tyrans.

CHANSON DU MAXIMUM

Par LADRÉ

PREMIER MAI 1793

Air: *Qu'en voulez-vous dire.*

Braves François, consolons-nous,
A juste prix nous allons boire,
Et sur les tygres et les loups
Nous remporterons la victoire.
La vraie justice est nobseum,
Calotins chantez le déum ;
Moi je chante le maximum
   Que l'on voit en France.
   J'en ris qu'en j'y pense,
De la loi c'est un beau factum
Que ce bienfaisant maximum.

Depuis plusieurs siècles enfin,
La France fut toujours trahie,
Les riches prenoient le chemin
De faire égorger la patrie ;
Mais que dure le maximum,
Per sœcula sœcularum,
De la loi c'est un beau factum
   Que l'on voit en France,
   J'en ris qu'en j'y pense ;
On nous prenoit par tous les bouts,
La vraie justice est avec nous.

Le blazon est enfin vaincu
Le rabat branle dans la manche
La théologie est à cul,
La loi ne veut plus de dimanche
Tout leur fanatique opium,
Et leur dominus vobiscum
Ne valent pas le maximum,
   Que l'on voit en France ;
   J'en ris quand j'y pense.
Les décades nous fêterons
Et les calotins nous fuirons.

Vous avides négociants
Qui cherchiez à nous faire battre ;
Et vous messieurs les gros marchands,
Notre loi vous force à rabattre.
Des magasins vous entassiez,
Et toujours vous renchérissiez,
Mais vous voilà bien attrappés.
   Qu'en voulez-vous dire
   Vous n'en pouvez rire ;
Il faut suivre le maximum
Ah! de la loi quel beau factum.

Et vous messieurs les gros fermiers
Qui murmurez de la loi sage
Il faudra de vos pleins greniers
Par force en faire un bon usage
Sachez que la terre est à nous !
Si vous travaillez c'est pour tous
Et non pas seulement pas pour vous,

L'homme qui spécule,
  Est un ridicule.
Qui ne veut enrichir que lui,
Mais la loi du peuple est l'appui.

On verra sur tous les chemins
L'armée révolutionnaire
Qui rangera tous les mutins,
En les obligeant à bien faire,
La guillotine la suivra ;
Les magasins on fouillera
Celui qui se mutinera
  On fera sa fête
  En coupant sa tête
Il vaut beaucoup mieux obéir
Que de se faire raccourcir.

Eh bien, François que dirons-nous
Des hommes de notre montagne ?
Ne travaillent ils pas pour tous ?
La justice les accompagne
Ils soutiennent l'égalité,
Ils veulent la fraternité,
En abolissant la cherté,
  Frappent sur le riche,
  Qui trop fort nous triche,
Peut-on voir un plus beau factum
Que le bienfaisant maximum.

COUPLETS

Du Citoyen RADET

CHANTÉS PAR LE CITOYEN PALY

Air : *Veillons au salut.*

Placés dans l'enceinte où nous sommes,
Par un invincible pouvoir
Les trois bustes de ces grands hommes,
Nous traceront notre devoir ;
    Et si ces lieux
Pouvoient receler quelque traître,
    Traduit près d'eux,
Près d'eux saisi d'un saint respect
Le lâche se feroit connoître,
En frémissant à leur aspect. (*bis*)

Au ciel, malgré l'usage antique,
Mon fils ne doit pas son patron,
Et dans un baptême civique,
De Marat il reçu le nom
    Mon fils saura
Mériter ce bienfait insigne ;
    Il sentira
Ce que prescrit un nom si beau,
S'il ne doit pas en être digne.
Que la mort le frappe au berceau. (*bis*)

COUPLET

CHANTÉ A LA BARRE DE LA CONVENTION LE 5 JUILLET 1793

Par CHÉNARD et NARBONNE, de la Comédie-Italienne.

Citoyens chers à la patrie,
Nous venons vous offrir nos cœurs,
Montagne! montagne chérie,
Du peuple les vrais défenseurs, (bis)
De vos travaux la république
Reçoit sa constitution,
Notre libre acceptation
Vous sert de couronne civique,
Victoire, citoyens, gloire aux législateurs,
Chantons (bis) leurs noms chéris sont les noms des
[vainqueurs.

HYMNE RELIGIEUX ET PATRIOTIQUE

FAIT POUR ÊTRE CHANTÉ DANS LES FÊTES NATIONALES

JUILLET 1793

Sur l'air des *Marseillais*.

Être infini que l'homme adore,
Sous des noms, des cultes divers,
Entends d'un peuple qui t'implore
Les vœux et les pieux concerts; (bis)

Que toute la terre fléchisse
Devant ta sainte volonté,
Nous espérons de ta bonté
Même en redoutant ta justice ;
Brise partout les fers de la captivité ;
Dieu bon (*bis*) donne aux mortels, la paix, la liberté.

En faisant l'homme à ton image,
Tu le fis libre comme toi ;
Vouloir le mettre en esclavage
C'est donc attenter à ta loi : (*bis*)
Dieu vengeur, défends ton ouvrage
Des entreprises des tyrans ;
Tous les hommes sont tes enfans,
Toi seul mérites leur hommage.
Brise partout, etc.

Approchez, enfants de tout âge,
Jeunes filles, venez aussi,
Venez présenter votre hommage
Au Dieu qui nous rassemble ici ; (*bis*)
D'une bouche innocente et pure,
Demandez-lui que ses bienfaits
S'étendent sur tous les François,
Comme sur toute la nature.
Brise partout, etc.

Dieu créateur, suprême essence,
Le ciel plein de ta majesté,
Le ciel atteste ta puissance,
La terre atteste ta bonté. (*bis*)

Des astres les disques sublimes
Roulent sous tes pieds glorieux,
Les éclairs brillants de tes yeux
Percent les plus profonds abîmes.
Brise partout, etc.

COUPLETS ET HYMNES

CHANTÉS LE JOUR DE LA SECONDE DÉCADE DU MOIS BRUMAIRE

DE L'AN DEUXIÈME

DE LA RÉPUBLIQUE FRANÇAISE UNE ET INDIVISIBLE

POUR L'INAUGURATION

DES BUSTES DE LEPELLETIER ET MARAT

PREMIÈRE STATION

PLACE DES PIQUES

A LEPELLETIER

Air : *Que ne suis-je la fougère.*

CHŒUR

François qui trouvez des charmes,
A rendre hommage aux vertus,
Comme nous versez des larmes,
Pleurez Pelletier qui n'est plus;
Percé d'un fer homicide,
Il descend dans le tombeau;
La rage liberticide
Produit ce crime nouveau,

CORYPHÉE

Avec un vrai stoïcisme,
Il sut remplir son devoir.
Et du cruel despotisme
Renverser le fol espoir.
Prenons-le tous pour modèle,
Et bientôt notre pays
Se verra par notre zèle
Purgé de ses ennemis.

CHŒUR

François, etc.

CORYPHÉE

Fermant l'œil à la lumière
Martyr de la liberté,
Il fait la France héritière
D'un plan par son cœur dicté.
De son pays qu'il adore
C'est peu de combler les vœux,
Il sait préparer encore
Le bonheur de nos neveux.

CHŒUR

François, etc.

SECONDE STATION

PLACE DE LA RÉUNION

A MARAT

Par le Citoyen JOIGNY

CHOEUR

Formons des chants funèbres,
Donnons cours à nos pleurs,
Dans la nuit des ténèbres
Marat ! gît, ô douleurs,
Ennemis des despotes,
Peuple qu'il a chéri,
Pleurez vrais patriotes
Vous perdez votre ami.

CORYPHÉE

Républicain austère,
Pour nous tous il veilloit ;
La vérité sévère
De sa bouche sortoit ;
Ne pouvant le séduire,
D'intriguans un essain,
Prirent pour le détruire
Le bras d'un assassin.

CHOEUR

Formons des chants, etc.

CORYPHÉE

Portant au capitole
Sa pâle fermeté,
Il eût pour toute idole
La sainte liberté;
A la fortune altière
Préférant l'équité,
Il quitta la lumière
Pauvre, mais regetté.

CHOEUR

Formons des chants, etc.

TROISIÈME STATION

A L'ARC DE TRIOMPHE SUR LE BOULEVARD

HYMNE

Par le Citoyen MOLINE

Restes chéris des citoyens guerriers
Qui soutenoient l'éclat de la cause publique,
Victimes des agens du pouvoir despotique
Je dépose sur vous les palmes, les lauriers,
    Que vous offre la république.
    De respect, d'admiration
    Le cœur attendri, l'âme émue,
    Au nom de notre nation,
    Restes sacrés! je vous salue.

Intrépides soldats, braves républicains,
    Illustres morts! que vos destins
    Sont brillants, sont dignes d'envie!
Martyrs de la vengeance et de la cruauté
    De votre sang, de votre vie,
Vous avez cimenté l'auguste liberté.
    Celui qui meurt pour sa patrie,
    Renoît pour l'immortalité

A MARAT

Par le Citoyen DANTILLI

CORYPHÉE

Ici repose la cendre,
D'un ami cher aux François
Ici nous faisons entendre
Notre amour et nos regrets.
Tu n'es plus... Mais ton courage
A sauvé la liberté,
Ce bienfait fut ton ouvrage;
Reçois l'immortalité.

A LEPELLETIER

Illustre et sainte victime
D'un exécrable tyran,
Si ton trépas fut son crime,
Il l'expia dans ton sang.
Ne regrette point la vie,
Ce vil assassin n'est plus,
Sa mort vengea la patrie,
Tu lui laissas tes vertus.

A TOUS LES DEUX

Par le Citoyen DANTILLI

Vous n'êtes plus... Mais votre ombre
Glace d'effroi les tyrans ;
Aux bords du rivage sombre
Ils vous suivront tout sanglans !
Hélas ils vivent encore !
Mais les poignards sont levés ;
Dans peu, du Tage au Bosphore,
Ils seront tous égorgés.

Air des *Marseillais*.

Par le Citoyen TRESFONTAINE

HOMMES CORYPHÉES

Citoyens morts pour la patrie,
Nous venons vous offrir nos cœurs ;
Le temps dans notre âme attendrie
Ne peut soulager nos douleurs. (*bis*)

FEMMES CORYPHÉES

C'est par le fer que la patrie
Perdit ses plus fiers défenseurs.

HOMMES CORYPHÉES

C'est par le fer qu'à la patrie
Nous jurons d'être vos vengeurs !....
Vengeance, citoyens, formez vos bataillons,
      Marchez, Marchez,
Qu'un sang impur, abreuve vos sillons.

AUTRE

Même air que le précédent.

Par le Citoyen JOIGNY

Par des serments inviolables,
Au lieu de stériles regrets,
Devant ces mânes respectables,
Modèles de tous les François, (*bis*)
Jurons une éternelle guerre
Aux vils ennemis de nos loix;
Jurons de défendre nos droits
Contre les tyrans de la terre,
Jurons l'égalité, gravons-là dans nos cœurs ;
François, François,
Soyons unis et nous serons vainqueurs.

HYMNE A LA LIBERTÉ

POUR LA RÉUNION DU 10 AOUT 1793

EXÉCUTÉ SUR LE THÉATRE DE L'OPÉRA

Paroles des Citoyens BOUQUIER et MOLINE

UNE HÉROÏNE

O liberté! liberté sainte,
Objet du culte des mortels,
Unis par la plus douce étreinte
Nos cœurs t'élèvent des autels ;

Reçois, ô déesse immortelle,
L'hommage de nos vœux ardents!
Du haut de la voûte éternelle
Prête l'oreille à nos accents.

CHOEUR

Reçois, ô déesse, etc.

UN CITOYEN

Idole des cœurs énergiques,
Ame du vrai républicain,
Les exploits, les vertus civiques,
Prennent leur source dans ton sein;
Ton souffle renverse les trônes,
Écrase, anéantit les grands,
Brise les sceptres, les couronnes
Et pulvérise les tyrans!

CHOEUR

Reçois, ô déesse, etc.

L'HÉROÏNE

C'est par ta céleste influence,
O bienfaisante déité,
Que l'homme peut de l'existence,
Savourer la félicité.
Dès qu'une fois l'œil de l'esclave
A fixé tes touchants appas
Pour voler dans ton sein, il brave
Les feux, le glaive, et le trépas.

CHOEUR

Reçois, ô déesse, etc.

LE CITOYEN

Ta voix commande à la victoire,
Et, de nos généreux soldats,
Au sanctuaire de la gloire,
Se plaît à diriger les pas ;
Tout cède à leur valeur guerrière,
Elle ébranle, enfonce les rangs
De cette horde meurtrière
Vendue aux fureurs des tyrans

CHOEUR

Reçois, ô déesse, etc.

L'HÉROÏNE

Jusques aux portes de l'aurore,
Chassons nos cruels ennemis !
Que, sous l'étendard tricolore,
Les peuples enfin réunis,
Répètent, dans un saint délire,
Les hymnes de la liberté,
Et que la tyrannie expire
Sous la faulx de l'égalité.

CHOEUR

Reçois, ô déesse, etc.

CHANT CIVIQUE

POUR LA FÊTE DU 10 AOUT 1793, A ROUEN, DÉPARTEMENT

DE LA SEINE-INFÉRIEURE

Air des *Marseillais*.

Transports divins, vive allégresse,
Échauffés sous les cœurs François;
Feu civique, sublime ivresse
Fais leur éprouver tes accès. (*bis*)
Elle sonne, l'heure attendue,
Où sur le pavé fraternel,
Du Peuple, devant l'Éternel,
On entend la voix absolue,
Célébrons ce moment, chantons ce jour heureux,
　　Il est marqué
Pour accomplir le plus grand de nos vœux.

C'en est fait, déjà tout l'annonce,
L'airain tonnant frappe les airs;
La France entière se prononce
Pour le salut de l'univers. (*bis*)
La République indivisible
Jusqu'aux cieux élève sont front :
Les despotes se courberont
Devant ce colosse invincible.
Qu'ils perdent tout espoir, ces cruels oppresseurs,
　　Nos bras armés,
De leurs efforts, demeureront vainqueurs.

D'un bûcher la flamme s'allume,
Avide de vils attributs,
Qu'à l'instant le feu vous consume
Honteux monuments des abus. (*bis*)
De la raison sages arbitres,
François embrassez-vous.
Des dignités, des rangs proscrits,
Dont l'orgueil inventa les titres.
Applaudissons, chantons la mort des préjugés,
Ils sont, ils sont
Dans le néant, pour jamais replongés.

Peuple, exemple éclatant du monde,
Sur l'autel de la liberté,
Par les travaux naît et se fonde
Le bonheur de l'humanité. (*bis*)
Mais quoi?... des barbares cohortes
Veulent suspendre tes destins :
Déjà des brigands assassins
De la France ont franchi les portes.
Aux armes citoyens! formez vos bataillons ;
Marchez, marchons
Qu'un sang impur abreuve nos sillons.

Destructeur hideux du civisme
Cesses, tes horribles leçons,
Cours épuiser tes noirs poisons (*bis*)
Et d'un seul cri nous répondons :
Oui, sans balancer nous partons,
Et répétons pleins d'un saint zèle :
Aux armes, etc.

LE TRIOMPHE DE LA RÉPUBLIQE

Paroles de X X X.

Musique de GOSSEC

Dans les temps de notre jeunesse
Nous bravons les combats sanglans;
Maintenant la triste vieillesse
Enchaîne nos bras impuissans,
Héritiers de notre courage,
Nos fils ont de plus grands destins,
Ils ont sur nous l'avantage;
Nous n'étions pas républicains.

La trompette excite au courage,
De terreur je me sens glacer
L'airain gronde sur ce rivage!
Le combat vient de commencer.
Verrons-nous immoler nos braves
Par ces Vandales inhumains?
Ne redoutez point des esclaves;
Nos guerriers sont républicains.

A LA BASTILLE

10 AOUT 1793

Touchant réveil, calme enchanteur,
    Viens soulager nos peines
    Et répands dans nos veines
Ton baume régénérateur.
Soleil, loin de nous enfin
    Dissipe les ténèbres,
    Et de nos cris funèbres
Ton retour a marqué la fin.

La nature répand ses bienfaits ;
    Dans sa source immortelle,
    Douce et pure comme elle,
Pour nous va découler la paix.
Ah ! quel délicieux trésor,
    Que la nature est belle !
    Quand sa voix nous appelle,
Quel regret nous agite encor.

HYMNE

POUR LA FÊTE FUNÈBRE DE MARAT

ET LEPELLETIER

CÉLÉBRÉE PAR LES EMPLOYÉS AU BUREAU DE LA LIQUIDATION

Paroles de L. C. MERCIER

Musique de GOSSEC

S'il est vrai que de nous quelque chose survive,
Lorsque dans le tombeau nous sommes descendus,
Prêtez à nos discours une oreille attentive,
    O! vous que nous avons perdus.

Si nous avons brisé dans notre juste rage
Le culte flétrissant des prêtres et des rois,
Vous combattiez pour nous; votre mâle courage
    Nous fit reconquérir nos droits.

De la plus juste cause apôtres intrépides,
Vous n'avez point pâli sous le fer des tyrans;
De vos cendres est née une race d'Alcides
    Qui va détruire les Titans.

Couple auguste et chéri, grâces vous soient rendues!
Soit que du doux Léthé vous habitiez les bords,
Soit que vous habitiez l'or fluide des nues,
    Soyez témoins de nos transports.

Ce n'est point par des pleurs vains et pusillanimes
Que nous apaiserons vos mânes en courroux ;
Il faut que des tyrans, devenus vos victimes,
    Le dernier tombe sous nos coups.

Libre alors, et le front couronné de l'olive,
Le François, déposant le fer ensanglanté,
Ne fera retentir sur cette heureuse rive
    Que les chants de l'humanité.

HYMNE PATRIOTIQUE

POUR LA FÊTE DE LA RÉUNION PATRIOTIQUE, CHANTÉ SUR L'EMPLACEMENT DE LA BASTILLE LE 10 AOUT 1793

Air de la Marseillaise.

François, quelle brillante aurore
Nous ouvre les portes du jour...
Le plus beau soleil vient d'éclore
Il éclaire un nouveau séjour...
Une onde salutaire et pure,
Sur le sol de la liberté,
Découvre à notre œil enchanté
Le premier don de la nature.
François, que nos accents s'élèvent jusqu'aux cieux,
Chantons la liberté, c'est un présent des dieux.

Républicains, cette journée
Pour jamais nous rend tous unis !
Aux yeux de la terre étonnée,
Confondons nos vils ennemis ;
De nos tyrans, bravons la rage !
Les peuples de tout l'univers
Comme nous briserons leurs fers,
En imitant notre courage.
François, que nos accents, etc.

Sur les débris du despotisme,
Au niveau de l'égalité,
Animés d'un brûlant civisme,
Cimentons la fraternité !
Par un dévouement héroïque,
Sous les regards de l'éternel,
Faisons le serment solennel
De soutenir la République.
François, que nos accents, etc.

Nous devons tout à la patrie,
Elle veille sur nos destins ;
Le ciel en nous donnant la vie,
Nous fit noître républicains ;
Soumis aux lois de la nature,
Aux vertus formons notre cœur,
Par nos talents, notre valeur,
Etonnons la race future.
Nos pères, nos amis, sont morts dans les combats
Vivons et grandissons pour venger leur trépas.

CHANT PATRIOTIQUE

POUR LE TEMPLE DE LA RAISON

Air: *Jeunes amans cueillez des fleurs.*

Auguste et sainte liberté,
Fille heureuse de la nature,
Toi dont la céleste beauté
Nous rend du jour la clarté pure !
Dans ton temple à jamais chéri,
Nous venons offrir notre hommage ;
Daigne ouvrir ton sein attendri
Aux heureux que fit ton ouvrage. (*bis*)

Douce compagne des mortels,
Par qui nous chérissons la vie,
L'encens offert sur tes autels
Est l'amour pur de la patrie :
Nous connaissons tous en ce jour
Qu'éclaire la philosophie,
Que lui seul paiera de retour
Les bienfaits de ta main chérie. (*bis*)

Charmés par tes divins attraits,
Et fiers d'embrasser ta défense,
Vois tes enfants toujours tout prêts
A mourir pour l'indépendance :

Oui tant que les pas d'un tyran
Souilleront le sol de la terre,
Le François versera son sang
Pour purger le sein de sa mère. (*bis*)

Descends aussi, chaste raison,
Préside à nos chants d'allégresse,
Accompagne d'un doux rayon
les attraits de notre déesse !
En ce jour que nous consacrons
A chanter ses faveurs nouvelles,
Offre lui toi-même les dons
De nos cœurs à jamais fidèles. (*bis*)

HYMNE A LA RAISON

Paroles du Citoyen DEBRIEU

Musique du Citoyen GIROUX

Ministres de l'erreur, par vos contes frivoles,
Vous avez trop longtemps trompé la Nation ;
   Allez de vos saintes paroles
   Distiller ailleurs le poison ;
   Vos mystères, vos paroles, (*bis*)
   Vos autels, vos saints, vos idoles
Tout disparaît aux yeux de la Raison. (*bis*)

Enfin la vérité succède à l'imposture.
Vos mensonges sacrés, ne sont plus de saison,
    Allez, de votre secte impure,
    Puissions-nous perdre jusqu'au nom.
    Votre voix, blessant la nature, (*bis*)
    A l'éternel faisait injure :
Nous l'honorons, en fêtant la Raison. (*bis*)

Pour nous forger des fers, les tyrans de la terre
Se couvrent du manteau de la religion.
    Ils voudroient aux feux de la guerre,
    Allumer la sédition.
    La France toujours une et fière, (*bis*)
    Des tyrans bravant la colère,
N'obéit plus qu'aux Loix de la Raison. (*bis*)

De Pitt et de Cobourg la trame la plus noire
En vain sème partout l'or, la rebellion ;
    Si l'un d'eux compte une victoire,
    Il la doit à la trahison.
    Ils périront j'ose le croire ; (*bis*)
    Le François aux champs de gloire,
Suit aujourd'hui la voix de la Raison. (*bis*)

LA REDDITION DE LA VILLE DE LYON

Par le Citoyen SERIEYS

Air de la *Carmagnole*.

Les Lyonnais nous sont rendus, (*bis*)
Les muscadins sont abbattus. (*bis*)
Ces crapauds du marais
Sont pris dans nos filets.

   Vive la République,
     Et la leçon
     De Lyon. (*bis*)

Les muscadins s'étoient promis (*bis*)
De ressusciter le gros Louis; (*bis*)
Pour les désabuser,
Faut les capétiser.

   Vive, etc.

Et tous ces tartuffes mitrés, (*bis*)
Ces bons amis des émigrés, (*bis*)
Iront comme Denis
Sans tête en paradis.

   Vive, etc.

C'est ainsi que seront traités (*bis*)
Tous les mannequins révoltés, (*bis*)
Tous les mangeurs d'humains,
Grands rois et calotins.

   Vive, etc.

L'imbécile George à Toulon (*bis*)
Nous donne un plat de sa façon. (*bis*)
Gare, pour ce baudet,
La fenêtre à Capet.

 Vive, etc.

Mandrin Pitt et frère Cobourg, (*bis*)
A la main chaude à votre tour. (*bis*)
Grands rois du temps jadis
Serez tous raccourcis.

 Vive, etc.

Des sans-culotes c'est la loi (*bis*)
De ne plus souffrir aucun roi. (*bis*)
Volons tous aux combats,
Tous les gredins à bas.

 Vive, etc.

Lorsqu'un peuple entier est debout, (*bis*)
Bientôt il vient à bout de tout ; (*bis*)
Du gibier couronné,
Ne fait qu'un déjeuné.

 Vive, etc.

LES VOLONTAIRES

DES SECTIONS DES INVALIDES, DU CONTRAT SOCIAL

PLEINS DE RESPECT POUR LA LOI ET LA LIBERTÉ, ONT JURÉ

AUJOURD'HUI A LA CONVENTION, D'EXPULSER

DU TERRITOIRE DE LA RÉPUBLIQUE, LES DESPOTES ET LEURS

SATELLITES

18 SEPTEMBRE, L'AN II DE LA RÉPUBLIQUE

Un de ces citoyens monte à la tribune et chante une nouvelle chanson patriotique, composée par un jeune volontaire des bataillons du Nord ; cet hymne est accueilli avec transport, et sur le réquisitoire d'Hébert, le conseil arrête que cette cantate républicaine sera imprimée au nombre de 25,000 exemplaires, avec la musique ; et qu'il en sera délivré un exemplaire à chaque volontaire qui se rendra aux frontières. La voici :

Air : *Du serin qui te fait envie.*

UN PÈRE PARLANT A SON FILS

Eh quoi ! tu peux dormir encore,
N'entends-tu pas ces cris d'amour ?
Réveille-toi, voici l'aurore ;
Mon fils, voici ton plus beau jour !
C'est à l'autel de la patrie
Que tu vas marcher sur mes pas,
Cours à cette mère attendrie
Qui t'appelle et t'ouvre ses bras. (*bis*)

Mon fils, vois-tu ce peuple immense,
Comme il accourt de toutes parts!
De ces guerriers chers à la France,
Vois-tu flotter les étendards!
C'est à l'autel de la patrie
Que l'amour dirige leurs pas,
Tous vont à leur mère chérie
Se dévouer jusqu'au trépas. (*bis*)

Dans tes regards brille une flamme
Qui ploît à mon cœur paternel ;
Ouvre les yeux, fixe ton âme
Sur ce spectacle solemnel.
C'est à l'autel de la patrie
Qu'il faut consacrer tes quinze ans,
Et c'est-là que l'honneur te crie
D'apporter tes premiers sermens. (*bis*)

Tu l'as fait ce serment auguste
Devant la France et devant moi ;
Tu serviras vaillant et juste,
Et la République et la loi.
C'est à l'autel de la patrie
Que tu viens de le prononcer ;
Plutôt perdre cent fois la vie
Que de jamais y renoncer. (*bis*)

Il est d'autres sermens encore
Qu'exigent ton père et l'honneur ;
Un Dieu puissant que tout adore
Va bientôt appeller ton cœur.

Mais sur l'autel de la patrie
A la beauté jure en ce jour
Que jamais sa vertu flétrie
Ne gémira de ton amour. (*bis*)

Si d'une belle honnête et sage
Tu sois un jour te faire aimer,
Le nœud sacré du mariage
Est le seul que tu dois former.
Mais à l'autel de la patrie
Courrez tous les deux vous unir,
Que jamais votre foi trahie
N'ordonne au ciel de vous punir. (*bis*)

Dans cette chaîne fortunée
Si tu deviens père à ton tour,
Pour premier don si l'hymenée
Accorde un fils à ton amour.
Offre à l'autel de la patrie
Ce fruit heureux de ton lien ;
Dans ton cœur c'est-elle qui crie :
Qu'il est son fils comme le tien. (*bis*)

Tu vois ce fer d'un œil d'envie,
Il doit un jour armer tes mains ;
De lui souvent dépend la vie
Ou la mort des faibles humains.
C'est à l'autel de la patrie
Qu'il faut le suspendre aujourd'hui ;
N'y touche pas qu'elle ne crie :
Prends ce fer, j'ai besoin de lui. (*bis*)

Quand le tems qui marche en silence,
Par d'imperceptibles efforts,
Aura miné mon existence,
Et décomposé ses ressorts,
C'est sur l'autel de la patrie
Que tu creuseras mon tombeau;
Est-ce perdre en entier la vie
Que de rentrer dans son berceau. (bis)

AUX ARMES!

24 SEPTEMBRE 1793

HYMNE DÉDIÉ AUX JACOBINS DE PARIS

Par F. LE GALL, jeune sans-culotte Bas-Breton

Air des Marseillais.

Qu'une juste et sainte vengeance
Brûle nos cœurs, arme nos bras;
Partons, les bourreaux de la France
Sur nous s'avancent à grands pas;
Partons, leurs hordes sanguinaires
Dévorent nos braves guerriers...
Changeons nos cyprès en lauriers,
Vengeons les mânes de nos frères!

Aux armes, citoyens, formez vos bataillons,
Marchez, qu'un sang impur abreuve nos sillons.

Eh quoi! par des mains infamantes,
François, vos femmes, vos enfants,
Vos mains tant de fois triomphantes
Seroient esclaves des tyrans!
Quoi! dans leur rage meurtrière,
Ils osent, ces lâches brigands,
Ils osent déchirer les flancs
De notre déplorable mère!

Aux armes, etc.

D'une mère tendre et chérie,
Écoutez les tristes accents;
Oui, François, oui, c'est la patrie
Qui vous tend ses bras languissants;
Sa voix touchante nous appelle...
François, François, souffrirez-vous
Qu'elle périsse sous les coups
Des tigres acharnés contre elle!

Aux armes, etc.

Ciel! que vois-je, un ramas impie
De prêtres nourris de forfaits,
Prêche le meurtre et l'incendie
Au nom d'un dieu qui veut la paix!
Ah! c'en est trop... point de clémence;
La pitié nous rendroit cruels;
Étouffons-les sous leurs autels
Et nous aurons sauvé la France.

Aux armes, etc.

Des attentats que tu médites,
Cobourg, tu reçevras le prix ;
Tes rois avec leurs satellites
Seront bientôt anéantis.
Gorgé du sang de tes victimes,
Suivi de lâches meurtriers,
Viens... nous méprisons des lauriers
Achetés au poids de tes crimes.

Aux armes, etc.

Grand Dieu ! quel monstre ! Le parjure,
La trahison, la cruauté,
La haine atroce et l'imposture
Guident son bras ensanglanté.
C'est Pitt... brisons sa tête immonde...
Sa mort couronne nos exploits,
Et tous les forfaits à la fois
Cessent d'épouvanter le monde.

Aux armes, etc.

Vous apprendrez, cruels despotes,
Vils fléaux de l'humanité,
Ce que peuvent des sans-culottes
Qui s'arment pour la liberté.
Ils se lèvent... la France entière
Ne compte plus que des héros,
Et les tyrans et leurs suppôts
Roulent déjà dans la poussière.

Aux armes, etc.

François, jurons à la patrie,
Jurons à tous nos descendants,
Jurons que de la tyrannie
Nous romprons les sceptres sanglants.
Jurons que le noble et le prêtre
Subirons le destin des rois,
Et que le livre de nos loix
Sera pour jamais notre maître.

Aux armes, etc.

Montagne! O toi dont l'énergie
Prépara la mort des tyrans,
Des François rendus à la vie
Reçois, garantis les serments!
Ah! que ta voix se fasse entendre,
Et, fort de tes mâles vertus,
Montagne, un peuple de Brutus
Va s'immoler pour les défendre.

Aux armes, etc.

COUPLETS

CHANTÉS AUX NOCES DE C**, PRÊTRE ET CI-DEVANT BÉNÉDICTIN

LE 3 VENDÉMIAIRE, AN II (24 SEPTEMBRE)

Paroles du Citoyen Benoît LAMOTHE

Air : *Chantez, dansez, amusez-vous.*

Allons, messieurs, mariez-vous ;
Profitez d'un si bon exemple ;
Mariez-vous, rien n'est si doux
L'hymen vous offre enfin son temple.

Honneur au prêtre citoyen,
Qui fraie aux autres le chemin !

A cette marque, parmi nous,
Bon pasteur se fera connoître ;
Celui qui sera père, époux,
Doit passer pour le meilleur prêtre.

    Honneur, etc.

Jésus l'a dit avec raison ;
Cette maxime est bien précise :
« Qui gouverne bien sa maison
Gouvernera bien mon Église. »

    Honneur, etc.

Électeurs, juges des vertus,
Songez aux prêtres qui sont pères,
Mais dont les enfans reconnus
Ne feront point rougir leurs mères.
    Honneur, etc.

Allons, mes amis, réparons
Les pertes que cause la guerre ;
Quand Mars dépeuple nos cantons,
Vénus doit repeupler la terre.
    Honneur, etc.

COUPLETS

CHANTÉS PAR LES EMPLOYÉS AUX CHARROIS DES ARMÉES

EN PLANTANT L'ARBRE DE LA LIBERTÉ

LE 13 BRUMAIRE DE L'AN DEUXIÈME (4 OCTOBRE 1793)

Par le citoyen Cadet GASSICOURT.

Air : *Veillons au salut de l'empire*

Emblême de notre puissance,
En croissant porte jusqu'aux cieux
Le signe de l'indépendance,
Présent que nous ont fait les dieux !
    Liberté, liberté.
Reçois notre sincère hommage :

Nos cœurs jamais.
Ne pourront oublier tes bienfaits ;
Du joug affreux de l'esclavage
Ta main délivra les François.

Air : *Allons enfans de la patrie.*

Lorsque la divine sagesse,
Minerve dote les humains,
Quel fut le don de la déesse ?
Un arbre planté par ses mains. (*bis*)
A l'homme encore dans l'esclavage,
Cet arbre permettoit la paix,
De la liberté des François
Le nôtre est le précieux gage ;
Et par notre valeur assurant nos succès
Bientôt (*bis*) la liberté nous donnera la paix.

Air : *Aussitôt que la lumière.*

Du financier l'indolence
Nourissoit de gros coursiers,
Pour traîner son opulence
Aux dépens de nos guerriers ;
Ce luxe étoit un outrage ;
Gaiment nous nous en vengeons,
En donnant son atelage
Aux guerriers, à nos caissons.

Même Air.

Lorsque la paix dans nos villes,
Rappellera nos guerriers,
Aux travaux des arts utiles
Nous remettrons ces coursiers ;

Ramenés par la victoire,
Tous les François triomphans,
Au char brillant de la gloire
Attelleront les tyrans.

Air : O vous, jeunes fillettes.

Vous que la France appelle
A terrasser les rois,
La horde criminelle,
S'armant contre nos loix ;
Venez troupes guerrières,
Chanter l'égalité ;
Venez avec nos frères (*bis*)
Fêter la liberté. (*bis*)

CHANSON PATRIOTIQUE

16 OCTOBRE

Par le citoyen COURET

Air: Aussitôt que la lumière.

Liberté qui nous enflammes,
Divinité des François,
Ton saint temple est dans nos âmes,
Il ne croûlera jamais ;
Effrayés par le courage
Que tu sais nous inspirer,
Les tyrans, bouffis de rage,
Y viendront tous expirer.

A la Montagne et aux Sociétés populaires:

    Vigilantes sentinelles,
    Mères de la liberté,
    Vous deviendrez éternelles,
    En gardant votre unité ;
    De la Newa jusqu'au Tibre,
    Renversez les préjugés,
    C'est lorsque le peuple est libre
    Que tous les rois sont jugés.

    Toi, brigand de la Vendée,
    Qu'un prêtre mène au combat,
    Ta dernière heure est sonnée,
    La France a levé son bras.
    Le feu vengeur étincelle
    Sur la trace de tes pas ;
    Ton sang à grands flots ruisselle,
    L'airain vomit ton trépas.

    Soldats, foncez sur ces prêtres,
    La bayonnette à la main ;
    Point de quartier pour ces traîtres,
    Bourreaux-nés du genre humain.
    Que leur croix, ce signe antique
    De leur superstition
    Soit le manche d'une pique
    Ou serve d'écouvillon.

        Air : *Que ne suis-je la fougère.*

    Vous, innocentes victimes,
    Qu'égarent des imposteurs,

Qui, sans partager leurs crimes,
Prenez part à leurs fureurs;
De vos maux quelle est la source?
Vos orémus, vos répons;
Changez-les donc en gargousse
Pour en charger nos canons.

Faut-il qu'au bruit de la cloche
Je me rende à leurs leçons?
Pour éviter tout reproche,
J'en veux fondre des canons;
Ce signal du fanatisme
Ne peut plus sonner pour moi;
Qu'il serve au patriotisme
Pour tuer le dernier roi.

LES SANS-CULOTTES

CHANTÉ SUR LE THÉATRE DU VAUDEVILLE LE 26 OCTOBRE

Paroles de BARRÉ, LÉGER et BOISIÈRES

Pour terrasser nos ennemis
Tous les François mes bons amis,
  Sont de chauds patriotes;
Mais pour réussir tour à tour,
En guerre aussi bien qu'en amour,
  Vivent les sans-culottes!

A tort on dit que les Prussiens,
Les Anglois et les Autrichiens
  Ne sont pas patriotes ;
J'vous jure ici qu'dans nos exploits
Nous l'savons rendus plus d'un' fois
  Tout à fait sans-culottes.

Si j'fais un amant, dit Manon,
Je veux avoir un franc luron,
  Qui soit bon patriote.
L'habit, la coiffur' ne m' font rien :
Mais pour son bien et pour le mien,
  J'l'aim'rais mieux sans-culotte.

CONSEILS AUX SANS-CULOTTES

Paroles de DESPRÉAUX

Rhabillez-vous peuple françois,
Ne donnez plus dans les excès
  De nos faux patriotes ;
Ne croyez plus que d'être nu
Soit une preùve de vertu ;
  Remettez vos culottes.

Distinguez donc l'homme de bien
Du paresseux et du vaurien,
   Et des faux patriotes.
Peuple honnête et laborieux,
Ne vous déguisez plus en gueux ;
   Remettez vos culottes.

Ne jugez jamais par l'habit
Du sot ou de l'homme d'esprit,
   Ni des bons patriotes.
Bourgeois, rentiers, richards, marchands,
Feroient périr mille artisants
   S'ils alloient sans culottes.

N'imitez plus, il en est temps,
Ces populaires charlatans
   Pillant les patriotes.
Dieu fit l'industrie et les mains
Pour faire vivre les humains
   Et gagner des culottes.

De l'homme soutenez les droits,
Mais sans désobéir aux loix,
   Soyez bon patriotes.
Concitoyens, sans vous fâcher,
Cachez ce que l'on doit cacher :
   Remettez vos culottes.

LA NOURRICE RÉPUBLICAINE

OU LE PLAISIR DE L'ADOPTION

Par le Citoyen PIIS.

AN II DE LA RÉPUBLIQUE

Air de la *Carmagnole*.

Au mouvement d'une chanson,
Qui des tyrans fut la leçon,
J'aime à bercer à l'unisson
Et mon fils et mon nourrisson.
  Jadis un pauvre enfant
  Croignoit un revenant ;
  Avec la Carmagnole,
    Le cœur lui vient, (*bis*)
  Avec la Carmagnole,
Le cœur lui vient en dormant.

Voilà mon nourrisson câlin
Qui rouvre encore un œil malin ;
Au lieu de me tendre la main,
Veux-tu bien t'endormir soudain ;
  C'est un bon gros garçon,
  Sans souci, bon luron,
  Qu'on n'aura pas de peine
    A faire au bruit (*bis*)
  Qu'on aura pas de peine
A faire au bruit du canon.

Pour toi, mon fils, d'entre mes bras
Aussitôt que tu sortiras,
Sur tes petits pieds délicats
Aussitôt que tu poseras,
  Petit tambour battant,
  La Carmagnole aidant,
  J'espère en bonne mère
    Te mettre au pas (bis)
  J'espère en bonne mère
Te mettre au pas des soldats.

COUPLETS

CHANTÉS DANS UN REPAS FRATERNEL PAR LE CITOYEN XXX.

Air : *Eh! mais oui dà*.

La douce guillotine
Aux attraits séduisans,
Attire par sa mine
Les petits et les grands
  Eh! mais oui dà,
Comment peut-on trouver du mal à ça

Les seigneurs et les princes
Vont lui faire la cour,
Les bourgeois les plus minces
Vont aussi à leur tour.
  Eh ! mais oui dà, etc.

Les têtes à couronnes,
Les crossés et mitrés,
Jusqu'aux belles pouponnes
Implorent ses bontés.
    Eh! mais oui dà, etc.

Plusieurs députés traîtres
Ont brigué ses faveurs,
Et même aussi des prêtres
Dans leurs saintes ardeurs.
    Eh! mais oui dà, etc.

Les accapareurs même,
Quittant leur magasin,
Le visage tout blême
Sont venus sur son sein.
    Eh! mais oui dà, etc.

Les siffleurs de linottes
Sont aussi ses galans,
Ils vont en redingotte
Offrir des vœux ardens.
    Eh! mais oui dà, etc.

COUPLETS

CHANTÉS DANS L'HYMNE A LA VICTOIRE DE GOSSEC

SUR LE THÉATRE DE L'OPÉRA

Triomphe, éternelle gloire
Aux François républicains,
Par les mains de la Victoire
Ils assurent leurs destins.
    Fière, immortelle,
Range-toi sous nos drapeaux,
Marche devant nos héros
Et soit leur compagne fidèle.

Du Nord et de la Moselle
Poursuivez heureux vainqueurs!
En vain la saison rebelle
Vous oppose ses rigueurs.
    Par cent miracles,
Vous domptez les éléments,
Liberté pour tes enfants,
La nature n'a point d'obstacles.

O toi dont la voix sacrée
Nous a rendus à nos droits,
Confonds la ligne abhorrée
Des esclaves et des Rois;
    Par notre exemple
Instruisons tous les mortels,
Qu'ils relèvent ses autels
Et que l'univers soit son temple.

Le ciel ouvre vos abîmes,
Sortis de la nuit des temps,
Faibles et pâles victimes
Des traîtres et des tyrans.
　　De la vengeance
Goûtez enfin les douceurs!
Voyez les verser des pleurs
Dont ils abreuvoient l'innocence.

Si quelque François impie,
Opprobre de l'univers,
Regretoit la tyrannie
Et redemandoit ses fers.
　　Contre un parjure
Armons la rigueur des loix;
Et qu'il expie à la fois,
Et son forfait et notre injure.

LES BONS EFFETS DU SALPÊTRE

CHANSON PATRIOTIQUE A L'ORDRE DU JOUR

Par ROUSSEAU, archiviste des Jacobins de Paris

Air: *Pour ma Lisette.*

　　Que le Salpêtre
Est merveilleux dans ses effets! } *bis*
Pour moi, charmé de les connoître,
Je ne chante plus désormais
　　Que le salpêtre.

   C'est le salpêtre
Qui va pétiller dans mes vers, } *bis*
Qui fait partout trembler en maître,
Les vils tyrans de l'univers,
   C'est le salpêtre.

   Bruyant salpêtre,
C'est toi qui fait mugir l'airain } *bis*
Tu brises comme un faible hêtre
Tout oppresseur du genre humain,
   Bruyant salpêtre.

   Grâce au salpêtre
Cent trônes vont soudain crouler; } *bis*
L'égalité qui vient de naître
Dans le monde entier va briller,
   Grâce au salpêtre.

   Grains de salpêtre.
Sur l'or vous l'emportez cent fois; } *bis*
Pour écraser roi, noble ou prêtre
Que nous faut-il? Environ trois
   Grains de salpêtre.

   C'est du salpêtre
Que nous réclamons tout l'appui. } *bis*
Ce qu'un François qui n'est pas traître
A de mieux à faire aujourd'hui,
   C'est du salpêtre.

   Ce cher salpêtre
Repose au fond de nos cavaux, } *bis*

Au grand jour brûlant de paroître,
Il n'attend plus que nos travaux,
    Ce cher salpêtre.

    Tous au salpêtre,
C'est le cri de nos fiers soldats; } *bis*
Quand ce cri jusqu'à nous pénètre,
Amis, courons offrir nos bras
    Tous au salpêtre.

    Sans le salpêtre
Comment atteindre notre but? } *bis*
Par la porte ou par la fenêtre,
Il n'est pas pour nous de salut
    Sans le salpêtre.

    Divin salpêtre,
Viens donc couronner nos succès; } *bis*
De tes feux embrase mon être,
Sois l'âme de tous nos couplets,
    Divin salpêtre!

COUPLETS

CHANTÉS DANS L'HYMNE A LA VICTOIRE DE GOSSEC

SUR LE THÉATRE DE L'OPÉRA

La joie est l'âme de la vie
Point de bonheur sans la gaîté,
Le François chérit sa patrie } *bis*
L'amour, le vin, la liberté. }

Nos ennemis ont pour la danse
Un talent assez général ;
Eh ! bien Messieurs, venez en France
Au printemps nous ouvrons le bal.
Le François chérit sa patrie, etc.

Vous sauterez sur ma parole ;
Nous avons bombes et canons,
Si vous aimez la carmagnole
Ensemblent nous la danserons.
Le François, etc.

Si des succès de la campagne
Votre courage est abattu,
Des vins de Nuits et Champagne
Venez essayer la vertu.
Le François, etc.

De s'en passer la fantaisie
Les émigrés s'étaient promis,

S'ils leur reprend pareille envie
Nous les attendons à Paris.
Le François, etc.

Mais qu'ils y songent pour leur gloire
Ils n'auront plus à reculer,
Car ils savent bien qu'il faut boire
Le vin que l'on a fait tirer.
Le François, etc.

Aux épouses des patriotes
Ils prétendoient faire la loi,
Vous préférez les sans-culottes
Et vous savez très bien pourquoi....
Le François, etc.

HYMNE AUX MANES

DE SON FRÈRE ET AMI GASPARIN, REPRÉSENTANT DU PEUPLE

Air : *Tandis que tout sommeille.*

Tandis que tout sommeille
Au milieu de la nuit,
Dans mon triste réduit
Moi seul, hélas ! je veille.
    Sur ton destin,
    Cher Gasparin,
Je gémis et je pleure ;
Mais dans un si pénible emploi,

Trop content de songer à toi,
C'est encore un bonheur pour moi
D'éterniser chaque heure

Contre les vils despotes,
Tu sais en t'élevant
Briller au premier rang
De nos vrais sans-culottes;
Cent et cent fois,
Contre les rois
Tu signales ta haine;
Ennemi des infâmes cours,
A tes écrits, à tes discours,
En toi je vois percer toujours
L'âme républicaine!

Ta plus chère compagne,
L'antique bonne foi,
Nous fait chérir la loi
De la sainte Montagne;
Pour la servir,
De tout plaisir
Sans cesse tu te sèvres;
Pour le bien de la nation
Parles-tu sans prétention,
La douce persuasion
Découle de tes lèvres.

Vous qui cherchez un frère,
Mortel officieux,
Qui vous ouvre les yeux
Et lui seul vous éclaire

Sur la douceur
Du vrai bonheur
Que le ciel nous présage ;
En bénissant votre destin,
Accourez tous, entrez soudain
Dans l'asyle de Gasparin,
Vous trouverez ce sage.

La rouille de l'envie
Ne souille point son cœur ;
Unissant la candeur
A l'active énergie,
La liberté,
L'égalité
Sont les dieux qu'il révère ;
Par le charme de ses sentiments
Doublant ses fugitifs instants,
Il fait ainsi fixer le temps
Dans sa course légère.

Enfant de la patrie,
Dont les brillans travaux
Décèlent d'un héros
Et l'âme et le génie,
Jusqu'à la fin
Dans Gasparin
Honore ton modèle !
Il respire encore à mes yeux,
Ce patriote vertueux !
Sa mort n'est qu'un passage heureux
A la gloire éternelle.

HYMNE A LA LIBERTÉ

Paroles du Citoyen LAUNT

Reçois l'hommage, ô liberté !
Qu'inspire à notre amour la céleste puissance ;
Viens dans nos cœurs, que ta sainte influence
En banisse à jamais cette stupidité
　Qui dégradoit notre existence ;
Guides nos défenseurs, fais que leur fermeté
　Fixe partout la noble indépendance ;
Des vrais, républicains, de leurs reconnoissance,
　Reçois l'hommage, ô liberté, etc.

CANTIQUE SÉCULAIRE DU PÈRE DUCHESNE

Air : Des pendus.

Méfiez-vous gens de Paris,
De tous ces députés maudits
Qui sont vendus au ministère,
Et qui pour ne pas lui déplaire,
Livrent par l'appel nominal,
Le peuple au pouvoir infernal.

Pour que ce malheur n'ait pas lieu
Recommandons leur âme à Dieu :

La prochaine législature,
Suivant les droits de la nature,
Aux nations, à tous les Rois
Appprendra de meilleures loix.

Certes il n'est pas naturel
Que dans son régime nouvel,
La France, en la main d'un seul homme,
Laisse une puissance, une somme
Dont l'influence et le calcul
Lui foutent de la pèle au cul.

Les peuples n'ont besoin de roi
Que pour santionner leur loi,
Lorsque, sur icelle il applique
Le sceau de la force publique
Le Roi remplit sa mission
La loi son exécution.

Mais le pouvoir législatif,
En déléguant l'exécutif
Entre les mains d'un ministère
Anti-constitutionnaire.
A la France a donné la mort
Séparant l'âme de son corps,

Par cette organisation,
La contre-révolution,
Déjà que trop manifestée,
Est complètement décrétée,
Sauf la responsabilité
Grâce au plus savant comité.

Les loix ont en tous cas prévu,
A leur soumission pourvu ;
Quand chaque officier populaire
En répond, comme mandataire
Pourquoi leur donner pour censeur
Un ministère corrupteur.

Vous libres et souverains,
Si l'on vous lie ainsi les mains
Donnerez-vous les étrivières
A des ministres réfractaires.
Non, c'est vous qui les recevrez
Et les verges vous paierez.

Le roi pour l'exécutif,
Fit pendre le législatif,
Aujourd'hui la chance est tournée
Pour assurer sa destinée
Le peuple croit que le dernier
Peut faire pendre le premier.

Mais le peuple est plus indulgent,
Il ne demande point de sang ;
Qu'il soit le roi, qu'on sanctionne
Sous son nom la loi qu'il donne,
Qu'on l'exécute sous son nom,
Qu'on sauve trente millions.

Pourquoi sur un seul citoyen,
Tant de puissance et tant de bien,
Extirpons de dessus la terre
La cause de tant de misère

Ce centre auquel tout aboutit
Tous les droits humains engloutis.

Thiare, sceptre, majesté,
Sacrés tisons de vanité,
Traîtres qui voulez passer outre,
Pour nous envoyer faire foutre,
Soyez confondus à jamais
Et laissez l'univers en paix

Aimons-nous tous; soyons unis;
Pardonnons à nos ennemis;
Ayons pitié de leur délire
Mais ne cessons pas de leur dire :
Que tel est notre bon plaisir
De vivre libre, ou de mourir.

COUPLETS POPULAIRES

Par le Citoyen PIIS

AN DEUXIÈME DE LA RÉPUBLIQUE

Depuis la prise de Toulon,
Vous savez par relation
Quelles nouvelles sont les nôtres;
Vous en avez eu tour à tour,
De Landau, puis de Wissembourg,
Je viens vous en apprendre d'autres.

L'ennemi, de Spir écarté,
En fuyant avoir progetté
De faire bomber tous les nôtres ;
Les soldats de la liberté,
Fort à propos ont éventé
Cette mèche comme les autres.

La bayonnette aux reins, vraiment,
On a poursuivi l'Allemand ;
Mais, jugez du zèle des nôtres !
Nos blessés sur la neige assis,
Brulans d'ardeur étoient transis,
De ne pouvoir suivre les autres.

Anglois, Espagnols, Allemands,
Par les ordres des tyrans
Vous aurez beau faire des vôtres ;
Nous vous apprendrons qu'un succès
Est toujours avec les François,
Accompagné de plusieurs autres.

LA MONTAGNE

OU LA FONDATION DU TEMPLE DE LA LIBERTÉ

Paroles du Citoyen MILCENT

Musique du Citoyen FONTENELLE

AN II DE LA RÉPUBLIQUE

Les représentants gravent sur les colonnes du temple les inscriptions suivantes :

Brunswick fuyant aux plaines de Châlons.
A Mayenne, à Grandpré, les Prussiens vaincus.
Bataille de Gemmape.
Les Anglois détruits sous Dunkerque.
La Sardaigne punie.
Cobourg châtié sous Maubeuge.
Les Droits de l'Homme.
Constitution de 1793.
La République Une et Indivisible. (1)

Montrez le plus ferme courage,
O nos dignes représentants!
Achevez enfin votre ouvrage,
Sans rien redouter des tyrans.

---

(1) Les représentants (montagnards) étaient placés dans l'assemblée, au fond de la salle des séances sur les fauteuils les plus élevés. De là vient le nom de la montagne.

Vainement tous les rois du monde
Se liguent pour nous asservir;
Le peuple François vous seconde,
Il faut être libre ou mourir.

Ce temple immobile et durable
A tous les coups résistera;
Ou par un trépas honorable
Le dernier François succombera.

Du sang des hordes étrangères
Cimentons-en les fondements;
Nous voulions y trouver des frères,
Mais ils ne sont que des brigands.

De ton sommet, montagne sainte,
Les droits de l'homme sont sortis.
Bientôt autour de ton enceinte
Tous les peuples seront unis.

Tremblez despotes de la terre!
Le sang que vous faites verser
S'élève et grossit le tonnerre
Qui gronde et va vous écraser.

Vainement tous les rois du monde
Se liguent pour nous asservir;
Le François, que le ciel seconde,
Prétend être libre ou mourir.

HYMNE A L'ÉGALITÉ

Par le Citoyen VILLETTE.

Air: *Veillons au salut de l'Empire.*

Toi dont les décrets immuables
Font naître égaux tous les humains,
Toi qui d'élémens tout semblables
Les formas sortant de tes mains;
Grand Dieu! (*bis*) fais que tout homme, à notre exemple,
Partout (*bis*) répète, abjurant les abus:
Le cœur de l'homme est ton vrai temple;
Ton culte est celui des vertus.

COUPLETS PATRIOTIQUES

CHANTÉS EN IDIOME PATOIS, CI-DEVANT PROVENÇAL

SUR LE THÉATRE NATIONAL, RUE DE LA LOI, A LA FÊTE CIVIQUE

Par le Citoyen BONNEVILLE.

Air des *Acabaires.*

Au son du tambourin, toute la République
    Combat avec gaité
    Pour notre liberté;
Tout bon François, dans son ardeur civique,
    Doit devenir soldat
    Pour soutenir l'État.

Ma belle Margoton, objet de ma tendresse,
　　Ne crois pas que mon cœur
　　Trahisse notre ardeur;
On peut combattre et servir sa maîtresse;
　　Bellonne et les amours
　　S'accorderont toujours.

Lorsque nous reviendrons avec les patriotes,
　　Tu verras nos guerriers
　　Tout couverts de lauriers;
Quand on est libre et qu'on est Sans-culotte,
　　On met vite aux abois
　　Les belles et les rois.

Un joueur maladroit, comptant sur ses rubriques,
　　Cachoit en tapinois
　　Ses quatorze de rois;
Son adversaire avait toutes les piques,
　　Le joueur resta sot
　　Et fut pic et capot.

Marat, Lepelletier, martyrs pour la patrie,
　　Recevez de nos cœurs
　　L'hommage et les douleurs;
Votre trépas, que tout François envie,
　　Place à l'éternité
　　La sainte liberté.

ROMANCE

FAITE EN PRISON PAR UN CITOYEN RECONNU DEPUIS INNOCENT

ET MIS EN LIBERTÉ

Air : *Comment goûter quelque repos.*

Cruels verroux, affreux barreaux,
Pour moi vous n'êtes point à craindre ;
Hélas ! combien doit être à plaindre
Celui qui mérite ces maux !
Le calme de ma conscience
Ici même fait mon bonheur ;
Il n'est, je le sens à mon cœur,
Point de prison pour l'innocence ! (*bis*)

Quand le soleil de ses rayons
Anime la nature entière,
Ému de sa douce lumière,
Je frappe l'air de mes chansons,
Tandis qu'en sa douleur extrême
Le coupable craint son destin.
Moi, je ne connais de chagrin
Que l'absence de ce que j'aime ! (*bis*)

Si sous le feuillage voisin
J'entends la tendre tourterelle,
A sa douleur l'écho fidèle
M'apprend trop quel est son destin :

Son amant, près de ce bocage,
Vient de perdre sa liberté;
Ainsi que ne puis-je, ô Myrthé!
Te voir pleurer mon esclavage. (*bis*)

Liberté! toi que je chéris,
Toi que je porte dans mon âme,
Embrasé de ta vive flamme,
Je t'invoque pour mon pays.
Pour toi je hasardai ma vie;
Si ce devoir m'a peu coûté,
Que m'importe ma liberté,
Dès qu'on l'assure à ma patrie. (*bis*)

HYMNE A LA LIBERTÉ ET A L'ÉGALITÉ

Air nouveau.

Présent des cieux, auguste liberté,
Viens épancher tes bienfaits sur la France,
Et qu'avec toi la douce égalité
Fasse de nous une famille immense.

Peuples, craignez d'abuser de vos droits;
Que la loi seule en dirige l'usage;
Que l'insensé qui viole les loix
Est un tyran qui court à l'esclavage.

La liberté n'est donc que dans la loi.
La loi, de tous la volonté suprême,
C'est mon ouvrage, elle est faite par moi :
Soumis aux loix, j'obéis à moi-même.

L'égalité, la balance à la main,
Pèse nos droits civils et politiques ;
Elle répand sur chaque citoyen
Et les bienfaits et les charges publiques,

Mais viendra-t-elle ôter à l'ouvrier
Les fruits heureux d'une longue industrie,
Et le fuyard aura-t-il le laurier
Du citoyen qui sauva la patrie.

Non, elle est juste ; aux vertus, aux talents,
Pour nous servir, elle ouvre la carrière ;
Elle préfère aux vices opulents
L'humble vertu que couvre la chaumière.

Qu'un magistrat me juge au tribunal,
Des loix en lui j'honore l'interprète ;
Mais, hors de là, je marche son égal,
Et de la loi le glaive est sur sa tête.

Si vous voulez garder la liberté,
François, prenez des mœurs républicaines ;
Respect aux loix, droiture, probité,
Faites un choix des vertus ou des chaînes.

HYMNE

POUR LE JOUR DE LA FÊTE DE LA RAISON 4 BRUMAIRE

2ᵉ MOIS DE L'ANNÉE RÉPUBLICAINE

Par le Républicain T. ROUSSEAU, archiviste
de la Société des Amis de la Liberté et de l'Égalité, à Paris.

Air : *Jeune et novice encore.*

Sainte philosophie
Dont les brillans succès,
Couronnent l'énergie
Des valeureux François.
D'un poète fidèle
A chanter ta douceur
Du plus sublime zèle
Embrase ici le cœur.

Sous les règnes barbares
Des prêtres et des rois,
Mille tyrans avares,
Etouffèrent ta voix ;
Il est tems que tu planes,
Dans ton vol immortel,
Sur les débris profanes
Du trône et de l'autel.

Quand sa victoire éclate
Et brille à tous les yeux,
Qu'un doux espoir te flatte,
Bon peuple, soit heureux.

La raison qui t'éclaire,
Ramenant le bonheur,
Vient consoler la terre
Des crimes de l'erreur.

Sous cette voûte antique,
Qu'embellit son retour,
La vérité s'explique
Et triomphe à son tour ;
Soudain comme un vain songe,
A son aspect frappant,
Tous les dieux du mensonge
Rentrent dans le néant.

En vain l'hypocrisie,
Terrible en ses fureurs,
Arme la ligue impie
Des plus vils oppresseurs ;
En vain ces brigands rêvent
Que tout cède à leurs lois !
Quand les peuples se lèvent
Que deviennent les rois.

Près de sa dernière heure,
Recueillant ses esprits,
Le fanatisme pleure
Et jette les hauts cris :
Le monstre trop funeste
Tombe, enfin abattu,
Mais la raison nous reste,
Nous n'avons rien perdu.

LE NOUVEAU CALENDRIER

COUPLETS SUR TOUS LES MOIS DE L'ANNÉE

15 BRUMAIRE, L'AN II DE LA RÉPUBLIQUE (5 NOVEMBRE)

Air : *On compterait des diamans.*

Les jours, les mois et les saisons
Tout cède aux lois de l'harmonie ;
De l'erreur les combinoisons
Font place au compas du génie :
Il trace le cours du destin,
Détruit celui de l'imposture,
Et calque l'an républicain
Sur le marche de la nature.

A la voix des législateurs
Un nouveau monde vient d'éclore,
Mensonges, préjugés, erreurs,
Tout disparoît à son aurore.
Le vieux cadran change soudain,
L'aiguille est perfectionnée,
Et le temps, d'un pas plus certain,
Marque les jours, les mois, l'année.

Autour de ce cercle parfait,
Le bonheur va tourner sans cesse.
Que l'œil contemple ce bienfait,
Le chef-d'œuvre de la sagesse.

Brisons le monument grossier
Du mensonge et de l'ignorance,
Et du nouveau calendrier,
Chantons le père et la naissance.

VENDÉMIAIRE.

L'aimable automne ouvre, en riant,
La porte de la destinée,
Et sa gaité sonne, en chantant,
La première heure de l'année :
Les ris, les jeux, l'amour, le vin,
Animent la nature entière,
Et Bacchus, le verre à la main,
Proclame le Vendémiaire.

BRUMAIRE.

De la terre l'exhalaison
Vient épaissir notre athmosphère ;
Le brouillard cache l'horison :
Voilà d'où naquit le Brumaire.
Alors le sage agriculteur,
Caresse la terre amoureuse,
Et jette en son sein créateur
L'espoir d'une récolte heureuse.

FRIMAIRE.

Bientôt la nature vieillit,
L'aquilon chasse sa parure ;
Aussitôt sa beauté s'enfuit,
Et frimat blanchit la verdure.

Chacun, auprès de son tison,
Se console avec sa bergère
L'amour adoucit la saison
Et fait oublier le Frimaire.

NIVÔSE.

La neige tombe, et l'horison
Eblouit l'œil de la tristesse ;
Tout vient refroidir la raison,
Tout paralise la tendresse.
Cette monotone blancheur
Vieillit jusqu'à la moindre chose ;
Elle imprime un ton de douleur
Sur la nature et sur Nivôse.

PLUVIOSE

Bientôt le fluide élément,
En se mariant à la terre,
Féconde le germe naissant
Qui, dans peu, doit la rendre mère,
Fleuve, mer, fontaine et ruisseau,
De l'eau tout reçoit l'existance,
Pluviôse est l'enfant de l'eau,
Et le père de l'abondance.

VENTÔSE.

Éole, en déchaînant les vents,
Détruit l'empire de Neptune ;
De leurs souffles froids et bruyants,
Tout ressent l'atteinte importune

L'arbre gémit, crie et se rompt ;
L'oiseau fuit d'une aile légère,
Et l'homme répare l'affront
Fait, par Ventôse, à sa chaumière.

GERMINAL.

L'hiver fuit, le printemps renaît,
La glace fond, le ruisseau coule,
La terre agit, l'herbe paroît
Et la nature se déroule.
Germinal qui s'épanouit,
Du jeune âge paraît l'emblème ;
Oui, l'âge, comme lui, s'enfuit ;
Mais, hélas ! revient-il de même ?

FLORÉAL.

Alors le caressant zéphir
Vient éveiller l'aimable Flore,
Et le fruit heureux du plaisir
Est la rose qui vient d'éclore.
A la raison offrons des fleurs,
C'est l'offrande de l'innocence ;
Que Floréal soit, pour les cœurs,
Le mois de la reconnaissance.

PRAIRIAL.

Les prés offrent au laboureur,
Le fruit direct de la nature ;
Son bras nerveux, avec ardeur,
Fauche la fleur et la verdure.

L'heureux mois de la fenaison
Est aussi celui de l'ivresse,
Et Prairial, sur le gazon,
A vu renverser la sagesse.

MESSIDOR.

Cérès, écoute les accents
D'un grand peuple, puissant et juste ;
Fais naître tes riches présents
Sous son bras fier, libre et robuste.
Il dédaigne l'argent et l'or ;
Fer et blé sont les vœux du sage :
Qu'il trouve l'un dans Messidor,
L'autre sera dans son courage.

THERMIDOR.

L'éclair brille, le vent mugit,
L'air s'enflamme, l'orage gronde ;
Le nuage s'évanouit.
Et le soleil brûle le monde.
Thermidor, enfant de Vulcain,
N'offre que tempête et qu'orage ;
Mais l'homme se console au bain,
Ou sous la fraîcheur d'un ombrage.

FRUCTIDOR.

Pommone vient offrir le fruit
Que va cueillir la gratitude,
Et la république applaudit
A sa tendre sollicitude.

Ainsi sa bienfaisante main
Remplit nos greniers d'abondance,
Et de ce mois forme la fin,
En assurant notre existance.

LES SANS-CULOTIDES.

Trop orgueilleuse antiquité,
Tu vantois tes jeux olimpiques ;
Ose, aux yeux de la vanité
Comporer nos fêtes civiques.
Là, tes histrions corrompus,
Corrompoient des peuples timides ;
Ici, la fête des vertus
Consacre nos sans-culotides.

HYMNE

CHANTÉ A L'INAUGURATION DU TEMPLE DE LA RAISON

DANS LA CI-DEVANT MÉTROPOLE DE PARIS

LE DÉCADI 20 BRUMAIRE (10 NOVEMBRE) II° ANNÉE DE LA

RÉPUBLIQUE UNE ET INDIVISIBLE

Paroles de J. CHÉNIER, député de la convention.

Musique de GOSSEC

Descends, ô liberté chérie, fille de la nature,
Le peuple a reconquis son pouvoir immortel ;
Sur les pompeux débris de l'antique imposture,
 Ses mains relèvent ton autel.

Venez vainqueurs des rois, l'Europe vous contemple ;
Venez sur les faux dieux étendez vos succès.
Toi sainte liberté, viens habiter ce temple ;
    Sois la déesse des François.

Ton aspect réjouit le mont le plus sauvage,
Au milieu des rochers, enfante les moissons,
Embelli par tes mains le plus affreux rivage
    Vit environné de glaçons.

Tu doubles les plaisirs, les vertus, le génie ;
L'homme est toujours vainqueur sous tes saints étendards.
Avant de te connoître il ignore la vie ;
    Il est créé par tes regards.

Au peuple souverain, tous les rois font la guerre,
Qu'à tes pieds ; ô déesse ils tombent désormais ;
Bientôt sur le cercueil des tyrans de la terre
    Les peuples vont jurer la paix.

Guerriers libérateurs, race puissante et brave ;
Armés d'un glaive humain sanctifiez l'effroi,
Terrassé par vos coups que le dernier esclave
    Suive au tombeau le dernier roi.

CHANSON MILITAIRE

BRUMAIRE, AN II (NOVEMBRE 1793)

Paroles du Citoyen PILLET

Air : *Chantez, dansez, amusez-vous.*

Voulez-vous suivre un bon conseil ?
Buvez avant que de combattre.
De sang-froid, je vaux mon pareil,
Mais quand je suis gris j'en vaux quatre.
Versez donc mes amis, versez,
Je n'en puis jamais boire assez.

Comme ce vin tourne l'esprit !
Comme il vous change une personne !
Tel qui tremble s'il réfléchit,
Fait trembler quand il déraisonne.
   Versez donc, etc.

Ma foi ! c'est un triste soldat
Que celui qui ne sait pas boire.
Il voit les dangers du combat :
Le buveur n'en voit que la gloire.
   Versez donc, etc.

Cet univers, oh ! c'est très beau !
Mais pourquoi dans ce bel ouvrage
Le Seigneur a-t-il mis tant d'eau ?
Le vin me plairoit davantage.
   Versez donc, etc.

S'il n'a pas fait un élément
De cette liqueur rubiconde,
Le Seigneur s'est montré prudent ;
Nous eussions désséché le monde.
  Versez donc, etc.

HYMNE FUNÈBRE

POUR LA FÊTE CIVIQUE DONNÉE PAR LA SECTION DES GRAVILLIERS

EN L'HONNEUR DE MARAT ET LEPELLETIER

ET CHANTÉ PAR LES JEUNES ORPHELINS DE LA PATRIE

ÉLÈVES DE LÉGNARD BOURRON

MEMBRE DE LA CONVENTION NATIONALE

ET PAR LE CITOYEN MOLINE, DE LA SECTION DES GRAVILLIERS

SECRÉTAIRE-GREFFIER

ATTACHÉ A LA CONVENTION NATIONALE

LE 22 BRUMAIRE, L'AN II DE LA RÉPUBLIQUE FRANÇAISE

UNE ET INDIVISIBLE (12 NOVEMBRE)

Sur l'air : *Chéri*

O toi dont la vertu civique,
Du peuple fut le défenseur !
Des enfans de la république
Ton image enflame le cœur.
Oui cher Marat, ton sang, ta vie,
Ont cimenté la liberté ;

Tu reçus l'immortalité
En expirant pour la patrie !
Un monstre dans ton sein osa plonger son bras,
Vivons et grandissons pour venger ton trépas.

Restes chéris, mânes célèbres
Des Marat et des Pelletier,
Recevez ces honneurs funèbres
Des citoyens de Gravilliers.
Nous aspirons à cette gloire
Que vous avez su mériter ;
Nous brulons de vous imiter
En célébrant votre mémoire.
Si nous devons gémir de vous avoir perdus,
Vivons et grandissons pour chanter vos vertus.

Nous devons tout à la patrie,
Elle veille sur nos destins ;
Le ciel, en nous donnant la vie,
Nous fit noître républicains ;
Soumis aux loix de la nature,
Aux vertus formons notre cœur,
Par nos talens, notre valeur
Étonnons la race future.
Nos pères, nos amis, sont morts dans les combats ;
Vivons et grandissons pour venger leur trépas.

L'HEUREUSE DÉCADE

BRUMAIRE, AN II DE LA RÉPUBLIQUE, UNE ET INDIVISIBLE

NOVEMBRE 1793

Par les Citoyens BARRÉ, LÉGER et ROSIERES.

Air : *La comédie est un miroir*

La liberté doit rejeter
Ces monuments où chaque page,
Sembloit consacrée à dicter
Les maximes de l'esclavage :
De ces erreurs ne chargeons plus
Péniblement notre mémoire,
Pour ne citer que des vertus,
Écrivons notre propre histoire.

Car sans parler de ces tyrans
Que la postérité nous livre,
Dont tu connois les faits méchans
Que je lisois dans mon grand livre :
De ces rois, le moins odieux
Nous portoit à l'idolatrie,
En attirant vers lui des vœux,
Que l'on ne doit qu'à la Patrie.

COUPLETS

CHANTÉS SUR LE THÉATRE DU LYCÉE DES ARTS
LE 29 BRUMAIRE, L'AN II DE LA RÉPUBLIQUE
LE MARDI 19 NOVEMBRE 1793

Paroles du Citoyen LA CORETTERIE

Air : *Avec les jeux dans le village.*

Apprenez que rien ne rebute
Un cœur vraiment républicain.
Lorsque le sort le persécute,
S'il est libre, il ne souffre rien.
Depuis un an que, dans ces plaines,
Le François nargue le trépas,
Il n'éprouve jamais de peines
Que le jour qu'il ne combat pas.

Tous les auteurs Patriotes
Devroient être gens d'esprit.
C'est aux braves sans-culottes
A juger de celui-ci.
La critique est fort habile
A verser sur nous sa bile ;
Il faudra qu'ell' file, file, file,
Il faudra qu'ell' file doux.

COUPLET

CHANTÉ AU THÉATRE DE LA RUE FEYDEAU, PAR LE CITOYEN MARTIN, ARTISTE DE CE THÉATRE LE 1er FRIMAIRE, L'AN II DE LA RÉPUBLIQUE FRANÇAISE UNE ET INDIVISIBLE (21 NOVEMBRE)

Les traîtres seront tous punis,
Leurs remords nous vengent d'avance ;
Tous les despotes réunis
Respecteront bientôt la France.
Marchons pour les écraser tous,
Depuis le Nord jusqu'à l'Espagne ;
Républicains, rassemblons-nous
Autour de la Montagne.

COUPLETS DE LA ROSIÈRE RÉPUBLICAINE

CHANTÉS SUR LE THÉATRE DE L'OPÉRA

LE 26 NOVEMBRE

Paroles de Sylvain MARÉCHAL

Musique de GRÉTRY

Fais disparoître de la terre
Toutes les superstitions,
Imprime ton saint caractère
Partout où le soleil introduit ses rayons.
Fléau des tyrans et des traîtres,
O toi, sœur de la liberté,
Raison, sur nos autels champêtres
Reprends tes droits et ta fierté.

Les dons de la bonne nature,
Sous tes yeux sont mieux départis,
Les travaux de l'agriculture
Par toi de la routine enfin sont affranchis.
C'est toi qui fais les bons ménages,
Dès le berceau prends nos enfants,
Qu'ils soient tous républicains sages,
Intrépides et triomphants.

FÊTE DE LA RAISON

DANS LA SECTION DE LA MONTAGNE, LA FÊTE AVOIT
LE CARACTÈRE LE PLUS DIGNE
DES RÉPUBLICAINS QUI LA CÉLÉBRAIENT

Voici l'hymne à la Raison qui a été chanté pendant cette cérémonie. Il est de CHÉNIER, représentant du peuple. Musique de MÉHUL. 10 frimaire l'an II de la République (30 novembre).

Auguste compagne du sage,
Détruis des rêves imposteurs ;
D'un peuple libre obtiens l'hommage ;
Viens le gouverner par les mœurs.

O Raison puissante, immortelle !
Pour les humains tu fis la loi ;
Avant d'être égaux devant elle,
Ils étoient égaux devant toi.

Inspire à l'active jeunesse
Des exploits l'illustre désir ;
Accorde à la sage vieillesse
Un doux et glorieux loisir.

Victimes d'intérêts contraires,
Les humains s'opprimoient entre eux ;
Réunis tous ces peuples frères,
Dont les Rois ont brisé les nœuds.

Ton éclat, exempt d'imposture,
Ressemble à l'éclat d'un beau jour :
Ta flamme bienfaisante et pure
Rallume les feux de l'amour.

Sur tes pas, austère sagesse,
Amenant l'aimable gaîté,
Des Arts la troupe enchanteresse
Vient couronner la Liberté.

HYMNE A LA RAISON

AN II DE LA RÉPUBLIQUE

Air : *Allons enfants de la patrie.*

Aimable sœur de la nature,
Sage et puissante déité,
Raison, terrasse l'imposture,
Et couronne la vérité. (*bis*)
Arrache à l'orgueilleux papisme
Son masque et ses poignards sanglants ;
Étouffe les cruels serpents
Enfantés par le fanatisme.

Chœur

Raison, entends nos vœux ; habite dans nos cœurs ;
Raison (*bis*), que ton flambeau dissipe nos erreurs

Eh quoi ! le plus parfait des êtres
Aurait-il donc tous les défauts
Qu'osent lui supposer les prêtres
Et que redoutent tous les sots ? *(bis)*
Non, non, l'être par excellence
N'est point barbare, ni jaloux ;
C'est par les biens versés sur nous
Qu'il fait connaître sa puissance.

Chœur
Raison, etc.

Trompé par ses rois, par ses prêtres,
Le peuple a langui trop longtemps
Sous le joug pesant de ses maîtres
Et sous les pieds des charlatans. *(bis)*
Honteux d'un si vil esclavage,
Enfin il a rompu ses fers ;
Lui-même au dieu de l'univers
Il offre un libre et digne hommage

Chœur
Raison, etc.

Brisons, franchissons les barrières
Qui dégradent l'humanité.
Faut-il des intermédiaires
De l'homme à la divinité ? *(bis)*
Suprême auteur de la nature,
Combien de fois le doux encens
Que t'offroient des cœurs innocents
Brûla dans une main impure !

Chœur
Raison, etc.

Mais en remportant la victoire
Sur tant d'abus invétérés,
Craignons d'en ternir la mémoire
Par des excès immodérés. (*bis*)
Des dieux imitons l'indulgence,
Et n'affligeons point l'univers,
En rallumant par des travers
Les bûchers de l'intolérance.

Chœur
Raison, etc.

Devenus des temples augustes
Où reposeront les vertus,
Comme Aristide soyons justes,
Soyons héros comme Brutus ; (*bis*)
Aux vices déclarons la guerre,
Aux opprimés tendons les bras,
Aux traîtres donnons le trépas,
Et des tyrans purgeons la terre.

Chœur
Raison, etc.

Raison, toi qui donnas noissance
A la modeste égalité,
Viens affermir par ta présence
Le règne de la liberté ; (*bis*)
Garantis un peuple de frères
Contre l'attroit des faux plaisirs ;
Mets des bornes à nos désirs
Et guide tes amis sincères.

Chœur
Raison, etc.

COUPLETS

CHANTÉS LE JOUR DE LA FÊTE DE LA RAISON, A ÉTAMPES

SUR L'AUTEL DE LA CI-DEVANT N. D.

PAR LA CITOYENNE QUI REPRÉSENTAIT LA RAISON

Air : *La liberté dans nos foyers.*

Assez longtemps sur ces autels
On vint adorer le mensonge;
Grâce à mes bienfaits, les mortels
Ont enfin achevé leur songe.

    François avec moi
    Percez de la foi
    Le frivole mystère ;
    Mettez sous vos pieds
    Les sots préjugés ;
    La raison vous éclaire.

Ouvrez les yeux sur le danger,
Dans la Vendée, voyez le prêtre
Empruntant, pour vous égorger,
Le nom de Dieu qui vous fit naître.

    François, etc.

Soyons égaux disoit Jésus,
Et son vicaire est sur un trône !
Jésus qui n'eut que ses vertus
Et des épines pour couronne.

  François, etc.

Pour évangile ayez vos loix,
Et l'hymne sacré pour cantique,
Pour enfer l'empire des rois,
Pour paradis la république.

  François, etc

CHANT

EN L'HONNEUR DES MARTYRS DE LA LIBERTÉ

CHANTÉ AUX OBSÈQUES NATIONALES DE MICHEL LE PELLETIER

DANS LE PANTHÉON FRANÇOIS

Paroles de COUPIGNY

Musique de GOSSEC

Citoyens, dont Rome antique
A consacré les vertus,
Soutiens de la république,
Vous Gracques, et toi Brutus,

Brûlant de votre courage
Les François l'ont imité ;
Ils achèvent votre ouvrage
En fondant la liberté.

Longtemps la France asservie,
Par des brigands couronnés,
Voyoit sous la tyrannie
Ses fiers enfants prosternés ;
Elle a dit : Je serai libre,
J'abattrai les oppresseurs ;
Bientôt les héros du Tibre
Ont trouvé des successeurs.

Amis fermes et fidèles
De la raison et des loix,
Servez toujours de modèles
Aux défenseurs de nos droits :
Que ceux à qui la patrie
A confié ses destins,
Sachent lui donner la vie
En martyrs républicains.

Par le courage intrépide
Qui vous fit braver la mort,
Apprenez au cœur timide
Tout l'éclat d'un pareil sort.
Si la liberté de Rome
Trouva tant de défenseurs,
C'est que l'ombre d'un grand homme
Appelle encor des vengeurs.

COUPLETS DE LA FÊTE CIVIQUE

DONNÉE A ROUEN POUR RÉHABILITER JOURDAIN ET BORDIER

PREMIERS MARTYRS DE LA LIBERTÉ

Air : *De la croisée.*

Que ce jour a pour nous d'attraits!
Combien notre âme est satisfaite ;
Tout enfin comble nos souhaits;
Et, quand nous chommons votre fête,
Frère Bordier, frère Jourdain
Qu'un même triomphe accompagne;
Un soleil pur, un ciel serein
 A lui sur la Montagne.

Vous connoissiez, infortunés,
Le cœur tendre des patriotes,
Et qu'un jour vous seriez vengés
Par l'hommage des sans-culotes,
En disant à des scélérats
Qu'un peuple timide accompagne;
On vengera notre trépas
 Du haut de la Montagne.

Monstres qui causez nos douleurs,
Par votre injustice cruelle,
Vous ne rirez plus de nos pleurs;
La source en est pure et trop belle,

Ne comptez plus sur votre rang;
L'égalité nous accompagne;
La loi va verser votre sang.
   Au pied de la Montagne.

Enfin, votre règne est passé,
Partisans de la tyrannie;
Ce jour pour nous a commencé,
Le plus beau jour de notre vie,
Les tyrans sont anéantis,
Nous dominons sur la campagne;
Frappons, frappons nos ennemis
   Du haut de la Montagne.

Tendres amis que l'amitié
Unit pour servir la patrie,
Des cruels ont pu, sans pitié,
Trancher le fil de votre vie
Quand vos fronts méritoient des fleurs,
La honte étoit votre compagne;
Recevez l'hommage et les pleurs,
   Des fils de la Montagne.

L'HYMNE DES VINGT-DEUX

Par J. CHÉNIER, représentant du peuple.

Musique de MÉHUL

Un représentant du Peuple

Républicains dont le génie
Vainquit les Rois et les brigands,
De l'anarchique tyrannie
Pleurons les triomphes sanglants.
Aux martyrs de la république
Adressons le chant des regrets,
Et plantons le laurier civique
Parmi leurs funèbres cyprès.

Vivez à jamais pour la gloire,
Votre mort vous rend immortels :
Votre défaite est la victoire
Vos échaffauds sont des autels.

Les femmes et les enfants des Vingt-Deux.

Du sein de la voûte éternelle
Voyez vos femmes, vos enfants,
Dans une douleur solennelle,
Fêter vos mânes triomphans :
Voyez la France délivrée,
Couvrant vos images de fleurs,
Sur votre tombe révérée
Offrir de l'encens et des pleurs.

Vivez, etc.

Les ombres des Vingt-Deux

François, des hymnes sanguinaires
Sont-ils des chants de liberté?
Le cri des ombres de vos frères
Est le cri de l'humanité.
Entendez le sang des victimes
Réclamer la paix et les loix;
Grâce à l'erreur, mais guerre aux crimes,
Plus d'assassins et plus de rois.

  Vivez, etc.

L'EMPRUNT FORCÉ

1793

Air: *A la façon de Barbari.*

On a donné bien des avis,
 Bien des plans de finance;
C'est l'emprunt forcé, mes amis,
 Qui sauvera la France.
Chacun son tour, dit la chanson,
La faridondaine, la faridondon;
Chantons tous ce refrain-ci.
  Biribi,
A la façon de Barbari,
  Mon ami.

Un laquais de cour, autrefois,
   Muni d'une patente,
En brocantant, se fait par mois
   Cent mille écus de rente;
Il ne sera plus au perron,
La faridondaine, la faridondon;
Il y dansera, Dieu merci!
     Biribi,
A la façon de Barbari,
    Mon ami.

Ma foi! le métier est fort bon;
   Pas de courtier si mince
Qui n'ait un joli phaéton;
   Comme un ci-devant prince,
Plus d'un fait le petit Beaujon,
La faridondaine, la faridondon;
Ce monsieur-là s'est enrichi,
     Biribi,
A la façon de Barbari,
    Mon ami.

Pour messieurs les agioteurs
   Il est tous les jours fête;
Ils vont chez les restaurateurs
   A mille écus par tête.
Ils chantent tous à l'unisson,
La faridondaine, la faridondon.
On les fera chanter aussi,
     Biribi,
A la façon de Barbari,
    Mon ami.

Messieurs, cessez votre travail ;
   Trop de gain embarrasse ;
Ce que vous prîtes en détail,
   Vous le rendrez en masse ;
Vive la restitution !
La faridondaine, la faridondon.
On saigne un cochon trop nourri,
    Biribi,
A la façon de Barbari,
    Mon ami.

Parlons de ce cultivateur
   A mille arpens de terre ;
Du beau château de son seigneur
   Il est propriétaire ;
Quand il pairait un million,
La faridondaine, la faridondon,
Il aurait encore du profit,
    Biribi,
A la façon de Barbari,
    Mon ami.

Tout bon François avec plaisir
   Ira chez son notaire ;
Un fils ne doit-il pas venir
   Au secours de sa mère ?
Ce serait agir en fripon,
La faridondaine, la faridondon,
De rechigner dans ce cas-ci,
    Biribi,
A la façon de Barbari,
    Mon ami.

LA CARMAGNOLE DE FOUQUIER-TINVILLE

Par LADRÉ, chanteur public.

Fouquier-Tinville avoit promis
De guillotiner tout Paris ;
  Mais il en a menti,
  Car il est racourci.

  Vive la guillotine
  Pour ces bourreaux,
  Vive la guillotine
  Pour ces bourreaux
    Vils fléaux !

Ce monstre fit assassiner,
Souvent même sans les juger,
  Vieillards, femmes, enfants,
  Jeunes adolescents.

  Vive, etc.

Il fit bien mettre en jugement
Et condamner injustement
  Le comte Fleury,
  Dont il fut l'ennemi.

  Vive, etc.

Sans acte d'accusation,
Avec précipitation,
  Il fit couler le sang
  De plus d'un innocent.

  Vive, etc.

Ennemi des bons citoyens,
Il employoit tous les moyens
Pour les faire périr :
C'étoit là son plaisir.

  Vive, etc.

LA PRISE DE TOULON

HYMNE POUR LA FÊTE DE LA VICTOIRE, 10 NIVOSE, AN II

(30 DÉCEMBRE 1793)

Par le Républicain T. ROUSSEAU

Air : *Aussitôt que la lumière.*

Te voilà donc stupéfaite,
Lâche et féroce Albion ;
Jouissant de ta défaite,
Le François est à Toulon !
Déjà ce vil receptacle,
De tous ses brigands purgé,
M'offre le plus beau spectacle
D'un peuple libre, vengé.

Toi seul, Pitt, creusas l'abime
Où s'est englouti ce port ;
Mais qui va semant le crime,
Ne recueille que la mort ;

Roi sous le nom de ton maître,
Je vois bien ce qu'il te faut;
C'est un trône! horrible traître,
Il t'attend sur l'échafaud.

Aux coups portés par nos braves,
A leurs immortels exploits,
Que nous diront ces esclaves,
Et leurs prêtres et leurs rois?
Vont-ils enfin se convaincre,
Qu'a notre école formés,
Nos fiers enfans pour les vaincre,
Naissent soldats tout armés?

Reconnoissez vains despotes
Dans ces héros foudroyans,
Les terribles sans-culottes,
L'effroi des lâches tyrans;
Quand les plus vaillans hercules,
N'oseroient les provoquer,
Est-ce à vous, nains ridicules,
Qu'il sied de les attaquer.

Mais à défaut de courage,
Tous les rois nés francs poltrons,
Pour nous ravir l'avantage
Comptent sur leurs trahisons;
Et le satellite, esclave
Qu'au combat il faut traîner,
Sait bien moins se battre en brave,
Qu'il ne sait assassiner.

Nations pusillanimes,
O trop aveugles mortels!
Serez-vous toujours victimes,
De ces tigres si cruels?
Ah! que Brutus me seconde!
Bientôt ces coups de poignards
Auront délivré le monde
De tous ces monstres césars.

Tandis que leur folle audace
Vient de recevoir son prix,
Poursuivons l'infâme race
De ces oppresseurs maudits;
Puisse la mort éclatante
De leur dernier rejeton,
Sceller l'époque brillante
De la prise de Toulon.

HYMNE A LA RAISON

PREMIÈRE DÉCADE DE NIVOSE,

AN II DE LA RÉPUBLIQUE FRANÇAISE (DÉCEMBRE 1793).

Paroles du Citoyen SYLVAIN MARÉCHAL

Musique du Citoyen GRÉTRY

Divinité de tous les âges !
Toi qu'on adore sans rougir ;
Raison ! que nos aïeux peu sages
Sous le joug de l'erreur firent longtemps gémir ;
Sois le guide de nos campagnes,
Purge-les de tous les abus,
Inspire au cœur de nos compagnes
L'amour de l'ordre et des vertus.

Fais disparoître de la terre
Toutes les superstitions ;
Imprime ton saint caractère
Partout où le soleil introduit ses rayons ;
Fléau des tyrans et des prêtres,
O toi, sœur de la liberté !
Raison ! sur nos autels champêtres,
Reprend tes droits et ta fierté.

Les dons de la bonne nature
Sous tes yeux sont mieux départis ;
Les travaux de l'agriculture,
Par toi de la routine enfin sont affranchis ;

C'est toi qui fais les bons ménages,
Dès le berceau prends nos enfans ;
Qu'ils soient tous républicains sages,
Intrépides et triomphans.

❦

LA REPRISE
DE LA VILLE INFAME DE TOULON

Le 28 Frimaire, 18 Décembre 1793

PAR LES BRAVES SOLDATS DE LA RÉPUBLIQUE

Par le Citoyen SALLES

Air de la *Marseillaise*.

Quels sons guerriers se font entendre ?
Quels cris de mort frappent les airs ?
Des flots de sang... Toulon en cendres,
Les traîtres roulant dans les mers... (*bis*)
Oui, le François, peuple de braves,
Peuple enfant de la liberté,
Vient de frapper avec fierté
Et les tyrans et leurs esclaves.

Victoire, citoyens, chantons ce jour heureux,
Chantons (*bis*) nos défenseurs et combattons comme eux.

Lorsque l'amour de la patrie
Arme nos bras, brûle nos cœurs,
Lorsque la liberté nous crie :
Vole au combats, triomphe ou meurs ; (*bis*)
Ainsi qu'un lion intrépide,
On voit le François s'élancer !
Quels bras pourroient le terrasser ?
Un François libre est un Alcide.

    Victoire, etc.

Les rodomons de la Castille,
L'insolent et féroce Anglois
Dans les vainqueurs de la Bastille
Ont retrouvé les vrais François. (*bis*)
Ils ont beau presser le carnage,
Brûler, faire sauter nos forts,
Sur une montagne de morts,
La liberté s'ouvre un passage.

    Victoire, etc.

Tambour battant, mèche allumée,
Bravant le fer et le canon,
Couverts de sang et de fumée,
Nos soldats entrent dans Toulon. (*bis*)
C'est en vain que de cette place
Le fer jaillit de toutes parts,
Fort, redoute, canons, remparts,
La mort même accroit leur audace.

    Victoire, etc.

C'en est fait ; cette ville infâme,
Plus criminelle que Lyon,
Va, par le fer et par la flamme,
Expier sa rebellion. (*bis*)
Que la liberté s'affermisse
Par les coups vengeurs de la loi ;
Et sur le corps du dernier roi,
Que le dernier traître périsse.

Victoire, etc.

COUPLETS SUR LA PRISE DE TOULON

3 NIVOSE, AN II DE LA RÉPUBLIQUE
23 DÉCEMBRE 1793

Par la Citoyenne THILLIOL (de Clermont).

Air : *On l'a planté dans cette enceinte.*

Liberté chère, ton aurore
A fait pâlir tous les tyrans ;
Il n'est de cœur qui ne t'adore. (*bis*)
Ton règne effraye les méchans. (*bis*)

Toulon est pris, que sa défaite,
Guerriers, rappelle vos hauts faits ;
Qu'ils soient gravés par cette fête (*bis*)
Dans le cœur de tous les François. (*bis*)

A tous despotes, guerre ouverte ;
Jamais de paix entr'eux et nous ;
Quand ils conspirent notre perte, (*bis*)
Qu'ils redoutent notre courroux. (*bis*)

Qu'ils redoutent notre vaillance,
Ils ont jugé par nos succès ;
L'on vit toujours d'intelligence, (*bis*)
La victoire et les bons François. (*bis*)

Notre sexe qu'on dit aimable,
Vous prouvera, braves guerriers,
Qu'il sait, par un amour durable, (*bis*)
Unir les myrthes aux lauriers. (*bis)*

HYMNE

POUR LA FÊTE CÉLÉBRÉE A PARIS, DÉCADI, 10 NIVOSE,

L'AN II DE LA RÉPUBLIQUE UNE ET INDIVISIBLE

A L'OCCASION DE LA REPRISE DE TOULON

(30 DÉCEMBRE, VIEUX STYLE)

Par Joseph CHÉNIER, député.

Musique de GOSSEC

Toulon, redevenu François,
N'étend plus ses regards sur une onde captive ;
Son roc, purifié par nos justes succès,
    Menace Albion fugitive.

Les feux qu'ont allumés des ennemis pervers,
Dirigés contre eux-même, ont foudroyé leurs têtes,
    Et leurs vaisseaux, tyrans des mers,
    Sont poursuivis par les tempêtes.

    Il sera partout abattu,
Le rival insolent d'un peuple magnanime ;
Le François, aux combats, marche avec la vertu
    Et l'Anglois marche avec le crime.
Le pouvoir éternel, qui siège au haut des cieux,
Du peuple souverain protège le génie ;
    Et les élémens furieux
    S'arment contre la tyrannie.

    Les esclaves cherchent les rois ;
Toulon vomit au loin ses habitans coupables :
D'autres mortels plus purs invoqueront nos loix,
    Sur ces rivages mémorables.
Abandonnant des cours l'asyle corrupteur,
D'autres traverseront la liquide campagne,
    Et viendront chercher le bonheur
    Au port sacré de la Montagne.

    Anglois, vos serviles vaisseaux,
Teint du sang qui coula sous les remparts de Gênes,
D'une cité Françoise osant souiller les eaux,
    Venoient nous apporter des chaînes.
Les nôtres, à Plimouth portant l'égalité,
Consoleront la Manche à des brigands soumise ;
    Et le jour de la liberté
    Luira sur la sombre Tamise.

En vain vous prétendez encor
Appesantir sur l'onde un trident tyrannique,
Roi, Ministre, Guerriers, vainqueurs avec de l'or,
    Triomphans par la foi punique.
L'univers se soulève; il remet en nos mains
Le soin de recouvrer le public héritage;
    Et les bras des nouveaux Romains
    Renverseront l'autre Carthage.

    Lève-toi, reprends tes lauriers;
Ceins d'olive et de fleurs ta tête enorgueillie,
Fille de l'Océan, dont les flots nourriciers
    Baignent la France et l'Italie.
Sur ton sein généreux porte nous les trésors
De l'onde Adriatique et des mers de Bysance;
    Appelle et conduis dans nos ports
    Les doux tribus de l'abondance.

    Peuple libre et triomphateur,
François, votre destin fera le sort du monde:
C'est un soleil nouveau dont l'éclat bienfaiteur
    Réjouit, anime et féconde.
Tout ressent, tout bénit ses rayons pénétrans;
Tout fuit, en l'invoquant, cet astre tutélaire;
    Son feu qui brûle les tyrans,
    Nourrit les peuples qu'il éclaire.

COUPLETS

CHANTÉS A LA FÊTE DE L'INAUGURATION

DU PAVILLON TRICOLORE

Air : *Quels accents! quel transport.*

Oser parler de paix ! quelle coupable audace.
Carthage à Rome aussi voulut demander grâce.
Les tyrans vont-ils donc proposer un traité
    Aux vengeurs de la liberté. (*bis*)
Ou les rois craignent-ils qu'enfin on les punisse?
Nos traités sont la mort ou leur dernier supplice.

Chœur.

Que le tombeau des rois, creusé par les François,
Unisse à nos lauriers l'olive de la paix !

Aux Anglois

Et toi, cruel troupeau de lâches insulaires,
D'un ministre imposteur, esclaves mercenaires,
Toi qu'il charge des fers de la captivité,
    Sous le nom de la liberté. (*bis*)
Est-tu las des forfaits que prépare ce traître,
Ou veux-tu nous dicter les volontés d'un maître,

Chœur.

Que le tombeau, etc.

de la première République

Vantez, guerriers fameux, vantez votre victoire,
Vos succès sans dangers, vos triomphes sans gloire,
La trahison a foit votre célébrité,
  Fiers rivaux de la liberté. (*bis*)
Dunkerque n'a-t-il pas signalé vos courages?
De Toulon pris par vous, étalez les hommages.

    Choeur.

Sur le tombeau des rois, allons braves François,
Unir à nos lauriers l'olive de la paix!

OFFRANDE A LA LIBERTÉ

EXÉCUTÉE SUR LE THÉATRE DE L'OPÉRA

Paroles de CHÉNIER

Musique de GOSSEC

 Veillons au salut de l'empire,
 Veillons au maintien de nos droits;
 Si le despotisme conspire,
 Conspirons la perte des rois.
Liberté! que tout mortel te rende hommage!
Tyrans, tremblez, vous allez expier vos forfaits.
 Plutôt la mort que l'esclavage!
 C'est la devise des François.

Du destin de notre patrie
Dépend celui de l'univers;
Si jamais elle est asservie,
Tous les peuples sont dans les fers.
Liberté! que tout mortel te rende hommage!
Tyrans, tremblez, vous allez expier vos forfaits.
Plutôt la mort que l'esclavage!
C'est la devise du François.

Ennemis de la tyrannie,
Paraissez tous, armez vos bras;
Du fond de l'Europe avilie,
Marchez avec nous aux combats.
Liberté! que ce nom sacré nous rallie;
Poursuivons les tyrans, punissons leurs forfaits,
Nous servons la même patrie;
Les hommes libres sont François.

Jurons union éternelle
Avec tous les peuples divers;
Jurons une guerre mortelle
A tous les rois de l'univers.
Liberté! que ce nom sacré nous rallie;
Poursuivons les tyrans, punissons leurs forfaits!
On ne voit plus qu'une patrie
Quand on à l'âme d'un François.

LES TRAVAUX DU CAMP

CHANT PATRIOTIQUE

Air : *Vous qui d'amoureuse aventure.*

Amis, le cri de la patrie
Appelle aujourd'hui nos secours;
Les François, à sa voix chérie,
Jamais ne se montreront sourds.
   Allons, travaillons,
Travaillons, braves patriotes;
   Allons, pressons,
Poussons vivement nos travaux;
Les esclaves et les despotes,
Ici trouveront leurs tombaux.

Ici la fatigue est légère,
Pour qui chérit la liberté;
Chacun à côté de son frère,
Veut bêcher pour l'égalité.
   Allons, etc.

Tremblez, lâches aristocrates,
En voyant près de leurs époux,
Les femmes les plus délicates
Manier le fer comme nous.
   Allons, etc.

Pour se soustraire à l'esclavage,
Nos enfants n'ont pas moins de cœur,
Et la faiblesse de leur âge
Disparoit devant leur ardeur.

 Allons, etc.

Oui, la liberté de la terre
Dépend aujourd'hui de nos bras :
Jurons de ne finir la guerre
Que quand les rois seront à bas.

 Allons, etc.

Alors une immortelle gloire
Ceignant notre front de laurier;
Nous chanterons notre victoire
Et le bonheur du monde entier.

 Allons, etc.

COUPLET

CHANTÉ PAR UN CURÉ QUI ÉPOUSE UNE JEUNE SŒUR GRISE

Air : *De la croisée.*

Des habitans de ce hameau,
Ami sûr et guide fidèle,
J'étois pasteur d'un grand troupeau ;
Mais las ! pasteur sans pastourelle.
Le nouveau code m'a permis
De faire une tendre folie,
Et de mes aimables brebis
 J'ai pris la plus jolie. (*bis*)

CHANT PATRIOTIQUE

Air : *François laisseras-tu flétrir.*

Braves marins, vaillants François,
Vous dont l'intrépide courage
Est le garant de vos succès,
Marchez, punissez les excès
De tous les tyrans dont la rage
Se souille de tant de forfaits.

CHŒUR

Quand c'est pour la patrie, (*bis*)
On brave le trépas,
On méprise la vie.

Soyons les généreux vengeurs
De l'Europe encore soumise
Au joug de quelques imposteurs.
De Pitt affrontant les fureurs,
Jusqu'aux sources de la Tamise
Faisons flotter les trois couleurs.

CHŒUR

Quand, etc.

Lâche despote d'Albion,
Perds la ridicule espérance
De vaincre par la trahison.

Cent Dunkerque pour un Toulon,
Attesteront ton impuissance
Et le déshonneur de ton nom.

Chœur

Quand, etc.

C'est dans le sang impur des rois
Qu'il faut aller venger l'outrage,
Que ces monstres font à nos loix.
Qu'ils soient contraints, par nos exploits,
De rendre un authentique hommage
A la justice de nos droits !

Chœur

Quand, etc.

Oui, nous irons anéantir
Cette ambitieuse Angleterre,
Qui brûle de tout asservir.
S'il le faut, nous saurons périr...
Pour les François, le cri de guerre
Sera toujours : Vaincre ou mourir !

Chœur

Quand, etc.

LE SANS-CULOTTE

Le sans-culotte versifie
Quand il faut chanter la patrie ;
Le sans-culotte est bon soldat
Quand il faut marcher au combat.
Le sans-culotte, ami fidèle,
Remplit ses devoirs avec zèle ;
Toujours il est plein de gaîté
Quand il chante la liberté.

Le modéré partout s'écrie
Qu'on veut attenter à sa vie ;
Qu'il ne sera jamais soldat ;
Qu'il ne peut aller au combat...
Sa culotte par trop le gêne ;
Il est indocile à la peine ;
Le fusil est un peu trop lourd ;
Un coup de canon le rend sourd.

Cours défendre la république,
Lui dit la loi, point de réplique...
Je n'puis pas ma parol' d'honneur ;
Dans ma culotte on sent ma peur.
Et puis comment pourrai-je faire
Pour regarder comme mon frère
Mon domestique, mon coiffeur ?
Je n'puis pas, ma parol' d'honneur.

Homme égoïste et sans patrie,
Tu ne sus jamais dans ta vie
Que profaner le mot d'honneur ;
Il ne fut jamais dans ton cœur...
Vas épurer ta pauvre tête
Au creuset des Madelonnettes ;
Et si tu ne la changes pas,
Bientôt nous te mettrons au pas.

Buvons tous à la république,
Et, si ce modéré s'en pique,
Nous, répétons avec gaîté :
Vive, vive la liberté !
Au nom sacré de la patrie
Tout sans-culotte se rallie,
Soit à table, soit aux combats ;
On le trouve toujours au pas.

LE SERMENT RÉPUBLICAIN DE 1793

CHANTÉ SUR LE THÉATRE DE L'OPÉRA NATIONAL

Par Joseph CHÉNIER

Musique de GOSSEC

Dieu puissant daigne soutenir
Notre république naissante,
Et qu'à jamais dans l'avenir
Elle soit libre et florissante.

Jurons le glaive en main, jurons à la Patrie,
De conserver toujours l'égalité chérie ;
De vivre et de périr pour elle et pour nos droits,
Et d'inspirer à tous le respect de nos loix.

Si quelque usurpateur vient asservir la France,
Qu'il éprouve aussitôt la publique vengeance ;
Qu'il tombe sous le fer, que ses membres sanglants,
Soient livrés dans la plaine aux vautours dévorants.

Jurons le glaive en main, jurons à la Patrie
De conserver toujours l'égalité chérie ;
De vivre, de périr pour elle et pour nos droits,
Et d'inspirer à tous le respect de nos loix.

HYMNE A LA LIBERTÉ

Air : *Je suis Lindor, ma naissance est commune.*

O liberté ! Salut, un saint transport m'anime,
A tes sacrés autels j'apporte mon encens :
Salut, mère des Francs, de ton regard sublime
    Échauffe mes faibles accens.

Achève, liberté, la perte des despotes,
Un seul mot de ta bouche enfante mille exploits.
Ah ! que par toi dans peu l'arbre des patriotes
    Soit arrosé du sang des rois.

Venge l'humanité : sous leur verge oppressive,
Elle invoque ton bras contre ses vils tyrans ;
Que le joug insultant qui la retient captive,
    Tombe sous tes coups foudroyants.

Fais entendre ta voix aux races opprimées
Qu'un vain effroi prosterne aux pieds de leurs bourreaux :
Ta voix transformera les peuples en armées,
    Et tous les trônes en tombeaux.

LE CRI DE MORT CONTRE LES ROIS

Par le Citoyen T. ROUSSEAU

Air : *Aussitôt que la lumière*

Que nous veut la ligue impie
De ces potentats cruels ?
Te verrai-je, ô ma patrie !
Tomber sous leurs coups mortels ?
Dieux ! leur orgueil despotique,
En un lugubre tombeau,
Va-t-il de la république
Changer l'éclatant berceau ?

A cette barbare idée,
Qui de nous, saisi d'horreur,
N'a pas l'âme possédée
D'une bouillante fureur ?

Dans le feu qui me dévore,
Pour moi volant au danger,
De ces brigands que j'abhorre
Je brûle de me venger !

Le François, peuple de braves,
Seul appui de l'univers,
De vingt nations esclaves
A déjà brisé les fers ;
Dédaignant par la victoire
Au loin d'étendre ses droits,
Il n'aspire qu'à la gloire
D'exterminer tous les rois.

Mais, puisqu'à l'heure ou nous sommes
Sonne celle des combats ;
Tremblez, affreux mangeurs d'hommes,
Tremblez, je vois nos soldats ;
Chacun d'eux pour être libre,
Changeant nos villes en camps,
Du Rhin jusqu'aux bords du Tibre
Jure la mort des tyrans.

Honteux de leur joug infâme
O Bataves, levez-vous !
Que notre exemple t'enflamme,
Fier Anglais, imite-nous :
Sous l'oppresseur qui s'apprête
Lâchement à te frapper,
Iras-tu courber la tête,
Quand tu peux la lui couper ?

Accourez nouveaux Alcides,
Fondez sur tous ces Nérons,
De leurs races parricides
Frappez jusqu'aux rejetons;
Foulez aux pieds les couronnes
De ces trop coupables rois,
Et que le plus beau des trônes
Soit pour vous celui des loix.

1794

COUPLETS DES PETITS MONTAGNARDS

CHANTÉS SUR LE THÉATRE DE LA CITÉ

LE 2 PLUVIOSE, L'AN II DE LA RÉPUBLIQUE FRANÇAISE

(21 JANVIER)

Paroles du Citoyen VALCOUR

Heureux habitans des montagnes,
Chez vous règne la liberté !
Elle eut, en tout temps, pour compagnes,
L'innocence et la vérité.
Ici, le soleil sans nuages,
Chaque jour, frappe vos regards
A vos pieds, voyez les orages,
Et soyez toujours Montagnards.

Ce fut sur la montagne antique
Que naquit l'homme libre et fier.
C'est de la montagne helvétique
Que Tell pulvérisa Gessler.

Que dans la plaine, les esclaves
Rampent aux genoux des Césars;
Pour nous, sans maître, sans entraves,
Nous serons toujours Montagnards.

Londres, Berlin, Vienne et l'Espagne
Prétendoient nous remettre aux fers;
Mais du sommet de la Montagne,
Un dieu planoit sur l'univers.
Par sa fermeté, sa prudence,
(Malgré leurs bataillons épars),
La Montagne a sauvé la France
Gloire immortelle aux Montagnards.

De la Montagne inébranlable,
Le plus terrible des volcans,
A frappé la foule coupable
Des satellites des tyrans.
La foudre a terrassé le crime,
Il ne souille plus nos regards;
Et depuis ce moment sublime,
Tous les François sont Montagnards.

Y en a ben qu' la crainte accompagne,
Qui n' sont pas ferm' sur leux jarrets;
I voulont gravir la Montagne,
Et r' tombent toujours dans l' marais.
C' n'est pas la leu route ordinaire,
I sont sujets à trop d'écarts.....
Ils ont beau dire, ils ont beau faire,
Ils ne s'ront jamais Montagnards.

Sur la Montagne, dès l'enfance,
Nous en conservons la fierté,
Nous brûlons, avec toute la France,
De l'amour de la liberté.
Puiss' notre première campagne
Etre agréable à vos regards!...
Vous êtes tous de la Montagne;
Accueillez les p'tits Montagnards.

CHANSON POPULAIRE

3 PLUVIOSE, AN II DE LA RÉPUBLIQUE (22 JANVIER)

Paroles de RAFFARD

Sans culotte soir et matin,
Boit, chante et fait la guerre;
Tantôt mon épée à la main,
Et tantôt mon plein verre;
Tic, tac, toc, et voilà comment
Je me donne un concert charmant.

Bientôt la douce égalité,
Nous versant à la ronde,
Fera boire, à la liberté,
Tous les peuples du monde;
Tic, tac, toc, un si beau moment,
Nous promet un concert charmant.

L'AMITIÉ RÉPUBLICAINE

CHANTÉ A LA SECTION DES TUILERIES, LE DÉCADI,

10 PLUVIOSE, AN II (29 JANVIER)

Paroles du Citoyen PIIS

Air : *La comédie est un miroir.*

Des habitans du paradis,
Quand on parcourt la kirielle,
De deux véritables amis
On y trouve à peine un modèle ;
Mais sans les auspices des saints.
L'amitié fête une décade ;
Nous pouvons, en républicains,
Invoquer Oreste et Pilade.

Recevez d'un commun accord
Les vœux que, dans son allégresse,
Si long tems après votre mort,
Le François libre vous adresse.
Enflammez-nous, divins patrons,
D'un sentiment tel que le vôtre ;
L'un pour l'autre quand nous vivrons,
Nous saurons mourir l'un pour l'autre.

L'amitié partage à dessein
Et les plaisirs et les alarmes ;
Si l'on rit, elle rit soudain ;
Si l'on pleure, elle fond en larmes.

Des tyrans elle fuit les cours ;
Chez le sage on la voit sans cesse,
Au riche elle échappe toujours,
Et du pauvre elle est la richesse.

Ainsi qu'avant l'astre du jour,
Vous voyez l'aurore paroître,
L'amitié devançant l'amour,
Chez les enfans se plaît à naître ;
L'amitié remplaçant l'amour,
Rend aux vieillards un calme utile ;
Comme à la chaleur d'un beau jour
Succède un soir frais et tranquille.

Citoyens, bons et généreux,
Que deux à deux l'amitié lie,
Venez en resserrer les nœuds
Devant l'autel de la patrie ;
Et pour vous moquer, en chemin,
Des pamphlets de la pâle envie,
Sans vous quitter jamais la main,
Traversez doucement la vie.

Entre les cœurs de deux amis,
O toi qui sus glisser la haine,
Songe à l'athlète qui jadis
De ses mains croyoit fendre un chêne ;
L'un de l'autre par tes efforts,
Bien que ces deux amis s'éloignent,
Tu mourras pressé de remords,
Si quelque jour il se rejoignent.

Quand, sous le nom de l'amitié,
Régnoit une douceur traîtresse,
Du monde on sait que la moitié
Trompoit l'autre avec politesse ;
Mais par des airs qui font pitié,
Nul fat aujourd'hui n'en impose,
Et sous le nom de l'amitié,
Le républicain veut la chose.

Plus de châteaux, plus de palais,
D'un vain luxe, aziles funestes,
Républicains, à peu de frais,
Élevons-nous des toits modestes ;
Mais sur le seuil de nos logis,
Disons, comme un sage d'Athènes :
Plût au ciel que de vrais amis
Nos maisonnettes fussent pleines !

COUPLETS

CHANTÉS AU THÉATRE LYRIQUE NATIONAL

CES COUPLETS ONT ÉTÉ INSÉRÉS AU BULLETIN, 17 PLUVIOSE

AN II DE LA RÉPUBLIQUE FRANÇAISE (5 FÉVRIER)

C'est dans le sol de nos caveaux
Que gît l'esprit de nos ancêtres ;
Ils enterroient sous leurs tonneaux
Le noir chagrin d'avoir des maîtres ;

Cachant sous l'air de la gaîté
Leur amour pour la liberté,
Ce sentiment n'osoit paroître ;
Mais dans le sol il est resté,
Et cet esprit (bis) c'est du salpêtre. (bis)

On verra le feu des François
Fondre la glace germanique ;
Tout doit répondre à ses succès :
Vive à jamais la République !
Précurseurs de la Liberté.
Des loix et de l'égalité ;
Tels partout on doit nous connoître ;
Vainqueurs des bons par la bonté,
Et des méchans (bis) par le salpêtre. (bis)

LA PRISE DE TOULON

STANCES CHANTÉES SUR LE THÉATRE DE LA RÉPUBLIQUE

LE 16 VENTOSE AN II (6 MARS)

Air des *Marseillais*.

Ils ont payé leur perfidie !
Ils ont fui, ces Anglois pervers !
En vain par un lâche incendie,
Ils ont cru venger leurs revers :

En embrasant ces édifices,
Ces murs qu'ils n'ont pu garantir,
Ils n'ont rien fait qu'anéantir
Les repaires de leurs complices.
Triomphe, liberté, donne partout des loix !
Ton sort est désormais de vaincre tous les rois.

De leurs cohortes fugitives,
Si Dunkerque fut le cercueil,
Toulon contemple de ses rives
Le naufrage de leur orgueil.
Poursuivis par notre vengeance,
Ces ennemis, jadis si fiers,
N'auront montré sur les deux mers
Que leur crime et leur impuissance.
Triomphe, liberté, etc.

O vous dont la funeste adresse,
Changeant de masque chaque jour,
Par l'excès ou par la faiblesse,
Voulut nous perdre tour-à-tour !
Cédez aux destins de la France ;
Vos trahisons n'ont plus d'appui ;
Et l'Anglois emporte avec lui
Et sa honte et votre espérance.
Triomphe, liberté, etc.

COUPLETS

DES PATRIOTES DU FAUBOURG SAINT-ANTOINE

VENTOSE DE L'AN II DE LA RÉPUBLIQUE FRANÇAISE (MARS)

Par le Citoyen RADET

Air : *Aussitôt que la lumière.*

Une horde despotique,
Se rassembla contre nous,
Dans la forteresse antique,
Objet de notre courroux :
Mais notre bouillante audace
Sur les traîtres l'emporta,
Et l'on cherche ici la place
Où la Bastille exista.

C'est au faubourg Saint-Antoine
Que naquit la liberté ;
Elle est notre patrimoine
Et notre divinité.
Le courage, la sagesse
L'y maintenant désormais,
Elle y grandira sans cesse,
Et n'y vieillira jamais.

LE NOBLE ROTURIER

COUPLETS PATRIOTIQUES

24 VENTOSE DE L'AN II DE LA RÉPUBLIQUE FRANÇAISE

UNE ET INDIVISIBLE (14 MARS)

Par le Citoyen RADET

Air : *Pour un maudit péché.*

Comme à l'ordre du jour
La terreur est en France,
Et que pour eux la chance
A tourné sans retour :
Beaucoup d'aristocrates,
Restant au fond du cœur,
Se sont faits démocrates
    De peur.

Dans notre grande Révolution,
Si grande, si sublime,
Le peuple en mainte occasion,
Des fourbes fut victime
Ah ! l'on a tant depuis quatre ans,
    Trompé sa confiance,
Qu'il ne veut plus juger les gens
Sur la simple apparence.

STANCES

CHANTÉES DANS LE JARDIN NATIONAL AVANT L'ÉPREUVE

DU CANON, POUR LA FÊTE A L'OCCASION

DE LA RÉUNION DES ÉLÈVES DE LA RÉPUBLIQUE

POUR LA FABRICATION DES CANONS ET SALPÊTRE

LE DÉCADI 30 VENTOSE

AN II DE LA RÉPUBLIQUE UNE ET INDIVISIBLE (20 MARS)

Paroles du Citoyen PILLET

Musique du Citoyen CATEL

AUX DESPOTES

Près de voir lancer le tonnerre
Qui doit punir tous vos forfaits ;
Vous osez demander la paix ?...
Non, tyrans, vous aurez la guerre.
Vos soldats à demi vaincus
Du repos nous vantent les charmes !
Et bien nous poserons les armes,
Mais quand vous n'existerez plus.

AUX ESCLAVES GÉMISSANS

O vous à qui le despotisme,
Inspira toujours de l'horreur !
Vous qui portez au fond du cœur
Le germe du patriotisme ;

Levez-vous, et brisez vos fers,
Animés d'une sainte rage
Anéantissons l'esclavage,
Et régénérons l'univers.

AU PEUPLE FRANÇAIS

Vainement le plus vil des êtres;
L'hypocrite modérateur
S'oppose à ta juste fureur;
Soyons sans pitié pour les traîtres.
Celui qui veut tout pardonner
Des vertus n'a que l'apparence;
Il ne t'invite à la clémence
Que pour te faire assassiner.

AUX ENNEMIS DU PEUPLE FRANÇAIS

Tyrans! dont la folle insolence
Menace de nous rendre aux fers;
Intrigans dont l'esprit pervers,
Près de nous conspire en silence;
Vous allez être anéantis:
Nous avons forgé le tonnerre
Qui va bientôt purger la terre
Des monstres de tous les partis.

COUPLET POPULAIRE

10 GERMINAL, AN II (30 MARS)

Paroles du Citoyen LA CORETTERIE

Air : *Des Diamants.*

UN PETIT SAVOYARD

Aussi lest's, aussi gais que moi
Si l'on voit mes compatriotes,
C'est qu'tout comm' les François, sans Roi,
Nous somm's tous de vrais sans-culottes ;
Not' Roi fuit avec ses barbets,
En dépit d' ses âmes dévotes ;
Il n'aura bientôt plus d' sujets,
Si c'n'est des moin' et des marmottes.

CONCERT

DU MERCREDI 24 GERMINAL, AN II (13 AVRIL), EXÉCUTÉ

SUR LE THÉATRE DES ARTS

Paroles de BAOUR-LORMIAN

Musique de LESUEUR

La tempête s'éloigne... Un astre radieux
Se lève environné de force et de lumière ;
Il affranchit de nos monts nébuleux
La cime longtemps prisonnière ;

Salut, astre de paix, flambeau des nations !
Poursuis ta carrière éclatante,
Et sur la Gaule triomphante,
Verse l'or pur de tes rayons.

Plus de maux, de sang, ni de larmes,
La paix brise les boucliers ;
Nos fils, objets de tant d'alarmes,
Vont enfin revoir leurs foyers ;
De leurs mains qu'arma la victoire,
Ils vont presser nos cheveux blancs,
Et de leurs compagnons de gloire,
Nous redire les faits vaillants.

Oui la paix vers vous nous ramène,
Heureux vieillards consolez-vous,
Entre la Tamise et la Seine,
Il n'est plus d'obstacles jaloux :
Leurs flots alliés d'âge en âge,
Se mêlèrent aux flots amers
L'Océan superbe héritage,
N'appartient plus qu'à l'univers.

Entrez dans la salle des fêtes,
Héros loin de nous exilés ;
Déjà pour chanter vos conquêtes,
Les Bardes se sont rassemblés ;
Videz la coupe hospitalière,
Autour de cent chênes brûlants,
Et qu'à cette voûte guerrière
Pendent vos traits étincelants.

Le voici ce jour favorable,
Ce jour qu'appellaient tous nos vœux ;
Ce jour dont l'éclat mémorable
Luira sur nos derniers neveux ;
A l'hymne sanglant de la guerre
Va succéder l'hymne de paix ;
L'orage a passé sur la terre,
Le ciel sera pur désormais !

Noble enfant de la renommée,
Chef des braves victorieux,
Par toi la harpe ranimée
Retentit en accords joyeux.
Comme un lumineux météore
Des temps qui ne sont pas encore,
Ton nom perce l'obscurité ;
Il brille dans la nuit profonde,
Et l'œil futur d'un nouveau monde
Soutient à peine sa clarté.

Chœur

Noble enfant de la renomée,
Chef des braves victorieux,
Par toi la harpe ranimée
Retentit en accords joyeux.
Rien ne manque plus à ta gloire ;
Remplis le cours de tes destins,
Nos chants porteront ta mémoire
Par delà les siècles lointains.

IMPROMPTU

APRÈS LA LECTURE DU DERNIER RAPPORT

FAIT PAR ROBESPIERRE AU NOM DU COMITÉ DE SALUT PUBLIC

LE 28 FLORÉAL, AN II (17 MAI)

Une bonne et sensible mère
Peut-elle, par de faux présens,
Ou par l'espoir d'une chimère,
Abuser ses faibles enfans?
La nature en nos cœurs n'a pu mettre l'envie
D'un bien qui n'existeroit pas,
Et le désir de vivre au delà du trépas
Est la preuve d'une autre vie.

ODE SUR LE VAISSEAU LE VENGEUR

DANS LE COMBAT DU 12 PRAIRIAL, AN II (31 MAI)

LES RÉPUBLICAINS QUI MONTOIENT LE VAISSEAU LE VENGEUR

APRÈS AVOIR RÉPONDU AU FEU MEURTRIER

DE PLUSIEURS VAISSEAUX ENNEMIS

PRÉFÈRENT S'ENSEVELIR DANS L'OCÉAN PLUTOT QUE

SE RENDRE AUX ANGLAIS; AVANT DE COULER BAS

ILS ARBORENT LES FLAMMES ET LE PAVILLON TRICOLORE

Paroles de LE BRUN

Musique de CATEL

    Au sommet glacé du Rodope,
Qu'il soumit tant de fois à ses accords touchants,
Par de timides sons, le fils de Calliope
    Ne préludoit point à ses chants.
    Plein d'une audace pindarique,
Il faut que, des hauteurs du sublime Hélicon,
Le premier trait que lance un poëte lyrique
    Soit une flèche d'Apollon.

    L'Etna, géant incendiaire,
Qui d'un front embrasé fend la voûte des airs,
Dédaigne ces volcans dont la froide colère
    S'épuise en stériles éclairs.

A peine sa fureur commence,
C'est un vaste incendie et des fleuves brûlans,
Qu'il est beau de courroux lorsque sa bouche immense
    Vomit leurs flots étincelans !

    Tel éclate un libre génie
Quand il lance aux tyrans les foudres de sa voix,
Tel à flots indomptés sa brûlante harmonie
    Entraîne les sceptres des Rois.

    Toi, que je chante et que j'adore,
Dirige, ô liberté ! mon vaisseau dans son cours,
Moins de vents orageux tourmentent le Bosphore
    Que la mer terrible où je cours.

    Argo, la nef à voix humaine,
Qui mérita l'Olympe et luit au front des cieux,
Quelque fut le succès de sa course lointaine,
    Prit un vol moins audacieux.

    Vainqueur d'Éole et des Pléiades,
Je sens d'un souffle heureux mon navire emporté,
Il échappe aux écueils des trompeuses cyclades
    Et vogue à l'immortalité.

    Mais des flots fut-il la victime,
Ainsi que le Vengeur il est beau de périr,
Il est beau, quand le sort vous plonge dans l'abyme,
    De paroître le conquérir.

    Trahi par le sort infidèle,
Comme un lion pressé de nombreux léopards,

Seul au milieu de tous, sa fureur étincelle ;
    Il les combat de toutes parts.

    L'Airain lui déclare la guerre ;
Le fer, l'onde, la flamme entourent ses héros,
Sans doute, ils triomphaient! mais leur dernier tonnerre
    Vient de s'éteindre sous les flots.

    Captifs, la vie est un outrage :
Ils préfèrent le gouffre à ce bienfait honteux,
L'Anglois, en frémissant, admire leur courage ;
    Albion pâlit devant eux.

    Puis fiers d'une mort infaillible,
Sans peur, sans désespoir, calmes dans leurs combats ;
De ces républicains l'âme n'est plus sensible
    Qu'à l'ivresse d'un beau trépas.

    Près de se voir réduits en poudre,
Ils défendent leurs bords enflammés et sanglans,
Voyez-les défier et la vague et la foudre
    Sous des mâts rompus et brûlans.

    Voyez ce drapeau tricolore
Qu'élève en périssant leur courage indompté ;
Sous le flot qui les couvre entendez-vous encore,
    Ce cri : Vive la liberté ?

    Ce cri,... c'est en vain qu'il expire
Etouffé par la mort et par les flots jaloux,
Sans cesse il revivra, répété par ma lyre,
    Siècles! il planera sur vous.

Et vous, héros de Salamine,
Dont Téthys vante encore les exploits glorieux,
Non! Vous n'égalez point cette auguste ruine,
Ce naufrage victorieux.

HYMNE A L'ÊTRE SUPRÊME

CHOISI PAR LE COMITÉ DE SALUT PUBLIC

POUR ÊTRE CHANTÉ AUJOURD'HUI AU CHAMP DE LA RÉUNION

LE 20 PRAIRIAL, AN II DE LA RÉPUBLIQUE FRANÇAISE

(DIMANCHE, 8 JUIN)

Par Ch. DESORGUES

Musique de GOSSEC

Père de l'univers, suprême intelligence,
Bienfaiteur ignoré des aveugles mortels,
Tu révélas ton être à la reconnoissance
Qui seule éleva tes autels.

Ton temple est sur les monts, dans les airs, sur les ondes,
Tu n'as point de passé, tu n'as point d'avenir,
Et, sans les occuper, tu remplis tous les mondes
Qui ne peuvent te contenir!

Tout émane de toi, grande et première cause,
Tout s'épure au rayon de ta divinité ;
Sur ton culte immortel la morale repose
    Et sur les mœurs la liberté !

Pour venger leur outrage et ta gloire offensée,
L'auguste Liberté, ce fléau des pervers,
Sortit au même instant de ta vaste pensée
    Avec le plan de l'univers !

Dieu puissant ! Elle seule a vengé ton injure ;
De ton culte, elle-même, instruisant les mortels
Leva le voile épais qui couvroit la nature
    Et vint absoudre tes autels !

O toi, qui du néant, ainsi qu'une étincelle,
Fis jaillir dans les airs l'astre éclatant du jour,
Fais plus !... Verse en nos cœurs ta sagesse immortelle
    Embrase nous de ton amour !

De la haine des rois, anime la patrie,
Chasse les vains désirs, l'injuste orgueil des rangs,
Le luxe corrupteur, la basse flatterie
    Plus fatale que les tyrans !

Dissipe nos erreurs, rends-nous bons, rends-nous justes,
Règne, règne au-delà du tout illimité ;
Enchaîne la nature à tes décrets augustes
    Laisse à l'homme la liberté !

STROPHES

QUI ONT ÉTÉ CHANTÉES SUR LA MONTAGNE, AU CHAMP
DE LA RÉUNION, LE 20 PRAIRIAL, AN II
DE LA RÉPUBLIQUE FRANÇAISE (DIMANCHE, 8 JUIN)

Paroles de M.-J. CHÉNIER, député à la Convention nationale.

Air : *De l'Hymne des Marseillois.*

LES HOMMES.

Dieu puissant d'un peuple intrépide,
C'est toi qui défends les remparts ;
La victoire a, d'un vol rapide,
Accompagné nos étendards. (*bis*)
Les Alpes et les Pyrénées
Des rois ont vu tomber l'orgueil ;
Au Nord, nos champs sont le cercueil
De leurs phalanges consternées.
Avant de déposer nos glaives triomphans,
Jurons (*bis*) d'anéantir le crime et les tyrans.

CHOEUR

Avant, etc.

LES FEMMES.

Entends les vierges et les mères,
Auteur de la fécondité :
Nos époux, nos enfans, nos frères,
Combattent pour la liberté, (*bis*)

Et si quelque main criminelle
Terminoit des destins si beaux,
Leurs fils viendront sur leurs tombeaux
Venger la cendre paternelle.

CHOEUR

Avant, etc.

LES HOMMES ET LES FEMMES

Guerriers, offrez votre courage ;
Jeunes filles, offrez des fleurs ;
Mères, offrez pour votre hommage
Vos fils vertueux et vainqueurs. (*bis*)
Vieillards, dont la mâle sagesse
N'instruit que par des actions,
Versez vos bénédictions
Sur les armes de la jeunesse.

CHOEUR

Avant, etc.

COUPLETS
(17 juin)

Paroles du Citoyen COLLIN-HARLEVILLE

Musique de DALAYRAC

Autrefois content d'être aimable,
Joyeux et galant tour à tour,
Le François fredonnait à table
Chansons à boire, ou bien d'amour. (bis)
Maintenant nos banquets civiques
Retentissent de nobles sons, (bis)
Nous aimons toujours les chansons
Mais les chansons patriotiques. (bis)

Pour cela gardez-vous de croire
Que, devenus tristes et froids,
Les François renonçant à boire,
D'amour aient oublié la voix. (bis)
C'est au cœurs mâles, énergiques,
Nobles feux que vous éclatez, (bis)
Nous portons encore des santés,
Mais des santés patriotiques. (bis)

Doucement notre cœur s'épanche
Grâce à l'heureuse égalité !
Amour pur, gaité simple et franche,
Sont les fruits de la liberté. (bis)
Ton image, ô ma république !
A nos yeux s'offre à chaque pas (bis)
Jeux, travaux, spectacles, repas,
Tout en France est patriotique. (bis)

COUPLETS POUR LA FÊTE DE BARRA

QUINTIDI, 5 MESSIDOR, AN II DE LA RÉPUBLIQUE

(LUNDI, 23 JUIN)

Air : *Aussitôt que la lumière.*

Mes amis, si la victoire
Pour vos cœurs a des appas,
Sachez mériter la gloire
De Barra, mort aux combats.
Son courage, jeune encore,
A vaincu tous les brigands ;
Que le feu qui nous dévore
Soit mortel pour les tyrans.

Les plaines de la Vendée
De Barra vantent le nom,
Et la jeunesse enchantée
L'a choisi pour son patron.
Qui de nous, lisant l'histoire
De ce héros de quinze ans,
Ne sera forcé de croire
Qu'en France il n'est plus d'enfants.

On le surprend, on lui crie
Qu'il veut se défendre en vain ;
Qu'il faut trahir sa patrie
Ou qu'on lui perce le sein.

Loin qu'une terreur panique
L'intimide sur son sort,
Fidèle à la république
Barra réclame la mort.

Il la reçoit, et nos temples
Pleins de son nom désormais,
Prouveront par des exemples
Ce vieux proverbe françois :
Que, pour les âmes bien nées,
Le courage n'attend pas
Que l'on compte ses années
Pour se montrer aux combats.

L'ARMÉE EMBALLÉE

Air : Ah! le bel oiseau, maman.

Ah! qu'nous allons voir beau jeu!
V' là Condé qui r' vient en poste :
Ah! qu' nous allons voir beau jeu!
Gare, gare l'habit bleu.

Il a déjà dans l' bas Rhin,
(Ça n'est pas dans les gazettes)
Fait un très gros magasin
D'amadou et d'allumettes.

Ah! qu' nous allons voir beau jeu!
J' sais bien qui s'brûlera les ailes :
Ah! qu' nous allons voir beau jeu!
La France s'ra toute en feu.

Dans un' boîte de dix pieds,
(C'est l'Moniteur qui l'rapporte).
Il met huit mil' cavaliers
Equipés de bonne sorte.

   Ah! qu'nous allons voir beau jeu! etc.

Comme il va jeter à bas
Toutes les troupes bourgeoises!
— Combien a-t-il de soldats?
— Il en a déjà deux toises.

   Ah! etc.

Quand ils seront emballés,
Hé bien, il les fera mettre.....
— Où les mettra-t-il? parlez!
— A la poste comme un' lettre.

   Ah! etc.

Oh! convenez à la fin,
Esprits méchants et revêches,
Que ce secret est divin,
Pour avoir des troupes fraîches.

   Ah! etc.

LA BATAILLE DE FLEURUS

COUPLETS CHANTÉS AU THÉATRE DES ARTS, PAR CHÉRON

LE JOUR DE LA NOUVELLE DE CETTE VICTOIRE

LE 9 MESSIDOR, AN II (27 JUIN)

Paroles du Citoyen FABRE-OLIVET

Air : *Allons enfans de la patrie.*

Contre nous des rois en délire,
En vain l'étendart fut levé :
Partout le despotisme expire,
Et notre pays est sauvé !
Vils ennemis, tyrans perfides,
Tous vos efforts sont superflus :
Nous avons, aux champs de Fleurus,
Puni vos complots homicides.
Aux armes, citoyens ! ne nous reposons pas !
Marchons ! préparons-nous à de nouveaux combats.

Sur la cime des Pyrénées
Nous avons vengé nos revers :
Déjà nos armes fortunées
Ont triomphé sur les deux mers.
Du nord la cohorte sauvage,
Les Anglais, lâches assassins,
Et les Vandales, les Germains
Ont éprouvé notre courage.
Aux armes, etc.

Remplis d'une mâle assurance,
Marchons en vrais républicains ;
Songeons que du sort de la France,
Dépend le destin des humains.
En vain contre nos loix sublimes,
Tous les rois sont coalisés :
Bientôt sur leurs trônes brisés,
Les peuples puniront leurs crimes.
Aux armes, etc.

COUPLETS

CHANTÉS AU THÉATRE DE L'ÉGALITÉ LE 18 MESSIDOR

AN II (7 JUILLET)

Air : *De tous les capucins du monde.*

Surtout respectons la jeunesse.
Qu'en ce lieu jamais rien ne blesse
Les yeux, les esprits et les cœurs ;
Il faut que la scène s'épure,
Un peuple libre, veut des mœurs ;
Les rois dépravoient la nature.

Mais la gaieté sied à Thalie,
Quand par la décence embellie,
Ses bons mots ne sont qu'amusants.
A cette école de la vie,
Sans crainte amenez vos enfants,
Sous les couleurs de la patrie.

Ils entendront chanter la gloire
Des noms vantés dans notre histoire;
Et leurs yeux cherchant les héros,
Ils verront d'une âme attendrie
Et les Marat et les Rousseau,
Sous les couleurs de la patrie.

Le cercle est la forme du monde.
Patriotes, cette rotonde
Est un temple à l'égalité,
Déesse de vous si chérie.
Venez contempler la beauté
Sous les couleurs de la patrie.

HYMNE

POUR LE JOUR DE LA FÊTE DE P. MARAT, L'AMI DU PEUPLE

MARTYR DE LA LIBERTÉ, 25 MESSIDOR

10ᵉ MOIS DE L'ANNÉE RÉPUBLICAINE (13 JUILLET)

Par le Républicain T. ROUSSEAU

Air : *Des Marseillais.*

Quel bruit affreux trouble mes veilles,
Pourquoi ces lugubres accents?
Quels cris, en frappant mes oreilles
Portent l'effroi dans tous mes sens? *(bis)*

Dieux immortels! qu'entens-je dire?
Marat vient d'être assassiné!
Législateur infortuné,
Dans cet instant Marat expire.......
O toi qui l'inspiras pour le bien des François
Amour, (*bis*) viens dans nos cœurs éterniser ses traits!

Peuple brave, Peuple intrépide,
C'en est fait, tu n'as plus d'ami;
Un nouveau monstre parricide,
A tes vœux ardens l'a ravi; (*bis*)
Des odieux fédéralistes,
Marat devoilant les horreurs.
Tombe victime des fureurs
De ces infâmes royalistes.
O toi qui l'inspiras, etc.

Toujours brûlant du plus beau zèle,
Ce fier défenseur de nos droits,
Faisoit tomber l'orgueil rebelle
Sous le glaive vengeur des loix, (*bis*)
Partout de notre indépendance,
Sa main déployait l'étendard
Et voilà qu'un coup de poignard,
Devient hélas sa récompense........
O toi qui l'inspiras, etc.

Hommes dépouillés d'énergie,
Pourquoi pleurer sur son tombeau?
Heureux qui, sauvant sa patrie,
Rencontre un trépas aussi beau! (*bis*)

Socrate avalant la ciguë,
Obtient un triomphe éternel
Et Marat devient immortel
Par le coup même qui le tue.......
O toi qui l'inspiras, etc.

Vous qui brûlez, à sa mémoire,
De rendre les plus doux tributs,
Sachez vous couvrir de sa gloire,
Imitez ses mâles vertus : (*bis*)
Aux traîtres ainsi qu'aux despotes
Livrant le plus rude combat,
Montrez-vous dignes de Marat
Et du beau nom de patriotes........
O toi qui l'inspiras, etc.

LE CHANT DU DÉPART

HYMNE DE GUERRE (14 JUILLET)

Paroles de Marie-Joseph CHÉNIER

Musique de MÉHUL

UN DÉPUTÉ DU PEUPLE

La victoire en chantant nous ouvre la barrière,
    La liberté guide nos pas,
Et du nord au midi, la trompette guerrière
    A sonné l'heure des combats.

Tremblez, ennemis de la France,
Rois ivres de sang et d'orgueil !
Le peuple souverain s'avance :
Tyrans descendez au cercueil !

CHŒUR DES GUERRIERS

La république nous appelle
Sachons vaincre ou sachons périr,
Un François doit vivre pour elle,
Pour elle un François doit mourir.

UNE MÈRE DE FAMILLE

De nos yeux maternels ne craignez pas les larmes :
 Loin de nous les lâches douleurs !
Nous devons triompher quand vous prenez les armes !
 C'est aux rois à verser des pleurs.
 Nous vous avons donné la vie,
 Guerriers elle n'est plus à vous ;
 Tous nos jours sont à la patrie ;
 Elle est votre mère avant nous.
  La république nous appelle, etc.

DEUX VIEILLARDS.

Que le fer paternel arme la main des braves ;
 Songez à nous au champ de Mars ;
Consacrez dans le sang des rois et des esclaves
 Le fer béni par nos vieillards ;
 Et, rapportant sous la chaumière
 Des blessures et des vertus,
 Venez fermer notre paupière
 Quand les tyrans ne seront plus.
  La république nous appelle, etc.

UN ENFANT

De Barra, de Viala le sort nous fait envie ;
    Ils sont morts, mais ils ont vaincu ;
Le lâche accablé d'ans n'a point connu la vie,
    Qui meurt pour le peuple a vécu.
    Vous êtes vaillants, nous le sommes ;
    Guidez-nous contre les tyrans ;
    Les républicains sont des hommes
    Les esclaves sont des enfants.
        La république nous appelle, etc.

UNE ÉPOUSE

Partez, vaillants époux ; les combats sont vos fêtes
    Partez, modèles des guerriers ;
Nous cueillerons des fleurs pour en ceindre vos têtes,
    Nos mains tresseront vos lauriers.
    Et, si le temple de mémoire
    S'ouvroit à vos mânes vainqueurs,
    Nos voix chanteront votre gloire,
    Nos flancs porteront vos vengeurs.
        La république nous appelle, etc.

UNE JEUNE FILLE

Et, nous sœurs des héros, nous qui de l'hyménée
    Ignorons les aimables nœuds ;
Si pour s'unir un jour à notre destinée,
    Les citoyens forment des vœux :
    Qu'ils reviennent dans nos murailles
    Beaux de gloire et de liberté,
    Et que leur sang dans les batailles
    Ait coulé pour l'égalité.
        La république nous appelle, etc.

TROIS GUERRIERS

Sur ce fer, devant Dieu, nous jurons à nos pères,
    A nos épouses, à nos sœurs,
A nos représentants, à nos fils, à nos mères,
    D'anéantir les oppresseurs :
      En tous lieux, dans la nuit profonde
      Plongeant l'infâme royauté,
      Les François donneront au monde
      Et la paix et la liberté.
    La république nous appelle, etc,

HYMNE A LA LIBERTÉ

CHANTÉ DANS LES FÊTES ANNIVERSAIRES DU 14 JUILLET

Paroles de DESORGUES

Musique de XXX

De chêne et de lauriers ceins ta superbe tête,
Reine des nations, chère à l'égalité,
France enorgueillis toi, c'est aujourd'hui ta fête,
    La fête de la liberté.

Du jour que l'Éternel pendant la nuit profonde
Dit : soleil lève-toi, mortels ouvrez les yeux ;
La liberté naquit et le bonheur du monde
    Avec l'homme allia les cieux.

C'est-là cette Pallas, qui respirant la guerre,
Le casque sur la tête et la lance à la main,
Du front de Jupiter, s'élança sur la terre,
  Pour affranchir le genre humain.

La pauvreté robuste et la vertu rigide,
Attelant ses coursiers, proclamèrent nos droits
Et la gloire agitant sa prophétique égide,
  Y grava la chute des rois.

Au seul bruit de son char, s'enfuirent tous les vices,
L'orgueil, la flatterie et le faste des cours :
Et de l'ambition les lâches artifices
  N'en purent ralentir le cours.

Des peuples sur sa route elle brise les chaînes :
O Sparte elle habita tes modestes remparts ;
Elle donna son nom à la brillante Athènes
  Et l'orna du luxe des Arts.

Bientôt elle vola sur les rives du Tibre ;
Deux fois pour l'affranchir elle enfanta Brutus ;
Vains efforts, Rome tombe, et la science plus libre
  Hérite enfin de ses vertus.

COUPLETS DE L'ALARMISTE

3 THERMIDOR, AN II DE LA RÉPUBLIQUE FRANÇAISE

(21 JUILLET)

Par le Citoyen DESPREZ

Pourroit-il renoncer, vraiment,
A semer d'injustes alarmes ;
En vain il se voit à l'instant
Tout haut démenti par nos armes.
Qui, du François, toujours vainqueur,
Raconte échec, déroute ou fuites,
S'expose à passer pour menteur....
Et ceux qui l'écout' en sont quittes
    Pour la peur.

Peur est un mot que nos succès
Partout, propagent et répandent ;
C'est un mot qui n'est pas François :
Nos en'mis l'adopt' et l'entendent.
Pour nos progrès et pour le leur,
Bientôt, ils l'entendront plus vite ;
Et bientôt, j'en crois mon ardeur,
Ils verront qu'on n'en est pas quitte
    Pour la peur.

COUPLETS RÉVOLUTIONNAIRES

7 THERMIDOR, AN II DE LA RÉPUBLIQUE FRANÇAISE

(25 JUILLET)

Paroles de C. HOFFMANN

Musique de KREUTZER

Point de pitié, point de clémence !
Quand nous trouvons des factieux,
Envoyons-les en diligence
Aux enfers revoir leur ayeux.
Bien est sot celui qui s'honore
D'épargner ceux qu'il a vaincus !
Les vaincus reviennent encore,
Mais les morts ne reviennent plus.

Pour effacer jusqu'à la trace
Des rebelles et des brigands,
Il faut exterminer leur race
Dans leurs femmes et leurs enfans ;
Des cris de ces jeunes vipères
Que nos cœurs ne soient point émus !
Ces enfans vengeroient leurs pères ;
Mais les morts ne se vengent plus.

Si, quand ils nous font résistance,
Le soldat pille leurs maisons ;
Si, la flamme de leur vengeance
Dévore jusqu'à leurs moissons,

Pour mettre fin à leur détresse,
Nous leur accordons le trépas :
Vivans, ils se plaindroient sans cesse,
Mais les morts ne se plaignent pas.

HYMNE DU IX THERMIDOR

(27 juillet)

Par Joseph CHÉNIER

Musique de MÉHUL

Salut, neuf thermidor, jour de la délivrance,
Tu vins purifier un sol ensanglanté ;
Pour la seconde fois tu fis luire à la France
    Les rayons de la liberté.

Deux jours avoient vengé l'opprobre de nos pères,
Mais le sceptre tombé des mains du dernier roi,
Armoit encore les mains des tyrans populaires,
    Il ne fut brisé que par toi.

Chantres républicains, célébrez la victoire ;
Vierges du peuple franc, couronnez-vous de fleurs ;
Pères, enfans, époux, bénissez la mémoire
    Du beau jour qui sécha vos pleurs.

Le sommet de l'Olympe a vu réduire en poudre
Les superbes géants par la terre enfantés :
Au sénat de la France ainsi tombait la foudre
    Sur les tyrans épouvantés.

En vain, pour conserver leur sanguinaire empire,
A tes yeux, ô soleil! ils cachent leur fureur :
Ivre de sang françois, leur troupe en vain conspire
    Avec la nuit et la terreur.

Ne crains plus d'éclairer le triomphe des crimes;
Remplace de ta sœur l'astre silencieux :
Les oppresseurs vaincus vont suivre leurs victimes,
    Tu peux remonter dans les cieux.

Le peuple et le sénat ont repris leur puissance;
Leurs voix des noirs cachots rompt les portes d'airain :
Échafauds où le crime égorgeoit l'innocence,
    Tombez à ce cri souverain.

Renverse, ô liberté! cet autel homicide,
Où l'horrible anarchie, un poignard à la main,
Comme autrefois Diane, aux monts de la Tauride,
    S'apaisoit par du sang humain.

Vous que chante en pleurant l'amitié solitaire,
Femmes, guerriers, vieillards, beauté, talens, vertus,
Vous ne reviendrez pas consoler sur la terre
    Vos parens qui vous ont perdus.

Ah! de vos noms sacrés la mémoire chérie
Peut du moins quelquefois soulager nos douleurs;

Du moins sur vos tombeaux la plaintive patrie
  A nos pleurs mêlera ses pleurs.

Vous accusez du fond de vos augustes tombes
Les coupables vengeurs qui vous ont outragés :
C'est par de sages lois, non par des hécatombes,
  Que nos amis seront vengés.

Oui, pour la république un nouveau jour commence ;
Nous verrons, à la voix de vos mânes proscrits,
L'humanité dressant l'autel de la clémence
  Sur vos respectables débris.

Première déité, des loix source immortelle,
Toi qu'on adoroit même avant la liberté,
Toi, mère des vertus, véritable Cybèle,
  Touchante et sainte humanité.

Unis des intérêts qui paroissoient contraires ;
Un cœur qui sait haïr est toujours criminel :
Au festin de l'oubli viens rassembler des frères
  Pressés sur ton sein maternel.

La palme et le laurier cueillis par le courage,
De leur tige robuste ont orné nos remparts.
L'olivier de la paix verra sous son ombrage
  Fleurir l'excellence des arts.

Une longue tourmente a grondé sur nos têtes ;
Des rochers menaçans nous présentoient la mort :
La mort est près de nous, qu'importent les tempêtes
  Si la liberté vient au port !

COUPLETS POPULAIRES

18 THERMIDOR, AN II (6 AOUT)

Paroles du Citoyen PIIS

Reconnois un être suprême,
Agent caché de l'univers ;
Sers la vertu pour elle-même,
Venge-la de tous les pervers. (*bis*)
Quand tu fais du bien, qu'on l'ignore ;
Dès aujourd'hui, sois juste, humain ;
Et dispose-toi pour demain,
A l'être trois fois plus encore. (*bis*)

Fuis le plaisir toujours frivole,
Suis les mœurs, toujours de saison ;
Crois que la fleur d'esprit s'envole,
Mords dans les fruits de la raison. (*bis*)
Au théâtre on peut aller rire,
Au portique, on peut disserter ;
Mais écoute, pour profiter,
Et ne parle que pour instruire. (*bis*)

Le bien public, au mariage
Devant te provoquer un jour,
N'imagine pas que le sage
Puisse être insensible à l'amour. (*bis*)
A cette passion permise,
S'il tenait son cœur trop fermé,
Le sexe ne serait aimé
Que du vice et de la sottise. (*bis*)

S'il se présente un misérable,
Quel que puisse être son état ;
Sans délai, secours ton semblable,
Au risque d'en faire un ingrat. (*bis*)
S'il en vient d'autres, à mesure,
De recommencer sois jaloux ;
Répandre ses bienfaits sur tous,
C'est ressembler à la nature. (*bis*)

Quand tu t'habilles, quand tu manges,
Braver le luxe est un devoir ;
Il faut mériter des louanges
Et ne jamais en recevoir. (*bis*)
Si quelque douleur te harcèle,
Philosophe, tu dois souffrir ;
Patriote, tu dois mourir,
Dès que la liberté chancèle. (*bis*)

Je sais que la vertu stoïque
Pour bien des gens a peu d'appas ;
Mais à son austère pratique
Pourquoi ne nous ferions-nous pas ? (*bis*)
Les écoles républicaines
N'ont jamais changé de nom ;
Et les disciples de Zénon
Etaient les Jacobins d'Athènes. (*bis*)

HYMNE

POUR LA FÊTE DU 10 AOUT

CHANTÉ DANS LE JARDIN NATIONAL LE TRIDI 23 THERMIDOR

AN II DE LA RÉPUBLIQUE (DIMANCHE 10 AOUT)

Paroles de CHÉNIER

Musique de MÉHUL

    Fuyant ces villes consternées,
    L'Ibère, orgueilleux et jaloux,
    A vu s'abaisser devant nous
    Les deux sommets des Pyrénées.
    Ses tyrans, ses inquisiteurs,
    Dans Madrid vont payer leurs crimes :
    D'injustes sacrificateurs
    Deviendront de justes victimes.
Gloire au peuple François, il sait venger ses droits,
Vive la République, et périssent les Rois.

    De Brutus éveillons la cendre ;
    O Gracques sortez du cercueil ;
    La liberté dans Rome en deuil
    Du haut des Alpes va descendre ;
    Disparaissez, prêtres impurs ;
    Fuyez ! impuissantes cohortes :
    Camille n'est plus dans vos murs,
    Et les Gaulois sont à vos portes
Gloire, etc.

Avare et perfide Angleterre,
La mer gémit sous tes vaisseaux,
Tes voiles pèsent sur les eaux,
Tes forfaits pèsent sur la terre,
Tandis que nos vaillants efforts
Brisent ton trident despotique.
Vois l'abondance vers nos ports
Accourir des champs d'Amérique.
Gloire, etc.

Lève-toi, sors des mers profondes,
Cadavre fumant du Vengeur ;
Toi, qui vis le Français vainqueur
Des Anglais, des feux et des ondes.
D'où partent ces cris déchirants
Quelles sont ces voix magnanimes ?
Les voix des braves expirants,
Qui chantent du fond des abîmes.
Gloire, etc.

Fleurus, champs dignes de mémoire,
Monument d'un triple succès,
Fleurus, champs amis des Français,
Semés trois fois par la victoire ;
Fleurus, que ton nom soit chanté
Du Tage au Rhin, du Var au Tibre :
Sur ton rivage ensanglanté
Il est écrit : l'Europe est libre.
Gloire, etc.

Ostende, reçois nos cohortes ;
Namur, courbe-toi devant nous ;

　　　　Audenarde et Gand, rendez-vous;
　　　　Charleroy, Mons, ouvrez vos portes.
　　　　Bruxelles, devant tes regards,
　　　　La liberté va luire encore :
　　　　Plaintive Liège, en tes remparts
　　　　Reçois le drapeau tricolore.
Gloire, etc.

　　　　Rois conjurés, lâches esclaves,
　　　　Vils ennemis du genre humain,
　　　　Vous avez fui le glaive en main,
　　　　Vous avez fui devant nos braves.
　　　　Et de votre sang détesté
　　　　Abreuvant ses vastes racines,
　　　　Le chêne de la liberté
　　　　S'élève aux cieux sur vos ruines.
Gloire, etc.

　　　　Dans nos cités, dans nos campagnes,
　　　　Du peuple en entend les concerts :
　　　　L'écho des fleuves et des mers
　　　　Répond à l'écho des montagnes.
　　　　Tout répète ces noms touchants;
　　　　Victoire, Liberté, Patrie ;
　　　　L'Europe se mêle à nos chants
　　　　Le genre humain se lève et crie :
Gloire, etc.

COUPLETS

DE LA RÉUNION DU 10 AOUT OU L'INAUGURATION DE LA

RÉPUBLIQUE FRANÇAISE

CHANTÉS SUR LE THÉATRE DES ARTS

Paroles de MÉLINE et BOUQUIER

Musique de PORTA

L'astre de la philosophie
Vient d'éclairer le genre humain,
Le Peuple de la tyrannie
A brisé le sceptre d'airain !
Je cède au transport que m'inspire,
Sa sublime intrépidité,
Et je chante dans mon délire
La liberté, l'égalité.

CHŒUR

Nous chantons dans notre délire
La liberté, l'égalité.

Versez déesses bienfaisantes,
Versez vos dons sur les mortels,
Les nations reconnaissantes
Vous élèveront des autels.
Chaque soir sous nos toits rustiques
Où règne la simplicité,
Nous chantons sur des airs civiques
La liberté, l'égalité.

CHŒUR

Nous chantons, etc.

Le doux aspect de nos campagnes,
Le murmure de nos ruisseaux,
L'aspérité de nos montagnes,
Le gazouillement des oiseaux,
Des bergers la troupe riante
De leur jeux la naïveté,
Tout rappelle à l'âme constante
La liberté, l'égalité.

CHŒUR

Tout rappelle, etc.

La mobilité du feuillage,
Le papillon, à chaque fleur,
Prodiguant son léger hommage
De leur parfum la douce odeur.
L'émail brillant de nos prairies,
Sa piquante variété,
Tout trace à nos âmes ravies
La liberté, l'égalité.

CHŒUR

Tout trace, etc.

Subjugué par la tyrannie,
Dans le nord, à l'ouest, au midi,
L'homme languit sans énergie
Sous le poids des fers engourdi.

Tandis que de l'indépendance
Déployant la mâle fierté,
Le peuple fait régner en France
　La liberté, l'égalité.

CHŒUR

Le Peuple, etc.

Les Jacobins et la Montagne,
Sur les reptiles du Marais,
Sur Pitt et la grande Bretagne
Lancent une grêle de traits.
C'est sur cette roche brûlante
C'est dans cette société,
Que constamment on fête, on chante
La liberté, l'égalité.

CHŒUR

Sur la Montagne on fête on chante
La liberté, l'égalité.

Déjà de sa marche inégale,
La lune a commencé le cours,
Par une danse martiale,
Terminons le plus beau des jours.
Demain lorsque la tendre aurore,
Dissipera l'obscurité,
Nous chanterons, demain encore,
La liberté, l'égalité.

CHŒUR

Nous chanterons, etc.

COUPLETS

DE LA RÉUNION DU 10 AOUT OU L'INAUGURATION DE LA RÉPUBLIQUE FRANÇAISE

CHANTÉS SUR LE THÉATRE DES ARTS

Paroles de BOUQUIER et MÉLINE

Musique de PORTA

Tu régénères ma patrie,
Divine révolution !
Nous devons à ton énergie
L'éclat de notre nation.

Un peuple qu'on croyoit frivole,
Par toi de ses fers délivré,
Pour jamais a brisé l'idole
Qu'il rougit d'avoir adoré.
    Tu régénères ma patrie, etc.

Oui ! nous ne craignons plus les trames d'un despote,
    Dont l'orgueil nous dictoit des lois !
    Nous avons recouvré nos droits,
Et je me fais honneur du nom de sans-culotte.
    Tu régénères ma patrie, etc.

COUPLETS

CHANTÉS SUR LE THÉATRE DES ARTS, DANS LA RÉUNION

DU 10 AOUT OU

L'INAUGURATION DE LA RÉPUBLIQUE FRANÇAISE

Paroles de MÉLINE et BOUQUIER

Musique de PORTA

Nous devons tout à la Patrie,
Elle veille sur nos destins,
Le ciel en nous donnant la vie
Nous fit naître républicains.
Soumis aux loix de la nature,
Aux vertus formons notre cœur,
Par nos talens, notre valeur
Étonnons la race future.

Nous éprouvons la barbarie
Des oppresseurs de l'univers,
Mais les enfans de la patrie
Ne porteront jamais leurs fers,
Par un dévouement héroïque,
Sous les regards de l'éternel,
Nous faisons le vœu solennel
De mourir pour la république.

COUPLETS

CHANTÉS DANS LA RÉUNION DU 10 AOUT OU L'INAUGURATION

DE LA RÉPUBLIQUE FRANÇAISE

SUR LE THÉATRE DES ARTS

Paroles de MÉLINE et BOUQUIER

Musique de PORTA

Jeunes républicains, cette heureuse journée,
    Pour jamais nous a réunis,
    Aux yeux de la terre étonnée,
Vous confondrez un jour nos lâches ennemis !
Des tygres couronnés vous braverez la rage,
    Et les peuples de l'univers
    En imitant votre courage
    Comme nous briseront leurs fers.

    Sur les débris du despotisme,
    Au niveau de l'égalité,
    Animés d'un ardent civisme,
    Cimentez la fraternité !
    Par un dévouement héroïque,
    Devant ce colosse imposant,
    Image de la république,
D'anéantir les rois, prononcez le serment.

COUPLETS

DE LA RÉUNION DU 10 AOUT OU L'INAUGURATION DE LA

RÉPUBLIQUE FRANÇAISE

Paroles de MÉLINE et BOUQUIER

Musique de PORTA

Des fleurs du rivage,
Le ruisseau volage,
Paroît enchanté,
Mais son onde pure
En roulant murmure
Pour la liberté.

L'oiseau dans sa cage
Contre l'esclavage
Se bat de pitié,
Il s'agite, il crie :
Qu'est-ce que la vie
Sans la liberté.

HYMNE POPULAIRE

DE LA RÉUNION DU 10 AOUT OU L'INAUGURATION DE LA

RÉPUBLIQUE FRANÇAISE

CHANTÉ SUR LE THÉATRE DES ARTS

Paroles de MÉLINE et BOUQUIER

Musique de PORTA

UN CITOYEN

Citoyens, par notre union
Dont l'influence féconde
Fera de notre nation
Le premier peuple du monde!
Elle affranchira l'univers
Des rois, des tyrans et des fers.

CHŒUR

Elle affranchira l'univers
Des rois, des tyrans et des fers.

UN CITOYEN

En vain la coalition
Des brigands et des esclaves,
Voudroit à notre nation
Donner encor des entraves.

Contre ses complots armons-nous!
Elle expirera sous nos coups!

CHOEUR

Contre ses complots, etc.

LE CITOYEN

Hâtons-nous de nous réunir
La liberté nous appelle ;
Si son destin est de périr,
Périssons tous avec elle!
Amis! c'est en bravant la mort
Qu'un François maitrise le sort.

CHOEUR

Amis! etc.

LE CITOYEN

A la voix du Dieu des combats,
Amis, volons à la gloire!
Quand on sait braver le trépas
On est sûr de la victoire!
Marchons, volons, braves guerriers!
Allons moissonner des lauriers!

CHOEUR

Marchons, etc.

COUPLETS

DE LA RÉUNION DU 10 AOUT OU L'INAUGURATION DE LA

RÉPUBLIQUE FRANÇAISE

CHANTÉS SUR LE THÉATRE DES ARTS

Paroles de MÉLINE et BOUQUIER

Musique de PORTA

(*Serment sur l'autel de la patrie.*)

LE PRÉSIDENT.

Une puissante nation,
Par mon organe en ce moment s'explique...
Frémissez tyrans; en son nom
Je proclame la République,
L'acte, la constitution
Populaire, Philantropique,
Fruit de la révolution.

Oui, du peuple François telle est la volonté.
Tyrans! reconnoissez sa souveraineté!
Sa force abaissera votre orgueil despotique,
Délivrera l'humanité
De la barbare politique
Qu'exerce votre cruauté.

Jamais vœu plus unanime
Sous le ciel ne fut énoncé!
Il n'en fut jamais prononcé
De plus grand ni de plus sublime!

A cette constitution,
Fruit de la révolution,
Peuple jure d'être fidèle !
Ton serment la rend immortelle !

COUPLETS POPULAIRES

21 THERMIDOR, AN II DE LA RÉPUBLIQUE FRANÇAISE

(21 AOUT)

Par le Citoyen PICARD

Musique du Citoyen DEVIENNE

Le vice sous la tyrannie
Se trouvoit à l'ordre du jour,
Il avoit de notre patrie
Chassé la nature et l'amour :
Par égoïsme ou par misère,
Dans chaque rang, dans chaque état,
On se vouoit au célibat,
On craignoit d'être époux et père.

Dans ce tems affreux de scandale,
Des mères bravant le courroux,
Plus d'un jeune homme sans morale,
Étoit père sans être époux ;
Dans le même temps au contraire,
Plus d'un mari crédule et bon,
Voyoit croître dans sa maison
Beaucoup d'enfans sans être père.

Plus d'amour, plus de mariage
Mon triste état me le défend ;
Mais une chose me soulage
J'adopte Julien pour enfant
A l'orphelin dans sa misère,
Ainsi je servirai d'appui,
C'est ainsi qu'on peut aujourd'hui
Sans être époux se trouver père.

COUPLETS

CHANTÉS DANS LE VAUDEVILLE RÉPUBLICAIN DES JEUX

DE L'ENFANCE, 5 FRUCTIDOR AN II (22 AOUT)

Paroles du Citoyen PIIS

Air : *Mon petit cœur à chaque instant soupire.*

Mes chers enfans, mon plaisir est extrême
De vous trouver en récréation ;
Je ne viens point vous ennuyer d'un thème,
Ni vous troubler par une version.
Comme Socrate, en père et non en maître,
Je viens au moins m'amuser avec vous ;
Mais en passant, je vous ferai connoître
Un sens moral caché dans vos joujoux.

Contre les flancs de ces sabots rapides,
Si vous voulez qu'ils tournent sans repos,
Dirigez tous vos lanières rigides;
Frappez, fouettez, et dites-vous ces mots:
C'étoit ainsi qu'à grands coups de houssines
Le pédantisme osoit nous gouverner;
Mais des enfans, n'étant point des machines,
Doivent au bien d'eux-mêmes se tourner.

Carte sur carte, ils dominoient sur table,
Et les voilà par mon souffle aplatis,
Ces vains châteaux, modèle véritable
De ceux qu'en pierre on a jadis bâtis.
Les ci-devant, pour en couvrir la terre,
Se consumoient en efforts superflus;
La liberté rioit de les voir faire,
Elle a soufflé, les châteaux ne sont plus.

Ce cerf-volant, qui, malgré sa ficelle,
La tête en haut, s'élance dans les airs,
Et qui, tout près de la voûte éternelle,
Plane en repos sur le vaste univers;
C'est le François dans sa sphère nouvelle,
Le front levé, jouissant de ses droits;
Mais aux vertus, mais aux mœurs trop fidèle
Pour n'y pas être attaché par les loix.

Sur les deux bouts de cette balançoire,
Puissiez-vous suivre cet égal mouvement!
Vous offrirez à qui voudra m'en croire,
Le vrai tableau d'un bon gouvernement.

Par son poids seul, il faut que le mérite
S'élève en place, alternativement ;
Et que la loi puisse observer de suite
Celui qui monte et celui qui descend.

Les voyez-vous ces quilles indolentes
Que le hasard se plût à disperser?
Sur trois de front, ces neuf sœurs arrogantes
Vont, si je veux, tout à coup se dresser.
Tels, les tyrans, qui dormoient à la ronde.
Se sont, en bloc, réunis contre nous ;
Mais cette boule est l'image du monde
Qui tôt ou tard les renversera tous.

Que dirons-nous de ce ballon volage
Que l'un à l'autre ici vous vous lancez?
Tant qu'il bondit, il prête au badinage,
S'il se déchire, alors vous le laissez.
C'est l'émigré, dont se rit maint despote,
En ayant l'air d'accueillir son besoin :
Il s'enfle, il saute, et puis on le ballotte,
Et puis il crève, oublié dans un coin.

Un savon trouble a formé les bouteilles
Que cette paille enfante tour à tour :
En grossissant, elles sont plus vermeilles ;
Mais un instant les détruit sans retour,
Tel, dans la fange un complot peut éclore
Et même en beau d'abord se colorer
Mais il grossit, et d'encore en enco
L'air, par bonheur, le fait s'évaporer.

Mais le tambour s'unit à la trompette,
Je vois briller des fusils, des drapeaux.
J'entens déjà sur la terre indiscrète
Vingt petits pieds marquant leurs pas égaux.
Ah ! voilà bien l'espoir de la patrie !
Continuez, mes petits citoyens ;
Par de tels jeux, votre enfance aguerrie,
Pour l'avenir lui promet des soutiens.

COUPLETS DE DENIS LE TYRAN

CHANTÉS SUR LE THÉATRE DES ARTS (23 AOUT)

Paroles de Silvain MARÉCHAL

Musique de GRÉTRY

Buvons Géronde à notre république,
   Des trésors dont est tenté,
   Je ne connois et revendique
   Que deux choses en vérité :
   Du bon vin et la liberté.

Je garde aux rois une haine profonde,
   Pour une coupe de bon vin,
Je donnerois tous les sceptres du monde,
   Mais tout mon cœur est sur ma main,
   Avec un refrain républicain.

HYMNE DITHYRAMBIQUE

SUR LA CONJURATION DE ROBESPIERRE ET LA RÉVOLUTION

DU 9 THERMIDOR (27 AOUT)

Musique de ROUGET DE L'ISLE

Aux prodiges de la victoire
Qu'un autre consacre ses chants;
Que ses vers mâles et touchants
Célèbrent les fils de la gloire;
En vain leur courage indompté
Nous gagnait cent et cent batailles;
Le crime au sein de nos murailles,
Allait tuer la liberté!

CHŒUR

Chantons la liberté, couronnons sa statue
Comme un nouveau Titan le crime est foudroyé
    Relève ta tête abattue,
O France à tes destins, Dieu lui-même a veillé.

Dans l'abîme, avec quelle adresse,
Les monstres savoient l'attirer!
Ils sont prêts à te dévorer,
Leur regard encore te caresse;
Le pur langage des vertus
Est sur leurs lèvres mensongères;
Leurs âmes sont les noirs repaires
Où tous les forfaits sont conçus!...
Chantons, etc.

Longtemps leur audace impunie
Trompa notre crédulité ;
En invoquant la liberté,
Ils préparoient la tyrannie ;
Le jour, ils maudissoient les rois,
Leurs entreprises sacrilèges ;
Et la nuit, ils creusoient les pièges,
Tombeaux du peuple et de ses droits !
Chantons, etc.

Voyez-vous ce spectre livide
Qui déchire son propre flanc ?
Enivré tout souillé de sang,
De sang il est encore avide ;
Voyez avec un rire affreux
Comme il désigne ses victimes !
Voyez comme il excite aux crimes
Ses satellites furieux !.....
Chantons, etc.

Ce Dieu que proclamoient leurs bouches,
Qu'ils blasphémoient au fond du cœur,
Du peuple, éternel protecteur,
Contre ses assassins farouches ;
Dieu jette un regard menaçant
Sur le tyran, sur ses complices.....
C'en est fait, déjà leurs supplices
Laissent respirer l'innocent.
Chantons, etc.

Pars, vole, active renommée
Vole aux deux bouts de l'univers,

Du peuple, écrasant ces pervers
Que la nouvelle soit semée ;
Peins-nous, citoyens et guerriers,
Terrassant d'un même courage
Les rois dans les champs du carnage,
Les factieux dans nos foyers.
Chantons, etc.

Vous que l'amour de la patrie
Arma du poignard de Brutus,
Il faut un triomphe de plus,
Sans lui votre gloire est flétrie.
Jusque dans ses derniers canaux
Desséchez un torrent funeste,
Frappez, exterminez le reste
Des traîtres et de leurs suppôts....
Chantons, etc.

L'arbre auguste dont la verdure
Défend ton front majestueux,
Offre désormois à tes vœux
Une ombre plus douce et plus pure !
Des vents contre lui déchaînés,
Bravant l'effort, le souffle immonde,
Bientôt il couvrira le monde
De ses branchages fortunés.
Chantons, etc.

CHANT PATRIOTIQUE

A L'OCCASION DE LA BATAILLE ET LA VICTOIRE DE FLEURUS

LE 12 MESSIDOR AN II (LUNDI 31 AOUT)

Paroles du Citoyen LEBRUN

Musique de CATEL

Soleil, témoin de la victoire,
Applaudis nos brillans succès ;
Sois fier d'éclairer des François ;
Vois ton triomphe et notre gloire :
Que sur leur trônes chancelans,
Tous les rois, pâles et tremblans,
Craignent la même destinée ;
Enfin, les peuples ont leur tour,
Et leur justice mutinée,
Les venge d'un aveugle amour.

LES PLAISIRS DE LA FRATERNITÉ

COUPLETS POUR LE CINQUIÈME JOUR DES SANS-CULOTIDES

DUODI 2ᵉ SANS-CULOTIDE

AN II DE LA RÉPUBLIQUE (JEUDI 18 SEPTEMBRE)

Paroles du Citoyen PIIS

Air : *Mon petit cœur à chaque instant soupire.*

Le premier jour que l'homme fut sur terre,
Il s'écria : gloire à la liberté !
Le second jour chacun fit sa chaumière,
Et mit dessus : vive l'égalité
Mais le troisième, il fallut se connoître ;
On désira faire société,
Et l'on se dit en ouvrant sa fenêtre ;
Ouvrons nos cœurs à la fraternité.

Fraternité ! ce mot salutaire
Aux francs-maçons étoit abandonné,
Que dis-je? dans chaque monastère
Par l'égoïsme il étoit profané ;
Mais maintenant on l'honore, on l'estime,
Et dès qu'un vers prêche l'humanité,
Au vers qui suit, la raison et la rime
Rendent hommage à la fraternité.

Les factions, par de nombreux orages,
De notre ciel n'ont pas troublé l'azur,
Et vainement, par de nombreux nuages,
L'intrigue encor croyoit le rendre obscur.
La république, invincible et tranquille,
Rit des complots de la perversité,
Et son vaisseau, par une ancre immobile,
Se fixe au port de la fraternité.

Nous avions vu l'envie et l'ignorance
Mettre à profit le sommeil des beaux-arts,
Pour renverser l'arbre de la science,
Si nécessaire aux élèves de Mars ;
Mais nous verrons l'instruction répandre
L'amour des mœurs et de la vérité ;
Tous les talents finiront par reprendre
Dans le terrain de la fraternité.

Quand nos tyrans, de leurs droits apocryphes,
Osoient jadis étendre le pouvoir,
De la chicane ils forçoient les cent griffes
A parapher leur suprême vouloir :
Au bas des loix que Thémis nous indique
Pour parvenir à la félicité,
Il suffira, dans notre république,
Du seul visa de la fraternité.

O mon ami, mon voisin, mon semblable !
Quels sont nos vœux ? c'est que la nation,
Pour ne former qu'un faisceau redoutable,
S'attache en masse à la Convention,

Et que Minerve, en dépit des despotes,
Dans ce beau jour où brille la gaîté,
Fasse courir, autour des patriotes,
Le lien pur de la fraternité.

Puisqu'il nous faut, au temple de mémoire,
L'un près de l'autre arriver tous au pas,
Sur nos remparts maintenant la victoire,
Dans nos foyers proscrivons les débats.
Quand il entend que notre canon tonne,
Notre ennemi s'enfuit épouvanté ;
Mais il se meurt quand il sait qu'on se donne
Le doux baiser de la fraternité.

Mais j'aperçois déjà vendémiaire,
Le pampre au front et la grappe à la main,
Du nouvel an gouvernant la barrière,
Il se dispose à nous l'ouvrir demain.
Un bon augure, à ce que j'imagine,
Pour l'avenir qui nous est présenté,
C'est que l'an deux aujourd'hui se termine
Par le refrain de la fraternité.

HYMNE A J.-J. ROUSSEAU

(11 octobre)

Par le Citoyen ALBERT

O souvenir plein de douceurs,
Rousseau le modèle des hommes,
Ton image est dans tous les cœurs
Ta place est partout où nous sommes.
Nous voulons toujours te fêter,
Reçois la couronne immortelle,
La France voudroit s'acquitter
De tout ce que tu fis pour elle.

Oui ! Dans le cœur de tes enfans,
Ta gloire toujours étincelle,
Tu fais trembler tous les tyrans
Du fond de la tombe éternelle.
Malheur à qui ne voudroit pas,
Suivre ta doctrine si belle,
Nous l'aimerons jusqu'au trépas
Nous saurons combattre pour elle.

Tes écrits sans art et sans fiel,
Te sont dictés par la nature,
Tu sus blesser d'un trait mortel
Le despotisme, l'imposture !
La liberté reprend ses droits,
La vérité se fait entendre,
Renversons le trône des rois
Et sachons les réduire en cendre.

ODE A JEAN-JACQUES ROUSSEAU

(11 OCTOBRE)

Paroles de DESORGUES

Musique de Louis JADIN

Enfin sur les bords de la Seine
Revient le vengeur de nos loix.
Dans nos murs affranchis de Rois,
Son ombre libre se promène.
Loin des champs qu'il a préférés,
Transportons sa cendre chérie,
Et pour la rendre à la Patrie,
Bravons ses ordres vénérés.

CHOEUR

Et pour la rendre à la patrie, etc.

Sombres bosquets d'Ermenonville,
Lac paisible, auguste berceau ;
Fuyez, l'absence de Rousseau
A désenchanté votre asile :
Qu'au moins, pour charmer votre deuil,
Une pyramide éclatante,
Lève une tête triomphante,
Où nos yeux cherchoient son cercueil.

Ah si par la reconnaissance,
Jean-Jacques à nos vœux s'est offert,
Ce n'est point pour avoir ouvert
Tous les trésors de l'éloquence :
Mais il a dit la vérité,
Mais son âme sensible et pure,
Nous ramena vers la nature,
Par la voix de l'humanité.

Mais il fut malheureux..... l'envie
Lui vendit cher notre bonheur ;
Comment son souffle empoisonneur
Souilla-t-il la plus belle vie ?
Un sage attisa son flambeau !
Mais pardonnons à sa mémoire,
Le trépas l'absout : et la gloire
L'unit dans le même tombeau.

Embrassez-vous, ombres célèbres,
Au sein de l'immortalité ;
Par vous l'auguste liberté
De l'erreur chassa les ténèbres ;
Quand des arts l'empire alarmé,
Lutte contre la calomnie,
Faut-il encore que le génie
Contre lui-même soit armé.

Sors de ton urne funéraire,
Sors, sublime législateur,
Vois ce peuple libérateur
Qui t'implore comme son père,

Contemple ce nouveau sénat
Qui, fondé par ton éloquence,
Porte les destins de la France
Avec ton immortel contrat.

Tombez tous aux pieds de ce sage,
Femmes, enfants, vieillards, guerriers ;
De fleurs, de chêne, et de lauriers,
Courez, enlacez son image ;
Et chantant ses aimables airs,
Délassement de son génie,
Faisons redire à Polymnie
Le plus touchant de ses concerts

HYMNE A JEAN-JACQUES ROUSSEAU

CHANTÉ A L'OCCASION DE LA FÊTE

POUR LA TRANSLATION DE SON CORPS AU PANTHÉON

DÉCADI 20 VENDÉMIAIRE, AN III DE LA RÉPUBLIQUE

(SAMEDI 11 OCTOBRE)

Paroles de Marie-Joseph CHÉNIER, représentant du peuple.

Musique de GOSSEC

LES VIEILLARDS ET LES MÈRES DE FAMILLE

Toi qui d'Émile et de Sophie
Dessinas les traits ingénus,
Qui de la nature avilie
Rétablis les droits méconnus ;

Éclaire nos fils et nos filles ;
Forme aux vertus leurs jeunes cœurs ;
Et rends heureuses nos familles,
Par l'amour des loix et des mœurs.

LE CHOEUR

O Rousseau, modèle des sages,
 Bienfaiteur de l'humanité,
D'un peuple fier et libre accepte les hommages,
Et du fond du tombeau, soutiens l'égalité.

LES REPRÉSENTANTS DU PEUPLE

Ta main de la terre captive
Brisant les fers longtemps sacrés.
De sa liberté primitive,
Trouva les titres égarés ;
Le peuple s'armant de la foudre
Et de ce contrat solennel,
Sur les débris des rois en poudre,
A posé son trône éternel.
 O Rousseau, etc.

LES ENFANTS ET LES JEUNES FILLES

Tu délivras tous les esclaves ;
Tu flétris tous les oppresseurs ;
Par toi, sans chagrins, sans entraves,
Nos premiers jours ont des douceurs.
De ceux dont tu pris la défense
Reçois les vœux reconnaissants ;
Rousseau fut l'ami de l'enfance,
Il est chéri par les enfants.
 O Rousseau, etc.

LES GENEVOIS

Tu vois, près de ta cendre auguste,
Tes amis, tes concitoyens ;
Philosophe sensible et juste
Nos oppresseurs furent les tiens :
Et, dans ta seconde patrie,
Genève agitant son drapeau.
Genève, ta mère chérie,
Chante son fils, le bon Rousseau.
    O Rousseau, etc.

LES JEUNES GENS

Combats toujours la tyrannie,
Que fait trembler ton souvenir :
La mort n'atteint pas ton génie,
Ce flambeau luit pour l'avenir ;
Ses clartés justes et fécondes
Ont ranimé la terre en deuil.
Et la France, au nom des deux mondes,
Répand des fleurs sur ton cercueil.
    O Rousseau, etc.

TRAIT DE BIENFAISANCE REMARQUABLE

FAIT PAR LE CITOYEN CANGE

COMMISSIONNAIRE A LA PRISON DE LAZARE, FAUBOURG DENIS

QUI LUI A MÉRITÉ L'HONNEUR DE L'ACCOLADE

FRATERNELLE DU PRÉSIDENT DE LA CONVENTION NATIONALE

EXTRAIT DU BULLETIN DU 25 VENDÉMIAIRE AN III

(16 OCTOBRE)

Chanson par LADRÉ

Le beau fait doit être annoncé
Et le crime dénoncé

Air : *De la soirée orageuse.*

Venez écouter ma leçon,
Vous riches dont l'âme est avare,
Voyez ce qu'un pauvre garçon
Fit à la prison de Lazare ;
L'homme qu'on voit avec mépris,
Est souvent digne de louange ;
C'est la vérité que je dis
Du bienfaisant citoyen Cange.

Voyez le trait d'humanité
Que fit ce commissionnaire :
Un pauvre homme fut arrêté
Par soupçon ou par arbitraire ;

Sa famille souffrait sans lui
La misère la plus étrange,
Ce pauvre homme accablé d'ennui,
A recours au citoyen Cange.

Voudrais-tu bien, mon bon ami,
Aller dire à ma pauvre femme
Que je suis en prison ici,
Et tu soulageras son âme;
Depuis ma prise je suis sûr
Qu'elle ne dort, boit, ni ne mange.
Voyez, vous dont le cœur est dur,
Ce que fit le citoyen Cange.

Ce garçon part au même instant,
Comme un oiseau chez elle il vole;
Aussitôt de son propre argent,
Cette pauvre femme il console,
En lui disant que son mari
Dans la prison très bien s'arrange,
Prenez ce billet que voici
De sa part, lui dit le bon Cange.

Il lui donne cinquante francs,
Cette femme toute ébahie,
Lui dit dans ses remerciments :
Cela me rachète la vie;
Vous! hommes de mauvaise foi,
Voyez où la vertu se range,
Les vrais principes de la loi
Se trouvent dans l'âme de Cange.

Il dit à l'époux en prison :
Une bienfaisante voisine
Prend le soin de votre maison
Et rien ne manque à la cuisine ;
Elle a bien soin de vos enfants
Et, sans que rien ne la dérange,
M'a donné ces cinquante francs
Pour vous remettre, lui dit Cange.

Le prisonnier bien inquiet,
Reçoit le secours sans qu'il sache
De quelle main vient ce bienfait ;
Le cœur qui lui donne se cache ;
Cet homme ne sait quoi penser ;
Il se disait : quel est donc l'ange
Qui vient ici me consoler ;
Son consolateur était Cange.

Cet homme étant en liberté,
A sa chère épouse demande
Celle dont il fut assisté ;
Leur surprise à tous deux fut grande :
Serait-ce quelque gros richard,
Ayant du grain à pleine grange ;
Ils vont sans attendre plus tard,
S'informer au citoyen Cange.

A Lazare ils furent trouver
Le brave commissionnaire ;
Près d'eux, cherchant à se sauver,
Leur dit : J'ai vu votre misère,

J'ai donné tout ce que j'avois ;
Je n'en bois pas moins, ni ne mange,
Oubliez cela ; je voudrais
En avoir plus fait, leur dit Cange.

Par de tendres embrassements,
Où l'on vit répandre des larmes,
Dans de pareils remercîments,
Ah! que les vertus ont des charmes.
O vous, riches spéculateurs,
Aimant le brillant, la fontange,
Goûtez-vous les mêmes douceurs
Que goûta ce bienfaisant Cange.

COUPLETS

CHANTÉS POUR LA REPRISE DE VALENCIENNES ET LA PRISE

DU FORT-L'ÉCLUSE, EN HOLLANDE

Paroles du Citoyen LEGER

Air : *Des Visitandines.*

A la belle et simple nature,
L'art n'a jamais rien ajouté ;
Mais pourtant un peu de parure
Ne messied pas à la beauté :
Ainsi nos défenseurs fidèles,
Que partout la gloire conduit,
De Valenciennes ont écrit
Qu'ils vous envoyoient des dentelles.

Ce n'est pas tout, ou je m'abuse,
Car je crois qu'on a dit encor :
Que sur les remparts de l'Écluse,
Flottait le drapeau tricolor
Ainsi la liberté bannie
Par les efforts des potentats,
Grâce à nos généreux soldats,
Rentre aujourd'hui dans sa patrie.

COUPLETS

CHANTÉS SUR LE THÉATRE DE NANCY A L'OCCASION

DU DÉPART DES DOUZE MEMBRES DU COMITÉ RÉVOLUTIONNAIRE

7 NIVOSE AN III (27 DÉCEMBRE)

Regorgez, pour pénitence ;
Votre sort est d'être gueux :
Il est une autre vengeance,
Soyez témoins de nos jeux.
Mais dans la gaîté commune,
Noublions pas ce refrain :
N'allez plus chercher fortune
Dans la poche du voisin.

Mais laissons-là la douzaine
De ces marauds et brigands ;
Du bonheur chantons l'étrenne
Et l'aurore du bon temps ;

Gardons-leur pourtant rancune :
Souvenons-nous du refrain :
N'allez plus chercher fortune
Dans la poche du voisin.

CHANT

POUR LA FÊTE DE LA VIEILLESSE

Par Théodore DÉSORGUES

Musique de GOSSEC

Déjà le génie et la gloire,
Guidant au loin nos étendards,
Ont couronné par la victoire
Le fer béni par nos vieillards.
Hommage à l'auguste vieillesse !
A la saison de la sagesse
Offrons nos solennels accords !
François, pour célébrer cet âge,
De la paix consolant présage,
Vertumne étale ses trésors.

CHŒUR

Dans nos concerts et dans nos fêtes,
Que nos pères soient révérés :
Quand l'âge aura blanchi nos têtes,
Comme eux nous serons honorés.

Que la jeunesse plus docile,
Respecte le déclin des ans :
La vieillesse est encor fertile
Et jouit des fruits du printemps.
Tel qu'un arbre cher à Pomone,
Qui forme sa riche couronne
Des tribus de chaque saison,
Le vieillard, vainqueur de l'envie,
Des tous les travaux de sa vie
Recueille une illustre moisson.

CHŒUR

Dans nos concerts, etc.

Dans sa vieillesse quels hommages
Obtient un appui de l'état!
Riche du commerce des sages,
Il brille d'un nouvel éclat;
Témoin fidèle, irréprochable,
Tel qu'un monument vénérable
Par son siècle il est consulté;
Près de lui veillent la prudence,
La froide et sûre expérience,
Et l'incorruptible équité.

CHŒUR

Dans nos concerts, etc.

Contemplez ce fécond Voltaire,
Dont le matin fut si pompeux;
Est-ce en commençant sa carrière
Qu'il éblouit le plus les yeux.

Ou quand, sur un noble théâtre,
Il reçut d'un peuple idolâtre
Le prix de ses nombreux travaux.
Et lorsqu'au temple de mémoire,
Courbé sous soixante ans de gloire,
Il triomphe de cent rivaux.

CHOEUR

Dans nos concerts, etc.

Oh! quel pouvoir un front de neige
Ajoute aux vertus, aux talents!
Malheur à la main sacrilège
Qui souilleroit ces cheveux blancs...
Si cet imposant caractère
Ne peut désarmer ta colère,
Que tes jours languissent, flétris :
Et puisses-tu pour ta bassesse,
Dans l'opprobre de ta vieillesse,
Servir de risée à tes fils.

CHOEUR

Dans nos concerts, etc.

Que l'aimable et frivole Athène
Néglige ces pieux tributs ;
Sparte, honneur de la race humaine,
Les place au rang de ses vertus :
O Sparte! aux pompes de la Grèce,
Jouet d'une folle jeunesse,
Un vieillard ose t'invoquer;
Et l'on redit ce mot auguste,

Athènε connoît mieux le juste,
Sparte le sait mieux pratiquer.

CHOEUR
Dans nos concerts, etc.

C'est par là que de sa patrie,
Numa rafermissant les droits,
De sa fabuleuse Egérie
Fit respecter les saintes loix ;
C'est par là que Rome plus libre,
Devant la majesté du Tibre,
Abaissa le trident des mers ;
Et que dans sa vaste carrière,
Rival du Dieu de la lumière,
Son aigle envahit l'univers.

CHOEUR
Dans nos concerts, etc.

Sans la piété filiale,
Tombent les plus fermes remparts ;
Où vit-on régner la morale,
Sans le respect pour les vieillards :
Lien sacré de tous les êtres,
Il nous unit à nos ancêtres,
Il agrandit le genre humain :
C'est l'anneau puissant et magique
De cette chaîne allégorique,
Que Jupiter tient dans sa main.

CHOEUR
Dans nos concerts, etc.

AUX MANES DE LA GIRONDE

HYMNE ÉLÉGIAQUE POUR L'ANNIVERSAIRE DU TROIS OCTOBRE

Paroles de COUPIGNY

Musique de GOSSEC

UNE VOIX SEULE

Parmi ces funèbres apprêts,
Quels chants, quelle voix attendrie
Forment au ciel, pour la patrie,
Ces vœux touchants et ces regrets.

UNE AUTRE VOIX

Amis, que pour la France entière
Ce jour soit marqué par le deuil ;
Son espérance la plus chère
Bientôt va descendre au cercueil.

CHOEUR

Partez, partez troupe immortelle,
Méritez des destins si beaux :
La liberté de vos tombeaux
Doit s'élever plus brillante et plus belle.

Ainsi vous marchez à la mort,
Fondateurs de la république ;
Et votre constance héroïque
Brave l'injustice et le sort.

Ainsi votre exemple sublime,
Relevant les cœurs abattus,
Prépare la chute du crime
Et le triomphe des vertus.

Venez nous prêter votre appui ;
Planez sur nos ombres sacrées
Du haut des voûtes éthérées
Que vous habitez aujourd'hui !
Avec nous confondez l'audace
Des lâches partisans des rois,
Et faites régner à leur place
Les mœurs, la raison et les loix.

LA NOBLESSE DU PATRIOTE

Air : *Le connois-tu, ma chère Eléonore.*

Le patriote, enfant de la nature,
Se rend utile et voilà son blason :
Pour armoirie il montre la blessure
Qu'il a reçue à Jemmape, à Toulon.

Il veut, il met sa grandeur, sa richesse
Dans un travail honnête, industrieux ;
Ses vertus sont ses titres de noblesse,
Tout par lui-même et rien par ses aïeux.

Au temps passé, nature avoit beau faire,
Si le mérite étoit né roturier,
On le laissoit dans l'oubli, la misère ;
Malheur à lui s'il n'étoit chevalier.

Ceux qui n'avoient que la peine de naître,
Trouvoient très bon ce sot arrangement ;
Mais aujourd'hui nous les envoyons paître,
Et nous disons : honneur au seul talent.

LA GRANDE DÉCLARATION

DE LÉOPOLD AUX FRANÇOIS, DÉDIÉE AUX FEUILLANTS

Air : *Je suis Lindor*.

Nous Léopold, empereur d'Allemagne,
Duc de Bougogne, hélas ! in-partibus,
Roi des Romains, en dépit de Brutus,
Et successeur du puissant Charlemagne.

  A tous Français faisons savoir
  Que par la poste hier au soir,
  Nous reçûmes des Tuileries
  Des lettres duement affranchies,
  Avec des déclarations
  Contenant nos intentions.

de la première République 417

Il est là-bas un comité
Qui sert plus d'une majesté;
Il sait mieux que moi-même.
  Hé bien!
Ma volonté suprême :
Vous m'entendez bien.

Messieurs Alexandre et Charles,
Un conseiller d'Aix, près d'Arles,
Du comité dont je parle,
Sont les principaux meneurs;
Et l'auteur de mainte affiche,
Dont Paris entier se fiche,
Mais qui l'a rendu bien riche,
Est le premier des faiseurs.

Sous votre respect il se nomme
  Monsieur Ramond ;
Foi d'empereur, c'est un grand homme,
  Monsieur Ramond !
Il fait toujours, Monsieur Ramond,
 Maintes malices ;
C'est lui qui fait, Monsieur Ramond,
  Tous mes offices.

A la confidence publique
De son Excellence Lessart,
En beau style diplomatique,
Nous allons répondre sans fard.

Sous le nom de l'amitié
Nous voulons tromper la France,

Nous formons alliance
Pour mettre l'ancien pied,
Sous le nom (*ter*) de l'amitié.

Les rois sont, jure divino,
Faits pour régir la terre;
Listes civiles et veto
Viennent de Dieu le père :
Un roi toujours est juste et bon,
La faridondaine, la faridondon;
De ses peuples il est l'ami....
   Biribi !
 A la façon de Barbari,
   Mon ami.

Si jamais vous insultez
Les rois et leurs majestés,
  Mes Valaques,
  Mes Cosaques,
  Mes Talpaches,
  A moustaches,
Mes Houlans viendront
Et vous corrigeront.

Mais non, François, vous serez sages,
Et tout cela s'arrangera;
Vous rentrerez dans vos ménages,
Et vous irez à l'Opéra;
Vous ne craindrez pas les intrigues,
Vous ne vous mêlerez de rien;
Nous vous épargnons ces fatigues,
Nous ne voulons que votre bien.

Chassez 'onc vos députés,
   Séants au manège,
Qui narguent nos majestés
   Et le très-saint siège.
Que tous ces représentants
Sont donc de vilaines gens !
On y voit maints sans, on y voit maints cu,
   Maints sans sans, maints cu cu,
   Maints vrais sans-culottes,
   Qu'on dit patriotes.

   La chambre haute,
François, vous conviendroit bien mieux ;
   La chambre haute,
C'est un régime très-heureux.
Il faut que la liberté saute,
Et qu'on oppose aux factieux :
   La chambre haute.

Ces petits adoucissements
Pourront ramener la noblesse ;
C'est ce que veulent les Feuillans ;
Les Feuillans sont pleins de sagesse. (*bis*)
Pour moi j'adhère (*bis*) à leur dicton :
Toute la constitution,
Rien que la constitution.

Mais ces diables de jacobins
Ne sont que des républicains
Qui n'aiment pas le roi leur maître,
Surtout quand ce roi n'est qu'un traître ;

Ce sont des gens, en vérité,
Qui n'aiment que la liberté.

S'ils vont leur train,
C'en est fait de notre couronne ;
S'ils vont leur train,
L'univers sera jacobin.
Chers confrères, Dieu me pardonne ;
Mais il faut dire adieu le trône,
S'ils vont leur train.

Ah ! c'en est fait, si du ciel la colère
Détruit les rois, l'univers est dissous ;
La liberté désolera la terre.....
L'homme est perdu s'il est heureux sans nous.

Eh bien ! à ces fiers jacobins
Je déclare la guerre ;
Contre eux que tous les souverains
Se liguent sur la terre.
Contre eux j'illustrerai mon nom,
La faridondaine, la faridondon ;
Je vais être immortel aussi,
Biribi
A la façon de Barbari,
Mon ami.

Cependant,
Prudemment,
Et pour cause,
Avant tout il faut songer
S'il convient qu'au danger
Ma majesté s'expose.

Attendons
Et soyons
Pacifiques,
Car le Français est méchant,
Et je crains diablement
Les piques.

Mais j'espère qu'au printemps (*bis*)
Contre un nous serons deux cents. (*bis*)
L'Allemagne
Et l'Espagne,
Et la Prusse,
Et le Russe
Viendront sous mon drapeau
Venger monsieur Veto.

Alors en France on verra
Le calme renaître ;
Tous les honneurs on rendra
Aux nobles, aux prêtres ;
Maury ses fermes r'aura,
Et le Feuillant s'écriera :
 La bonne aventure
  O gué !
 La bonne aventure !

On dit que le club feuillant
M'a mis sur ma pancarte :
Pour cet office éloquent
Je mérite assurément
Sa carte, sa carte, sa carte.

Mais j'observe au président
Qu'il faut qu'il m'en réparte
Quatre-vingt ou même cent,
Car je perds assez souvent
La carte, la carte, la carte.

C'EST MON AVIS

CHANSON DE 1794

Air : *Du haut en bas.*

C'est mon avis,
Il n'est pas neuf : mais du génie
Si les beaux fruits
Étoient par le zèle produits,
« Une voix qui l'a bien servie, »
Pourrais-je dire à ma patrie ;
C'est mon avis.

C'est mon avis,
Entre les rangs une distance :
Grands et petits,
Et tous à l'ordre assujettis,
Passant ces bornes, la licence
Feroit un chaos de la France ;
C'est mon avis.

C'est mon avis,
Gardons-nous de prendre pour guide
Les vains écrits
Des esprits forts, des beaux esprits ;
Contre leur logique perfide,
Que le devoir soit notre guide ;
C'est mon avis.

C'est mon avis,
Que les gens d'Église Romaine
Soient tous maris ;
Et que ces époux à surplis
(S'ils font chez nous quelque fredaine)
Du talion souffrent la peine ;
C'est mon avis.

C'est mon avis,
De tout abbé que le roi nomme,
Que les Louis
Ne passent plus le Mont-Cenis ;
A nos hôpitaux, cette somme
Iroit tout aussi bien qu'à Rome ;
C'est mon avis.

C'est mon avis,
Quand le divorce pourra plaire,
Qu'il soit permis ;
Par là nous verrons affermis
Les droits d'hymen, sa loi plus chère,
On veut bien moins ce qu'on peut faire ;
C'est mon avis.

C'est mon avis,
Que se piquant moins de paroître
Des érudits,
En Gaulois du temps d'Amadis.
Les François tels qu'ils doivent être
Aiment Dieu, leur femme et leur maître;
C'est mon avis.

C'est mon avis,
Sur les objets de fantaisie
Impôts grossis
Et sur les besoins adoucis;
Loin de nous cette loterie,
De tant de malheur suivie :
C'est mon avis.

C'est mon avis,
Ministres, magistrats intègres,
Comme Louis;
Les serfs dans leurs droits rétablis;
Du peuple les repas moins maigres;
Un destin plus doux pour les nègres :
C'est mon avis.

C'est mon avis,
Et j'ai pour mes garans Turenne
Et mon pays ;
Que d'autres guerriers soient punis,
Comme à Moscou, Berlin ou Vienne,
Non les nôtres que l'honneur mène,
C'est mon avis.

C'est mon avis,
Que ces cabriolets trop prestes
    Soient interdits ;
Nos jeunes gens moins étourdis,
Nos belles dames plus modestes,
Et nos petits abbés moins lestes ;
    C'est mon avis.

C'est mon avis,
Que l'on n'ait plus sur son passage,
    Dans tous Paris,
Gros chiens, bœufs et sales Laïs :
Les uns parfois font du ravage,
Aux murs les autres font outrage ;
    C'est mon avis.

C'est mon avis,
Un code criminel outrage,
    Selon Thémis
Procès moins chers, plutôt finis,
Des avocats sans bavardage,
Des procureurs sans brigandage ;
    C'est mon avis.

C'est mon avis,
Garder un bon ministre sage,
    Soutien des lys ;
Mais, quand ses devoirs mal remplis,
Un autre s'en va bon voyage ;
Ne pas augmenter son bagage ;
    C'est mon avis.

C'est mon avis,
Du haut clergé, la résidence,
Mieux repartis ;
Aux travaux des dons assortis ;
De nos pasteurs l'honnête aisance,
Et de nos moines l'abstinence ;
C'est mon avis.

C'est mon avis,
Que tout vieillard célibataire
Adopte un fils ;
Afin que ne s'étant soumis
Aux liens dont l'hymen nous serre,
Il soit au moins son tributaire ;
C'est mon avis.

C'est mon avis,
Que titre ni rang ne s'achète,
Que bien acquis,
Des grands talens ils soient le prix ;
Que tout seigneur plus sensé mette
Sa gloire à n'avoir point de dette ;
C'est mon avis.

C'est mon avis,
Par qui les mange, en leurs volières,
Pigeons nourris ;
Que lièvres et lapins détruits ;
En paix les hôtes des chaumières
Recueillent leurs moissons entières ;
C'est mon avis.

C'est mon avis,
Contre tout fripon anathème ;
Au gibet mis :
Les monopoleurs enrichis
En rendant la disette extrême,
Et les agioteurs de même ;
C'est mon avis.

C'est mon avis,
Une paie aux guerriers plus forte,
Moindre aux commis ;
Des pauvres les biens mieux régis ;
Tout hôtel-dieu pourvu de sorte,
Plus digne du beau nom qu'il porte ;
C'est mon avis.

C'est mon avis,
D'un vieux préjugé populaire
Bravons les cris ;
Que personnels soient les délits
D'un coupable, même à son frère
Que la honte soit étrangère ;
C'est mon avis.

C'est mon avis,
Que grosse pension réduite,
En forme six,
Les malheurs auront plus d'abris ;
Que chacun de ces lots acquitte
Une créance du mérite ;
C'est mon avis.

C'est mon avis,
Rien ne peut réparer la perte
Des biens ravis.
Aux cœurs injustement flétris,
A toute main la presse ouverte,
Est l'arme aux furieux offerte ;
C'est mon avis.

C'est mon avis,
Lettre de cachet abolie,
Pour tous, hormis
Pour ceux qui n'ont point d'ennemis,
Ni de fortune à faire envie,
Ni de femme jeune et jolie :
C'est mon avis.

C'est mon avis,
Rendons à notre voisinage,
Ce qu'on à pris,
De ses mœurs et de ses habits :
Sa joie et le remue-ménage,
Douce gaité vaut d'avantage :
C'est mon avis.

C'est mon avis,
Toute propriété sacrée,
Toutes depuis
Les palais jusques aux réduits,
Et, des loix seules entourée,
La plus faible plus revérée :
C'est mon avis.

C'est mon avis,
Que par une chaîne éternelle,
Tous bon amis,
Nous tenions à la France unis ;
Ne disputons plus que le zèle
A qui fera le mieux pour elle ;
C'est mon avis.

CHANSON A LA PAIX

Air : *Mourir pour la patrie.*

Il est temps qu'un fer destructeur
Cesse d'ensanglanter la terre.
O Mars ! ô dieu de la fureur !
Ton règne est celui du malheur ;
Il faut qu'à l'effroyable guerre
Succède un repos enchanteur.
 O paix ! ô paix chérie !...
Ramène le bonheur au sein de ma patrie.

Quoi ! ne désirons-nous pas tous
Redevenir enfin des hommes ?
N'être plus haineux, ni jaloux
Pour finir un trop long courroux,
Aimons-nous tous tant que nous sommes,
C'est le sentiment le plus doux.
 O paix ! etc.

Laissons, en modestes vainqueurs,
Tomber nos armes triomphantes;
Sur l'urne de nos défenseurs
Portons des regrets et des fleurs,
Et, à leurs mânes bienfaisantes,
Offrons l'union de nos cœurs.
    O paix! etc.

Fermons pour jamais les tombeaux
Qu'on avoit creusés dans la France;
En amitié soyons égaux;
Éteignons les affreux flambeaux,
Flambeaux de haine et de vengeance,
Par des bienfaits soyons rivaux.
    O paix! etc.

Sous ton ombrage protecteur,
Olive chère et précieuse,
Puissent renaître le bonheur,
Les arts, la gaité, la douceur,
Cette urbanité gracieuse,
Attributs d'un sexe enchanteur.
    O paix! ô paix chérie!
Ramène le plaisir, au sein de ma patrie.

HYMNE GUERRIER ET PATRIOTIQUE

Air : *François, le signal est donné.*

François, le gant vous est jeté
Par l'insulaire britannique ;
Ce vil esclave éhonté
Méconnoit votre république.
Vainqueurs des rois coalisés,
Vos exploits causent leur surprise,
Et l'on vous verroit méprisés
Des pirates de la Tamise !
Non, non, François, loin de nous ce soupçon,
Courons punir la superbe Albion.

D'une main tenant l'olivier,
De l'autre lançant le tonnerre,
François, le front ceint de laurier,
Tu subjuguas tout l'hémisphère.
Le seul léopard irrité,
De tes succès et de ta gloire,
Se flatteroit d'être indompté !
Il enchaîneroit la victoire !
Non, non, François, loin de nous ce soupçon,
Courons punir la superbe Albion.

Pour terrasser ce fier Anglois,
Viens, accours, armée italique :
C'est en tes mains que les François
Déposent le drapeau civique ;

Qu'à Londres, sur la tour de Paul,
Brillent les couleurs de la France;
Montre-toi, vainqueur du Tyrol;
Tout cède ou fuit à ta présence,
Dicte des loix à l'infâme Albion,
Fais lui sentir tout ce que peut la grande nation.

Toi qui diriges l'univers,
Maître des vents, moteur de l'onde,
Agite et soulève les mers
Contre l'Anglois, tyran du monde:
Sur ce despote audacieux,
Fais gronder la foudre et l'orage:
Sur nos François baisse les yeux,
Excite et soutiens leur courage;
Guide les pas de ces jeunes héros,
Toujours vainqueurs, ils se joueront de la fureur des flots.

1795

LE VOEU DES CITOYENS PAISIBLES

(8 FÉVRIER)

Par le Citoyen PIIS

Air : *N'en demandez pas davantage.*

Pour mettre un terme à tous nos maux,
Voulons-nous prendre un parti sage ?
Proscrivons d'abord certains mots
Qui flétrissent notre langage :
    Et de jacobins,
    Et de muscadins,
Ne nous traitons pas davantage.

Puisqu'on a vu des jacobins
Amis des loix, non du carnage ;
Puisque l'on voit des muscadins
Dont Mars rend fort bon témoignage,
    Par ces vieux levains
    De sobriquets vains,
Pourquoi nous aigrir davantage !

Poudrez-vous, ne vous poudrez pas,
Selon l'air de votre visage ;
A la patrie, en tous les cas,
Cela peut-il porter ombrage ?
  A des cheveux longs,
  A des cheveux ronds,
N'attachons aucun avantage.

Du triste nom de ci-devant
Cessons surtout de faire usage,
Car, du régime précédent
Lorsque le nouveau nous dégage,
  Chacun, s'il fait bien,
  D'être citoyen
Doit avoir le même avantage.

Songeons qu'à pied comme à cheval
Notre armée à grands pas voyage,
Et que par un temps glacial
Dans Amsterdam elle emménage !...
  Tels sont nos destins
  Que même en patins,
Nous aurons, s'il faut, l'avantage !

Si de nos papiers, chaque jour,
Ces conquêtes doublent le gage,
Moquons-nous donc à notre tour
Des calculs de l'agiotage :
  Sur notre pouvoir,
  Montons notre espoir,
L'argent baissera davantage.

Pour déjouer des malveillans
L'impuissante et dernière rage,
Autour de nos représentans
Ne laissons pas former l'orage.
  Soyons bonnes gens,
  La paix du dedans
Assure au dehors l'avantage.

La presse, en pleine liberté
Ne doit plus éprouver d'outrage :
Dans les journaux, la vérité
Peut se montrer à chaque page,
  Mais sur plusieurs points
  Que n'écrit-on moins,
Pour fraterniser davantage.

A Dieu, tout comme il leur plaira,
Laissons nos frères rendre hommage :
Le fanatisme expirera
Tout doucement par suite d'âge :
  Mais soyons humains
  Et Républicains,
La loi n'en veut pas davantage.

D'un peuple à bon droit nommé *Franc*
Humanité! sois l'apanage !
De ta statue, en marbre blanc,
L'éclat nous charme et nous soulage...
  Ah ! puisse le sang !
  Le sang innocent !...
Ne pas la ternir davantage !...

Et nous reprendrons la gaîté
Qui fut toujours notre partage :
La gaîté maintient la santé,
La santé maintient le courage.
Le travail des champs,
Les mœurs, les talens
Tout en fleurira davantage.

COUPLETS POPULAIRES

21 PLUVIOSE, AN III DE LA RÉPUBLIQUE FRANÇOISE

(10 FÉVRIER)

Par le Citoyen BELLEMARE

Air : *De Nicodème dans la lune.*

La chandelle est à six francs ;
Je n'en brûle pas une.
Grâce à messieurs les marchands,
Je dormirois toujours sans
La lune, la lune, la lune.

Avec résignation
Je travaille à la brune ;
Mais qu'au moins la nation
Mette en réquisition
La lune, la lune, la lune.

Des François reconnoissans
S'établit la fortune ;
Ils ne craindront de long-tems
Que les éclipses fréquens
De lune, de lune, de lune.

L'on pourra, dans ma chanson,
Trouver quelque lacune ;
Je sens qu'on auroit raison,
Si j'avois sur l'horizon
La lune, la lune, la lune.

L'INNOCENT

2 ventose, an III (10 février)

Paroles de JAUFFRET

Musique de MÉHUL

Dors, cher enfant, les larmes de ta mère
Vont de ton sort t'instruire, à ton réveil...
Pour échapper à ta longue misère (1).
Que ne dors-tu d'un éternel sommeil.

(1) On se rappellera longtems l'histoire de cette mère, dont l'époux innocent fut immolé à Lyon par les bourreaux de cette commune, et qui, dans son désespoir, alla se jeter dans le Rhône avec son enfant qu'elle allaitoit.

Mais tu pâlis ! et tes membres frémissent...
Est-ce l'effet d'un rêve déchirant
Sans doute, hélas! à ton cœur retentissent
Les cris aigus de ton père expirant.

Je vois tes pleurs... ta bouche impatiente
Cherche mon sein, le presse avec effort...
Ah! malheureux !... il trompe ton attente !...
Tu ne peux plus y puiser que la mort.

Qu'entends-je, ô ciel !... tu demandes ton père !...
Tu veux le voir !... je veux le voir aussi...
O mon enfant! la lune nous éclaire
Viens... hâtons-nous... il n'est pas loin d'ici.

Laure, à ces mots, voit un pont... elle avance...
Le désespoir éclate dans ses yeux...
Avec son fils dans l'onde elle s'élance...
L'onde, en fureur, les engloutit tous deux.

HYMNE

POUR LA FÊTE DU MALHEUR, CÉLÉBRÉE A PÉRONNE

LE 20 VENTOSE, AN III (10 MARS)

Quelle simple et touchante fête
Aujourd'hui frappe nos regards !
Quelle solennité s'apprête ?
Pourquoi ces enfans, ces vieillards!

Un peuple libre, un peuple juste,
Que n'éblouit point sa grandeur.
Vient remplir un devoir auguste :
La France honore le malheur.

Culte sacré, que la nature
Grava dans l'âme des mortels !
Oui, la morale la plus pure
Servit de base à tes autels.
Trop souvent la vertu sommeille
Au sein de la prospérité ;
Quel est l'ami qui la réveille !
C'est la voix de l'adversité.

Que je te plains, froid égoïste,
Qui te vois seul dans l'univers !
A tes yeux la nature est triste,
Les champs sont pour toi des déserts ;
Le plaisir de la bienfaisance
Ne fait point palpiter ton cœur :
Veux-tu retrouver l'existence ?
Vas, cours soulager le malheur.

Long-tems l'horizon politique,
Couvert de nuages sanglans,
A versé sur la République
Les maux, les crimes par torrens.
On put douter, avec l'impie,
S'il existoit un Dieu vengeur ;
Mais en frappant la tyrannie,
Le ciel console le malheur.

Quittez vos retraites paisibles,
Sortez de la nuit des tombeaux,
Venez vers nous, ombres sensibles
De Camille et de Philipaux;
Victimes de la dictature,
La France a pleuré nos malheurs,
Et l'humanité vous assure
Un Panthéon dans tous les cœurs.

Non, nous ne verrons plus les pères,
Arrachés des bras des enfans,
Pour des combats imaginaires,
Tombés sous le fer des tyrans;
Quand le retour de la justice
Fait luire un jour consolateur,
Qu'un lien plus fort nous unisse,
Nous avons connu le malheur.

Des forfaits dont l'horrible histoire
Effrayera la postérité,
Conservons toujours la mémoire
Au profit de la liberté.
Si quelque pouvoir parricide
Voulait ramener la terreur
Les François auront pour égide
Des cœurs trempés par le malheur.

LA JOURNÉE DU 12 GERMINAL, AN III

COUPLETS CHANTÉS AU THÉATRE FAVART (1ᵉʳ AVRIL)

Paroles de LEBRUN-TOSSA

Musique de DALAYRAC

Les protecteurs de l'anarchie,
Les partisans de la terreur,
Ont voulu plonger la patrie
Dans un nouveau gouffre d'horreur.
Leur espoir est réduit en poudre ;
Plus de montagnards insolens,
Le sénat a lancé la foudre
Sur le reste impur des brigands.

Ils croyoient bien, les misérables,
Armer Paris contre Paris
Et par leurs manœuvres coupables,
Régner enfin sur ses débris.
Ils sont trompés, Paris se lève,
Nous couvrons nos représentans
Et le 9 thermidor s'achève,
Sur le reste impur des brigands.

O vous, François, qui, sans faiblesse,
Avez jusqu'ici combattu,
Pour quelques instans de détresse,
Faut-il abjurer la vertu?

Est-ce du pain qu'on nous destine
Sous les jacobins triomphans?
Des échafauds et la famine,
Voilà les bienfaits des brigands.

Que dans l'opprobre ensevelie,
Cette horde de scélérats,
Traîne le fardeau de la vie
Et demande, en vain, le trépas.
Ne plus verser, dans leur furie,
Le sang des hommes par torrens.
Ne plus déchirer la patrie,
C'est le supplice des brigands.

Sénat auguste et magnanime,
Que le méchant tremble à son tour;
Lorsque tu frapperas le crime,
Tu seras fort de notre amour.
Autour de toi, dans ton enceinte,
Tu n'auras plus que tes enfans;
Fais leur bonheur, agis sans crainte,
Nous écraserons les brigands.

AU PEUPLE FRANÇOIS

(3 AVRIL)

Par LEBRUN

Que du sang le règne expire,
Peuple, sors de ton sommeil.
Rends aux vertus leur empire;
Prouve et chante ton réveil.
Mais fais taire la cabale
  Du royaliste effronté,
  Dont la féroce bonté,
  D'une voix cannibale,
  Chante aussi l'humanité.

CHANT FUNÈBRE

SUR LA MORT DE FERRAUD, REPRÉSENTANT DU PEUPLE

ASSASSINÉ PAR LES REBELLES

AU SEIN DE LA CONVENTION NATIONALE LE 1er PRAIRIAL

AN III DE LA RÉPUBLIQUE (20 MAI)

Paroles du Citoyen COUPIGNY

Musique de GOSSEC

Martyr de la liberté sainte,
Intrépide soutien du sénat et des loix,
Toi dont l'ombre sacrée erre dans cette enceinte
De la patrie entends la voix.

Quand tombant sous un fer impie
Des lâches assassins tu bravais le poignard,
Le crime triomphant, la sanglante anarchie
Souillèrent tes derniers regards.

Réjouis toi, libre et tranquille,
La France brise un joug à jamais détesté.
Ce sanctuaire auguste est encore l'asile,
Des loix et de la liberté.

O Ferraud ! les murs de ce temple
De ton nom immortel instruiront l'avenir,
Et ton sang généreux y trace cet exemple,
Garder ses sermens ou mourir.

LE FRANC RÉPUBLICAIN

4 PRAIRIAL, AN III (23 MAI)

Par un Citoyen qui a toujours cru et qui croit encore qu'il ne manque à la liberté Françoise, pour réunir tous les suffrages, que de se dépouiller tout-à-fait de la tunique sanglante dont quelques hommes féroces l'avoient revêtue, et de s'orner au plutôt d'un costume Anglo-Américain.

Lorsque le froid janséniste
Narguait le chaud moliniste,
Pour ces deux partis en iste
J'avois un égal dédain :

Philosophe et quiétiste,
J'abhorre le terroriste,
Jacobin ou royaliste,
Et je suis républicain.

Malgré R*** le sophiste,
Malgré M*** le casuiste,
Et malgré tel journaliste,
Caméléon écrivain,
Je ne suis point capétiste,
Je ne suis point sorboniste,
Je ne suis point anarchiste,
Je suis franc républicain.

Mon grand-père est Fayétiste,
Ma grand'mère est allarmiste.
Mon grand frère apologiste
De la guerre et du tocsin ;
Mais mon père est optimiste,
Ma mère est tolérantiste,
Aussi peu controversiste,
Moi, je suis républicain.

Mais comment né monarchiste,
Êtes-vous panégyriste
D'un système antagoniste
Où le peuple est souverain ?
Quand le plus grand nombre insiste
Pour que ce régime existe
L'autre nombre à tort résiste ;
Et je suis républicain.

Qui vois-je, au fait, sur la liste
Du complot machiavéliste?
Le fat, le sot, l'égoïste,
L'escroc et le libertin ;
L'agriculteur et l'artiste,
Le soldat et le légiste,
Le pauvre et le moraliste,
Ont le cœur républicain.

Mais il faut être papiste,
Seriez-vous donc calviniste.
Talmudiste, ou koraniste?
Qui, moi? j'aime mon prochain :
Lorsque avec peine il subsiste,
Tant que je peux, je l'assiste ;
C'est en ce point que consiste
Le dogme républicain.

Mais de par saint Jean-Baptiste,
Lisez la lettre humoriste
Du prélat, grand canoniste;
Et grand métropolitain,
Qui, d'après le grand psalmiste,
Prouve que Dieu trimégiste
L'a nommé grand exorciste
De l'esprit républicain.

De son plan qu'il se désiste!
Croit-il donc ce catéchiste,
Quand Thémis est à la piste
Du fourbe et de l'assassin,

Qu'un tribunal liturgiste,
Saintement auto-da siste,
Puisse, en France, à l'improviste,
Rôtir le républicain.

Croit-il, en vieux lazariste,
Fesser tout académiste?...
Non, non : le François persiste
Dans cet utile refrain :
Point de sacré fabuliste,
Point de faux évangéliste,
Point de Saint-Barthélémiste....
Sur le sol républicain.

Vienne enfin la paix, Ariste,
Chacun deviendra théiste,
Jusqu'au matérialiste ;
Turc ou juif, grec ou romain,
Le bonze aura l'air bien triste
Sur son trône d'améthyste
Ébranlé par la baliste
Du bon sens républicain.

LE ONZE THERMIDOR, AN III

(29 juillet)

Cantate Républicaine.

Par PILLET

Est-il un plus beau jour de fête
Après des jours plus odieux ?
Un son doux et mélodieux
Succède aux cris de la tempête ;
Les aquilons dévastateurs
Ne ravagent plus la nature ;
L'horizon s'élève et s'épure,
Et la paix renaît dans nos cœurs.
Les oiseaux dévorans qu'attiroit le carnage.
Et dont la troupe infecte obscurcissoit les cieux,
Poussent des cris plaintifs, et loin de ce rivage
Dirigent tristement leur vol contagieux.

Quelle divinité s'avance?
Est-ce donc enfin l'équité?
D'un tribunal ensanglanté
Thémis vient chasser la vengeance ;
La terreur, les sombres soucis,
Se dissipent à sa présence
Et je vois naître un doux souris
Sur les lèvres de l'innocence.
Voyez cet assassin que tout un peuple abhorre ;
Vainement effrayé de ses propres forfaits.
Il veut laver le sang dont sa main fume encore ;
Le sang de l'innocent ne s'efface jamais.

Sortez du séjour des ténèbres;
Infortunés amis des loix;
Le peuple en reprenant ses droits,
A brisé vos cachots funèbres;
Oubliez ces longues douleurs
Dont votre âme est encore aigrie;
Regardez vos libérateurs.
Et chérissez votre patrie.
Mère sensible et défaillante,
Entends nos cris de joie et reprends tes esprits;
Pour jamais on te rend ton fils
Vois ses transports d'amour... quelle ivresse touchante!

Trésors mondains, vaine grandeur,
Et vous plaisirs bruyans, séduisante chimère,
Non, vous ne valez pas ce baiser qu'une mère,
Nous accorde après un malheur.
Ils sont passés ces jours de meurtres, de vengeances,
Où des fleuves de sang inondoient nos cités;
Où la France n'offroit aux yeux épouvantés
Qu'un appareil de mort et des débris immenses.
Est-il un plus beau jour de fête, etc.

CHANT DU IX THERMIDOR

26 THERMIDOR, AN III DE LA RÉPUBLIQUE (JEUDI 13 AOUT)

Paroles de Th. DEFORGUES

Musique de LESUEUR

Levons-nous! un tribun perfide
De son orgueil foule nos droits;
Pour subir son joug homicide,
Avons-nous triomphé des rois?
Parlez favoris de Bellone?
Aux champs de Fleurus et d'Argonne
Pour lui, lanciez-vous le trépas;
Et vous, enfants de Polymnie,
Pour consacrer sa tyrannie,
Chantiez-vous l'hymne des combats.
Réveillons-nous! de sa furie
Arrêtons le coupable essor;
Entre un rebelle et la patrie,
Pouvons-nous balancer encor. (bis)

CHOEUR.

Réveillons-nous, etc.

Comme au tronc d'un chêne robuste
Enlaçant ses bras tortueux,
S'élève en rampant un arbuste
Qui l'enveloppe de ses nœuds,

Ce lâche et ténébreux reptile,
Attachant son orgueil servile
Au chêne de la liberté,
Surmonte ses rameaux sublimes,
Et du luxe affreux de ses crimes
Menace leur fécondité.
 Réveillons-nous, etc.

Quel monstre, avec plus d'artifice,
Cacha ses obliques projets?
O nuit, de ses fureurs complice,
Que tu révèles de forfaits!
Fille puissante des ténèbres,
La terreur à ses cris funèbres
Mêle les accents de l'airain,
Et dictant ses décrets sinistres,
Elle déchaîne ses ministres
Contre le peuple souverain.
 Réveillons-nous, etc.

Pour des crimes imaginaires,
Ainsi la hache de Thémis
Frappa la vieillesse des pères
Sur les corps épars de leurs fils;
Ainsi l'épouse infortunée
Avec le fruit de l'hyménée
Périt en pleurant son époux:
Et de sa dépouille opulente
Grossit la fortune sanglante
D'un tyran avare et jaloux.
 Réveillons-nous, etc.

Accourez, ombres éplorées !
Triomphez de ses attentats,
Et de vos mains désespérées,
Signez l'arrêt de son trépas !
Frappez sur ses lâches complices !
Dans l'image de vos supplices
Qu'il trouve des tourments nouveaux.
Némésis, pour punir ses crimes,
Le traîne au char des ses victimes,
Et vous rappelle des tombeaux.
  Réveillons-nous, etc.

C'en est fait... d'un tribun farouche,
Le glaive a puni la fureur ;
La liberté fut dans sa bouche,
Le despotisme dans son cœur.
Des loix, ô suprême puissance,
Il croyoit asservir la France ;
De ses complots quel est le fruit ?
Ils viennent à peine de naître,
L'aurore les voit disparoître
Avec les ombres de la nuit.
Triomphe humanité chérie,
Dans nos murs ramène la paix,
Et que l'autel de la patrie
Soit raffermi par tes bienfaits,

GUERRE A L'ANGLETERRE

CHANT NATIONAL

Paroles du Citoyen LE FEVRE

Musique du Citoyen BEAUVARLET CHARPENTIER

Quel bruit a retenti ! du ciel rendu plus pur,
Un nuage obscurcit le renaissant azur,
L'honneur, l'humanité, la valeur, la vengeance,
Viennent réveiller Mars reposé sur sa lance.

Ils nomment Albion, qui dans le monde en pleurs,
Fait par des canaux d'or circuler les malheurs,
Albion dont l'orgueil affamé de victimes,
Souille le globe entier des traces de ses crimes,

Tremble, impure Albion, tremble : un peuple vengeur
Sur tes bords impunis va porter sa valeur.
Le liquide rempart que tu tiens de Neptune
Ne peut plus de ses coups garantir ta fortune.

La victoire attentive à suivre nos drapeaux,
Fera rouler son char sur la plaine des eaux,
Et frappant de ses cris la mer retentissante,
Va du creux de l'airain t'envoyer l'épouvante.

Nous atteindrons ta rive : alors nos fiers soldats,
Du fort courbant la tête, au faible ouvrant les bras,
Vengeant la liberté dans ton sein prisonnière,
Sur tes murs foudroyés, planteront sa bannière.

Ils ne détruiront pas un pays florissant
Mais il le purgeront; et d'un joug flétrissant,
Leurs glorieuses mains lavant l'antique outrage,
Feront renaître Athènes ou dominoit Carthage.

CHANTTRIOMPHAL A LA PAIX

DÉDIÉ A LA NATION

Paroles du Citoyen CAMAILLE-AUBIN

Musique du Citoyen BEAUVARLET-CHARPENTIER

La paix a chassé la douleur,
Et la gaîté succède aux larmes.
Bonaparte est partout vainqueur,
Tout a fléchi devant ses armes.
Le François voit la liberté
S'asseoir sur le char de la gloire,
Et respirer l'humanité   } bis
Sous l'auspice de la victoire.

Sur nos fronts se peint le plaisir.
Dans nos cœurs brille l'allégresse
Et chacun de nous va cueillir
Les doux baisers de la tendresse;
La paix de ses divins rameaux,
Des François ombrage la tête :
On reprend gaîment ses travaux.   } bis
Chaque jour est un jour de fête.

Enfin nous avons su fixer,
Le bonheur au sein de la France ;
Gardons-nous de le renverser
Il nous coûte assez de souffrance ;
Etouffons nos ressentiments
Au fond de notre âme attendrie,
Et de la paix brûlons l'encens, } bis
Sur les autels de la patrie.

LE RÉVEIL DU PEUPLE

CONTRE LES TERRORISTES

Paroles de J.-M. SOURIGUÈRES

Musique de P. GAVEAUX, artiste du théâtre Feydeau.

Peuple françois, peuple de frères,
Peux-tu voir, sans frémir d'horreur,
Le crime arborer les bannières
Du carnage et de la terreur ?
Tu souffres qu'une horde atroce
Et d'assassins et de brigands,
Souille de son souffle féroce
Le territoire des vivants !

Quelle est cette lenteur barbare ?
Hâte-toi, peuple souverain,
De rendre aux monstres de Ténare
Tous ces buveurs de sang humain.

Guerre à tous les agents du crime!
Poursuivons-les jusqu'au trépas;
Partage l'horreur qui m'anime!
Ils ne nous échapperont pas.

Ah! qu'ils périssent ces infâmes.
Et ces égorgeurs dévorants.
Qui portent au fond de leurs âmes
Le crime et l'amour des tyrans!
Mânes plaintifs de l'innocence,
Apaisez-vous dans vos tombeaux!
Le jour tardif de la vengeance
Fait enfin pâlir vos bourreaux.

Voyez déjà comme ils frémissent!
Ils n'osent fuir les scélérats:
Les traces de sang qu'ils vomissent
Bientôt déceleroient leurs pas.
Oui, nous jurons sur votre tombe.
Par notre pays malheureux,
De ne faire qu'une hécatombe
De ces cannibales affreux.

Représentants d'un peuple juste,
O vous, législateurs humains!
De qui la contenance auguste
Fait trembler nos vils assassins :
Suivez le cours de votre gloire;
Vos noms, chers à l'humanité,
Volent au temple de mémoire,
Au sein de l'immortalité.

1796

HYMNE A LA FRATERNITÉ

CHANTÉ SUR LE THÉATRE DE L'ÉMULATION, LE 20 NIVOSE

AN IV DE LA RÉPUBLIQUE (DIMANCHE, 10 JANVIER)

Paroles de CAMMAILLE-AUBIN

Air : *L'heure avance où je vais mourir.*

François, il est temps de fixer
Le bonheur au sein de la France,
Il est permis de respirer
Après tant de soins, de souffrances.
Étouffons nos ressentiments
Au fond de notre âme attendrie ;
De l'amitié brûlons l'encens
Sur les autels de la patrie.

Soyons justes, soyons humains,
Dans les hommes voyons nos frères.
En nous créant républicains
Dieu ne nous fit pas sanguinaires.

La clémence et la liberté
Marchent toujours de compagnie :
Les amis de l'humanité
Sont les amis de la patrie.

Si de chacun on fait le bien,
Qu'importe comment on vous nomme !
Le titre de républicain
N'est accordé qu'à l'honnête homme.
Distinguons le bon du méchant,
Sans passions, sans frénésie ;
Surtout, secourons l'indigent,
Nous saurons aimer la patrie.

Guerre à mort à l'agioteur,
Il a juré notre ruine ;
Ses mains agitent sans pudeur
Le spectre affreux de la famine.
Il vend, au poids de la douleur,
Le droit de prolonger la vie.
Point de grâce à l'agioteur.
C'est l'assassin de la patrie.

Des anarchistes intriguants,
Plongeons dans le mépris la race ;
Des royalistes insolents,
D'un coup-d'œil abattons l'audace.
D'une main frappons l'assassin,
De l'autre, l'aristocratie ;
Plus de roi, plus de jacobin,
Voilà le cri de la patrie.

COUPLETS PATRIOTIQUES

22 PLUVIOSE, AN IV DE LA RÉPUBLIQUE (11 FÉVRIER)

Air : *De la soirée orageuse.*

Courageuses mères
Des guerriers François,
Épouses si chères
Calmez vos regrets :
Encor à la gloire
Bornez vos désirs,   } *bis*
Après la victoire
Viendront les plaisirs.

Tant que sur la terre
Vit un oppresseur,
Qui peut de la guerre
Plaindre la rigueur ?
Il faut à la gloire
Savoir immoler   } *bis*
Ce que la victoire
Viendra réparer.

Quand pour la patrie
On devroit mourir,
Lui donner sa vie
N'est-ce pas jouir ?
Qui sait à la gloire
Borner ses désirs,   } *bis*
Trouve à la victoire
Assez de plaisirs.

Des traits de la foudre
Nos bras vont s'armer,
Les rois dans la poudre
Bientôt vont rentrer.
François à la gloire
Bornez vos désirs, } *bis*
Après la victoire
Viendront les plaisirs.

LES DANGERS DE LA CONFESSION

PLUVIOSE, AN IV (FÉVRIER)

Air : *Mon père, je viens devant vous.*

On lit dans un journal chrétien,
Et soi-disant apostolique,
Que pour être bon citoyen,
L'an quatre de la république, (*bis*)
Aux pieds d'un prêtre (*bis*) il faut encor
Décliner le confiteor. (*bis*)

Pour moi, je ne souffrirai pas
Qu'un tartuffe, à travers sa grille,
Dénombre les secrets appas
De mon épouse ou de ma fille, (*bis*)
Et sans pudeur (*bis*) lui fasse encor
Détailler son confiteor. (*bis*)

On ne se confessoit qu'à Dieu
Dans les premiers temps de l'Église,
Jean Bouche-d'or (1), en plus d'un lieu,
L'a dit d'une façon précise. (bis)
A quel propos (bis) vient-on encor
Commander le confiteor. (bis)

A la morale de Jésus
Républicains soyons fidèles :
Mais sans rappeler les abus
Des superstitions cruelles,
Un franc Pater (bis) vaut mieux encor
Que cent mille confiteor. (bis)

Chaque jour, à Dieu qui voit tout,
Je déroule ma conscience,
Et quand il me souffre debout,
Prêtre imposteur, par préférence, (bis)
A tes genoux (bis) irai-je encor
Marmoter mon confiteor. (bis)

Ce frein caché vaut-il la loi
Qu'à découvert Thémis applique,
Non car un larron, plein de foi,
Retourne à son vol méthodique. (bis)
Certain qu'il est (bis) d'en être encor
Quitte pour un confiteor. (bis)

Mais veut-on savoir en passant
Ce qu'à se confesser on gagne ?

(1) Ne confessez vos péchés qu'à Dieu seul.

26.

Qu'on réfléchisse en frémissant.
A l'inquisition d'Espagne;
Ce monstre affreux, (*bis*) qui vit encor.
Est fille du confiteor. (*bis*)

Le plus subtil des trébuchets
Que tend le royalisme en France,
Est l'entre deux des noirs guichets
Du tribunal de pénitence.
Gouvernement (*bis*), naissant encor,
Prends bien garde au confiteor. (*bis*)

Tel te dit tout haut: *Pax tecum*,
Qui dans le tuyau de l'oreille,
Avec des *Domine salvum*
Contre toi conspire à merveille, (*bis*)
Jusqu'à la paix (*bis*) surveille encor
Les bureaux du confiteor. (*bis*)

C'est là qu'on prêche aux paysans
De ne point voler aux frontières;
C'est là que l'on souffle aux enfans
De fuir les écoles primaires; (*bis*)
Que de complots (*bis*) couvent encor
Sous le sacré confiteor. (*bis*)

Des réfractaires scélérats,
Cette arme rapide et tacite,
A poignardé nos assignats
Et mis l'esprit public en fuite, (*bis*)
A decadi (*bis*) qui nuit encor
Si ce n'est pas le confiteor. (*bis*)

Plus les saints canons ont dormi,
Plus il faut craindre leurs bordées.....
François, les Saint-Barthélemy,
Les dragonades, les Vendées, (*bis*)
Les rois enfin (*bis*) peuvent encor.....
Renaître du confiteor. (*bis*)

J'aime Dieu, j'aime mon prochain,
Sans l'entremise d'un autre homme ;
Mais si jamais je suis romain,
Je veux qu'on l'aille dire à Rome... (*bis*)
Je suis François, (*bis*) chrétien encor,
Mais nargue du confiteor. (*bis*)

RÉPONSE DE L'AUTEUR DU CONFITEOR

A UN DERVICHE QUI LE TRAITE

DANS DIFFÉRENTES GAZETTES, DE RIMAILLEUR

D'IGNORANT, DE VANDALE, DE VISIGOTH, ETC., ETC.

VENTOSE, AN IV (MARS)

Air : *Accompagné de plusieurs autres.*

Vous me traitez, mon révérend,
De rimailleur et d'ignorant ;
Ces manières sont loin des nôtres :
Je vous accorde, et de grand cœur,
Le titre éminent de docteur,...
Accompagné de plusieurs autres ?

Mais vous, qui nommez Visigoths
Tous les vers des auteurs nouveaux.
Et principalement les nôtres,
Sans être égal à Massillon,
N'avez vous pas fait un sermon....
Accompagné de plusieurs autres?

Défendez la confession,
Mère de l'inquisition
Elle peut trouver des apôtres,
Puisque la Saint-Barthélemy,
Dans Caveyrac (1) eût un ami.....
Accompagné de plusieurs autres.

Lèveriez-vous sur les neuf sœurs
La crosse des saints confesseurs,
Ou le bâton blanc des apôtres,
Quand près de la seule Clio,
Sont Raynal, Voltaire et Rousseau....
Accompagné de plusieurs autres?

Si pour ne pas me confesser,
Et croire qu'on peut adresser,
Soi-même au ciel, ses patenôtres,
Je suis athée, à votre avis.....
Vous conviendrez que je le suis.....
Accompagné de plusieurs autres.

---

(1) On sait que l'abbé de Caveyrac osa entreprendre l'apologie de ce massacre.

Mais c'est servir l'humanité
Que de battre par la gaité,
Le fanatisme et ses apôtres:
C'est plaire au Dieu, plein de bonté,
Qui n'est et n'a jamais été
Accompagné de plusieurs autres.

A la raison qui fait ma loi,
Vous allez opposer la foi.
C'est votre arme..... et celle des vôtres!
Mais ce don si cher aux béats,
Leur plairoit-il, s'il n'étoit pas
Accompagné de plusieurs autres?

CONSEILS CIVIQUES AU BEAU SEXE

CHANT POPULAIRE, 17 GERMINAL, AN IV (6 AVRIL)

Sur un air d'Haydn.

Une jeune beauté
Devroit chérir la liberté;
Elle règne à Cythère :
Et l'amour et sa mère
Aiment l'égalité.

Aux yeux du Dieu d'amour,
Beaux yeux, teint frais, bras faits au tour,
Sont la seule noblesse;
Une laide duchesse
N'est pas noble à sa cour.

Despotes odieux,
Je puis vous braver en tous lieux :
Mais mon patriotisme
Respecte un despotisme...
Celui de deux beaux yeux.

Ces tyrans enchanteurs
Règneront toujours sur nos cœurs ;
Et les droits de la femme,
Malgré mainte épigramme,
Des nôtres sont vainqueurs.

CHANSON POPULAIRE

19 FRUCTIDOR, AN IV DE LA RÉPUBLIQUE (5 SEPTEMBRE)

Du Citoyen BIZET

Air : *Le bonheur en famille.*

Sous des magistrats de son choix,
Le François lassé par l'orage,
Vit tranquillle en suivant les loix
D'un gouvernement juste et sage ;
Et si de tout notre pouvoir
Sa sagesse est environnée,
Croyez-moi des méchans l'espoir
S'en ira toujours en fumée.

Lorsqu'au nom de la liberté,
On incarceroit l'innocence ;

En vertu de l'égalité,
Quand des brigands régnoient en France;
Si l'on a souffert si long-tems
Que la vertu soit opprimée;
C'est que beaucoup de braves gens
N'y voyoient que de la fumée.

Tyran justement détesté,
Du jacobin la vile engeance.
En nous parlant de liberté,
Creusoit le tombeau de la France
Et qui pourroit encor revoir
Par eux la patrie opprimée;
Soyons François et leur espoir
S'en ira toujours en fumée.

HYMNE A L'AGRICULTURE

12 BRUMAIRE, AN V (2 NOVEMBRE)

Paroles de la Citoyenne PIPELET

Musique du Citoyen MARTINI

Source de l'existence, utile agriculture,
C'est toi qu'en ce moment célèbrent les François!
Rendus à l'union, rendus à la nature,
Leur voix s'élève enfin pour chanter tes bienfaits.

Ils ne sont plus ces temps, où le luxe frivole,
S'arrogeoit hautement un prix peu mérité!

Ils ne sont plus : un jour a vu briser l'idole.
Et le premier des arts devient le plus fêté.

Artisans généreux, habitans des campagnes,
Suspendez vos travaux, accourez à nos voix !
Accourez à nos voix, vous leurs fils, leurs compagnes !
L'aurore éclaire enfin la plus sainte des loix.

Les mains en qui la France a mis sa destinée
D'un pénible sillon vont diriger le cours...
Déjà le soc paroit, et la terre étonnée
S'entrouvre et reconnoit Rome en ses plus beaux jours.

O prodige ! ô pouvoir d'un magnanime exemple !
Le laboureur sourit, pour la première fois ;
La nature devient son autel et son temple,
Et son œil lit partout ses devoirs et ses droits.

Voyez-le s'élancer d'un pas encor timide,
Reprendre des travaux, qui lui semblent plus doux ;
L'égalité le suit, l'humanité le guide,
Tout François est son frère, il est frère de tous.

Allez, simples héros qu'adopta la nature,
Que vos bras vigoureux fécondent vos guérets.
Couronnez votre front, de fleurs et de verdure ;
Bientôt vous l'ornerez des palmes de la paix.

Et toi, divinité qui protèges nos fêtes
Achève ton ouvrage, auguste liberté !
Et quand tu fais planer la gloire sur nos têtes,
Jette encore sur nos champs un regard de bonté !

MES VOEUX

FRIMAIRE, AN V (DÉCEMBRE)

Par le Citoyen J.-B. RADET

Air : *Des revenans.*

Qu'en vers pompeux, d'une voix fière,
On chante la valeur guerrière
  De nos François :
Moi je garde un profond silence,
Ou de mon cœur un cri s'élance :
  La paix ! la paix !

Quand le champ de bataille s'ouvre,
L'humanité pleure et se couvre
  D'un voile épais ;
Après la plus belle victoire
Quelle est la véritable gloire
  La paix ! la paix !

Rois ligués contre ma patrie,
Malgré votre aveugle furie,
  Et vos projets
D'argent et d'hommes apauvrie,
Toute l'Europe enfin vous crie :
  La paix ! la paix !

Vous qui tenez dans la balance
Les nouveaux destins de la France,

Plus de délais :
Les loix, les arts et l'industrie,
Tout languit, tout meurt, tout s'écrie :
　　La paix ! la paix !

Après tant de maux, de ruines,
Tant de meurtres, tant de rapines,
　　Ah ! désormais,
Qui peut rassurer l'innocence ?
Qui peut ramener l'abondance ?
　　La paix ! la paix !

Mais la raison s'est fait entendre.
De sa voix, nous devons attendre.
　　D'heureux succès.
Qu'il sera beau le jour prospère
Où va succéder à la guerre
　　La paix ! la paix !

Alors, les haines effacées,
Oublions nos peines passées,
　　Et pour jamais,
Chez nous comme sur la frontière,
Proclamons dans la France entière,
　　La paix ! la paix !

HYMNE A L'HUMANITÉ

EN MÉMOIRE DU IX THERMIDOR

Par BAOUR-LORMIAN

Musique de GOSSEC

O mère des vertus, toi que la tyrannie
Écrasa sous le poids d'un sceptre détesté,
Au sein de nos climats rétablis l'harmonie
    Et la douce fraternité.

Des lâches triumvirs brisant le diadème,
Tu venges l'univers jaloux de tes bienfaits ;
Et ta main protectrice à ce peuple qui t'aime,
    Offre l'olive de la paix.

Sous les paisibles lois l'innocence respire,
Le crime à ton aspect, recule épouvanté ;
Tous les arts ranimés étendent leur empire
    Sur le sol de la liberté.

Le sang n'inonde plus nos plaines fortunées ;
C'est le coupable seul qu'attendent les bourreaux ;
Et déjà le sénat, réglant nos destinées
    Couronne ses nobles travaux.

Que les cœurs si longtemps resserrés par la crainte
S'abandonnent enfin aux charmes de l'espoir :
Descends, fille du ciel ; que cette auguste enceinte
    Atteste à jamais ton pouvoir.

CHANT MARTIAL

POUR LA FÊTE DE LA VICTOIRE

Par LACHABEAUSSIÈRE

Musique de GOSSEC

Si vous voulez trouver la gloire,
Cherchez-la dans les camps François.
    Vous l'y verrez de près
    De succès en succès,
Guider les fils de la victoire.
La république triomphera !
L'Europe entière répétera :
Vive la France, la gloire est là.

L'enseigne de la tyrannie,
Peut flotter un moment en vain ;
    Elle pâlit soudain,
    Et c'est son propre airain
Qui va sonner son agonie.
    La république, etc.

En vain elle prend pour barrière
Fleuves profonds et monts altiers :
    Nos valeureux guerriers,
    A l'ombre des lauriers,
Partout vont planter leur bannière.
    La république, etc.

La Seine a préparé le Tibre
A revoir un nouveau Brennus,
    Mais il n'asservit plus
    Le pays des Brutus :
O Rome! il vient te rendre libre.
    La république, etc.

Brisez vos fers comme les nôtres,
Peuples! ouvrez enfin les yeux ;
    Nos fils victorieux
    Aimeront beaucoup mieux
Vous dire en embrassant les vôtres :
    La république, etc.

AUX PATRIOTES

Air : *Mon père étoit pot.*

Républicains, jeunes guerriers,
  Qu'appelle la victoire ;
Allez moissonner des lauriers
  Dans les champs de la gloire ;
    Volez aux combats,
    Portez le trépas
Dans le rang des despotes :
    La guerre est un bal,
    Un beau carnaval,
Pour les vrais patriotes.

Sur le sol de la liberté
  Cobourg campe et nous brave
De Valencienne et de Condé,
  Pour chasser cet esclave,
    Volez, etc.

L'or de Pitt seul fait les succès
  De ce vil politique ;
Confondez ses lâches projets,
  Vengez la république !
    Volez, etc.

Voulez vous au bruit du canon
  A la horde espagnole,
Faire danser un rigaudon
  Sur l'air d'la Carmagnole ?
    Volez, etc.

Électrise tes défenseurs,
  Amour de la patrie !
Ranime tes héros vainqueurs
  Du despotisme impie !
    Qu'à tes fiers accents
    Tombent les tyrans,
Se brisent les couronnes :
    Que la liberté.
    Que l'égalité,
Écrasent tous les trônes.

1797

LES AVANTAGES DE LA PETITE TABLE

16 PLUVIOSE, AN V (4 FÉVRIER)

Par le Citoyen LEVRIER CHAMPRION

Air : *Du prieur de Pompone.*

Parfois un maître de maison,
   Vous dit d'un air affable :
Vous ne pourrez.... ami, pardon !...
   Être à la grande table.
Restez avec ces morveux-là ;
Vous serez bien aimable.
      Ah !
   Parbleu, me voilà,
     La rira,
   De la petite table.

A la grande très-gravement,
   L'on cause politique :
L'on parle du débarquement...
   Et puis de l'Amérique.

C'est si joli, ces choses-là,
Que c'en est incroyable.
　　　　Ah!
　　Ira qui voudra,
　　　La rira,
Boire à la grande table.

Des cinq cents, dans nos entretiens,
　Nous laissons là la gloire.
Nous ne parlons pas des anciens,
　Plus que de directoire.
Musique, bal, vers, opéra,
　　　Vaudeville agréable....
　　　　Ah!
　　L'on en parlera,
　　　La rira.
　　A la petite table.

A la grande assez volontiers,
　Les époux tributaires,
Sont fort galans pour les moitiés
　De messieurs leurs confrères,
Au fond, ma foi, quoique cela
Soit un peu condamnable;
　　　　Ah!
　　C'est ce que fera,
　　　La rira
De mieux la grande table,

Mais moi, je me trouve céans,
　Près de la jeune Adèle,

Qu'embellissent dix-huit printemps.....
C'est la rose nouvelle,
Heureux cent fois qui lui rendra
L'amour comme elle aimable.
Ah!
Il m'en souviendra,
La rira
De la petite table.

LE CITOYEN D'HERMAND

CONSUL-GÉNÉRAL DE FRANCE A MADRID, AVOIT FAIT ENGRAISSER UN DINDON, QU'IL AVOIT NOMMÉ MANTOUE, ET QUI NE DEVOIT ÊTRE MANGÉ QU'APRÈS L'ENTRÉE DES FRANÇOIS DANS CETTE VILLE. C'EST AU SUJET DE CE DINDON QUE L'IMPROMPTU SUIVANT FUT CHANTÉ PAR LE CITOYEN S...

27 VENTOSE, AN V (18 MARS)

Air : *Du Club des sans-souci.*

Bonaparte a dans sa poche
La capitulation
Qui veut qu'on mette à la broche
Cet enfant de la maison :
Mangeons-le mais sans reproche :
Car dans cette occasion,
Il n'est pas le seul dindon. (*bis*)

Citoyen consul, je loue
Votre bonne intention,
D'avoir surnommé Mantoue,
Ce gras et superbe oison ;
Vous saviez que lorsqu'il joue
Contre notre nation,
L'empereur n'est qu'un dindon. (bis)

La coutume est fort jolie.
De baptiser un oison ;
Mais pour notre litanie,
Se prépare un autre nom :
Quand le héros de l'Italie
Mettra Rome à la raison.
N'aurons-nous pas un chapon ? bis

Des généraux de la France,
Que les talens, le renom,
A l'empereur qui balance,
Puissent servir de leçon
Si la campagne commence,
Contre notre intention,
Traitons-le comme un dindon. (bis)

A BONAPARTE.

Puisqu'en vain je m'évertue
A célébrer ton grand nom.
Cette faveur n'étant due
Qu'aux vrais enfans d'Apollon.
Permets que je te salue
Avec du vin de Langon.
Tout en mangeant le dindon. (bis)

GLOIRE AUX SOLDATS RÉPUBLICAINS

9 floréal, an V (28 avril)

Air : *Gloire aux soldats républicains.*

Gloire à nos braves défenseurs;
Que pour eux on fasse des fêtes,
D'un feu divin ils embrasent nos cœurs,
   Leurs lauriers ombragent leurs têtes!..
     Liberté! tu fais la valeur,
     La vertu, les biens, le bonheur!

   De l'Anglois le front est courbé
   Sous la honteuse politique;
Enfin, l'odieux Toulon a succombé
   Sous l'effort de la république.
     Liberté, etc.

   Que de traîtres sont confondus,
   Eux qui servoient la tyrannie,
Par nos guerriers les uns sont abattus :
   Les autres n'ont plus de patrie.
     Liberté, etc.

COUPLETS

SUR LA LIBERTÉ DES SPECTACLES, 17 PRAIRIAL, AN V

(6 JUIN)

Par le Citoyen PIIS

Air : *Chantez, dansez, amusez-vous.*

Vous frondez en vain le succès
De Santeuil et de Dominique,
Car le François toujours François
Chante malgré votre critique :
« Ne soyons pas plus capucins
« Que nous ne sommes jacobins! »

La liberté qu'à tous propos
Vous réclamez pour vos oracles,
Puisqu'on la laisse à vos journaux,
Laissez-là donc à nos spectacles :
   « Ne soyons, etc.

J'aime qu'on se mette à genoux,
Quand Fénelon paroit en scène,
Mais je veux qu'on frappe à grands coups
Sur le cardinal de Lorraine.
   « Ne soyons, etc.

On doit faire un flatteur accueil
Au bon curé de Mélanie,

Mais des goguettes de Santeuil
Qu'on souffre aussi que Momus rie!
  « Ne soyons, etc.

Qu'ose-t-on parler de bûcher
A propos d'un vaudeville?
Hélas! vous n'allez pas chercher
De tels fagots dans l'évangile,
  « Ne soyons, etc.

Tartuffe ici, tartuffe là,
Auront beau dire, auront beau faire,
Le fanatisme tombera
Entre deux feux, le nez par terre.
  « Ne soyons, etc.

Puisse à la superstition,
Thémis de près rogner la griffe!
Robespierre eût l'ambition
D'être proclamé grand pontife....
  « Ne soyons, etc.

La paix fait notre unique espoir;
Mais nous mériterions la douge,
Si des tyrans à bonnet noirs,
Remplaçoient ceux à bonnet rouge.
  « Ne soyons, etc,

Régens de toutes les couleurs,
Qui de pamphlets couvrez la France,
N'y dominez..... que par les mœurs,
N'y luttez que... de tolérance.
  « Ne soyons, etc.

Voulez-vous nous prendre au miroir?
Empruntez le ton des apôtres,
Et prêchez-nous matin et soir,
De nous aimer les uns les autres.
  « Ne soyons, etc.

Quant à vous mon cher ennemi,
Je vous souhaite, avec franchise,
La succession qu'aux Thyerri
Garde la banque de Venise.
  « Ne soyons, etc.

LA CÉRÉMONIE LUGUBRE

DÉCERNÉE AU GÉNÉRAL HOCHE

A ÉTÉ EXECUTÉE AU CHAMP-DE-MARS, LE 11 VENDÉMIAIRE,

AN VI (2 OCTOBRE)

Voici l'hymne composé à cette occasion par le représentant Joseph CHÉNIER, mis en musique par CHÉRUBINI, et exécuté par les chœurs du Conservatoire de musique et du théâtre des Arts.

Cette musique touchante et religieuse a pénétré tous les cœurs d'attendrissement.

LES FEMMES

Du haut de la voûte éternelle,
Jeune héros, reçois nos pleurs,
Que notre douleur solennelle
T'offre des hymnes et des fleurs !
Ah ! sur ton urne sépulcrale
Gravons ta gloire et nos regrets;

Et que la palme triomphale
S'élève au sein de tes cyprès.

LES VIELLARDS

Aspirez à ses destinées,
Guerriers, défenseurs de nos loix.
Tous ses jours furent des années ;
Tous ses faits furent des exploits,
La mort, qui frappa la jeunesse,
Respectera son souvenir !
S'il n'atteignit point la vieillesse,
Il sera vieux dans l'avenir.

LES GUERRIERS

Sur les rochers de l'Armorique,
Il terrasse la trahison ;
Il vainquit l'hydre fanatique,
Semant la flamme et le poison :
La guerre civile étouffée
Cède à son bras libérateur ;
Et c'est-là le plus beau trophée
D'un héros pacificateur,

Oui, tu seras notre modèle ;
Tu n'as point terni tes lauriers.
Ta voix libre, ta voix fidèle,
Est toujours présente aux guerriers.
Aux champs d'honneur, on vit ta gloire,
Ton ombre, au milieu de nos rangs,
Saura captiver la victoire,
Et punir encor les tyrans.

HYMNE

A LA MÉMOIRE DU GÉNÉRAL HOCHE, CHANTÉ LE JOUR DE SA FÊTE FUNÈBRE, 30 VENDÉMIAIRE, AN VI

(21 OCTOBRE)

Air : *Mourir pour sa patrie.*

Les tristes chants de la douleur,
Ont retenti de la frontière ;
Un héros tant de fois vainqueur,
Jeune, déjà comblé d'honneur,
Hoche, a vu son heure dernière,
Du sort en bravant la rigueur ;
   C'étoit pour sa patrie, (*bis*)
   Qu'il affrontoit la mort
   Qu'il a perdu la vie.

Rois dans vos projets meurtriers,
Il tint votre fureur captive ;
Au danger, toujours des premiers,
Il présentoit à ses guerriers
Cette honorable alternative :
Ou des cyprès, ou des lauriers.
   Défendre sa patrie, (*bis*)
   C'est le sort le plus beau,
   Dût-il coûter la vie.

Wissembourg et Neuvied conquis,
Hunscotte, Landau, Sarguemines,
Que de lauriers il a cueillis !
Perfide Anglois, il t'eût soumis !
Un autre héros, qu'on devine,
Te menace ; attends et frémis.
   L'un pour toi, ma patrie, (*bis*)
   Va braver le trépas,
   L'autre a donné sa vie.

Quand le fanatisme et l'erreur
Déchiroient la France éplorée,
Quiberon proclame un vengeur ;
Mais une fois votre vainqueur,
Peuples de la triste Vendée,
Il fut votre consolateur.
   Faire la guerre au crime, (*bis*)
   Compatir au malheur,
   C'est être magnanime.

Un jour la France à ses héros
Pour elle couverts de blessures,
Elevant d'illustres tombeaux,
Consacrera ces noms si beaux.
Au respect des races futures ;
Sur le marbre on lira ces mots ;
   Ils ont de la patrie,
   Banni la tyrannie,
   Fondé la liberté,
   Aux dépens de leur vie.

Peuple, suspendant ta douleur,
Offre-lui la double couronne
De guerrier pacificateur :
Ce sont les deux titres d'honneur,
Que l'immortalité lui donne :
Jurons, comme lui plein d'ardeur,
   Haine à la tyrannie, (*bis*)
   Obéissance aux loix,
   Amour de la patrie.

※

COUPLETS SUR LA PAIX

17 BRUMAIRE, AN VI DE LA RÉPUBLIQUE FRANÇAISE

(7 NOVEMBRE)

Par les Citoyens SAINT-JUST et LONGCHAMP

Musique du Citoyen BOYELDIEU

Je sais que tel pauvre rentier.
Plus à plaindre que moi peut-être
Seroit heureux d'être portier
De l'hôtel dont il fut le maître
La guerre accable bien des gens :
Mais on se dit : tout n'a qu'un tems.

A diner je mange fort peu,
Et le soir je ne soupe guère ;

L'hiver je me lève sans feu,
Et je me couche sans lumière
La guerre appauvrit bien des gens ;
Mais je me dis tout n'a qu'un tems.

Tel qui se rit de mon maintien
Le long du mur lorsque je trotte.
Avant peu je l'espère bien,
Peut se retrouver dans la crotte,
La guerre enrichit bien des gens,
Mais je dis, moi, tout n'a qu'un tems.

COUPLETS A L'OCCASION DE LA PAIX

17 BRUMAIRE DE L'AN VI DE LA RÉPUBLIQUE FRANÇAISE

(7 NOVEMBRE)

Par les Citoyens SAINT-JUST et LONGCHAMP.

Musique du Citoyen BOYELDIEU

Suis-je bien le même rapace
Qu'à Paris on vit autrefois
Arrivant portant la besace,
Pour faire des chambres au mois :
De mon village de Champagne
Je partis le sac au dos,
En veste de bure, en sabots.....
J'étais en habit de campagne.

Mais de la patrie alarmée
Aussitôt que j'entends la voix,
On me voit voler à l'armée,
Pour y servir..... dans les charrois...
Un peu de bonheur m'acccompagne;
Je suis fournisseur à l'instant
Et me fournis chemin faisant,
D'un hôtel et d'une campagne.

Je vis, fournisseur de fourrage,
Comme le poisson dans l'étang;
Chaque jour accroit mon courage;
L'appétit me vient en mangeant
Je veux épuiser l'Allemagne
De paille, d'avoine et de foin,
Pour cela je n'aurai besoin
Que d'une sixième campagne.

AU GÉNÉRAL BONAPARTE

18 FRIMAIRE, AN VI (8 DÉCEMBRE)

Air : *Daignez m'épargner le reste.*

Partout on vante tes succès,
Partout on chante ton courage :
Le vaudeville né François,
T'apporte son petit hommage.
D'une bleuette sur la paix,
Accepte l'offrande modeste :
Nous n'avons pas beaucoup dit; mais
La France te dit le reste.

CHANT POPULAIRE

EN RÉJOUISSANCE DE LA PAIX, 20 FRIMAIRE, AN VI

(10 DÉCEMBRE)

Paroles du Citoyen HOTTEGINDRE

Air : *La victoire en chantant nous ouvre la barrière*

Bonaparte a fermé les portes de la guerre,
    Déjà le drapeau tricolor
A flotté glorieux aux deux bouts de la terre.
    Déjà, par un heureux accord,
    Entre l'Allemagne et la France,
    Règnent la paix et l'amitié ;
    Que le noir esprit de vengeance
    Soit dans tous les cœurs oublié.
    Présent des dieux, ô paix sacrée !
    Tu seras notre seul trésor,
    Et tu verras, nouvelle Astrée, ⎫
    Naître parmi nous l'âge d'or. ⎭ *bis*

Entendez-vous guerriers, les cris de la victoire ?
    Adorez la divinité,
Qui toujours vous guida dans le champ de la gloire.
    Adorez tous la liberté :
    C'est à son sublime génie,
    Dont brûlent tous les cœurs françois,
    Que les enfans de la patrie
    Doivent l'olivier de la paix.
      Présent des dieux, etc.

Albion, c'est en vain que tu frémis de rage,
    Bientôt, dépouillant ta fierté,
Tu baisseras les yeux, orgueilleuse Carthage,
    Au seul nom de la liberté ;
    Le fidèle burin de l'histoire
    Peindra ta honte à tes enfans,
    Et tu pouvais, sauvant ta gloire,
    Unir ta voix à nos accens,
        Présent des dieux, etc.

Magnanimes héros, votre haute vaillance
    A fixé le sort des combats,
Recueillez-en le fruit ; mais sachez que la France
    Encore a besoin de vos bras. —
    Espagnols, François et Bataves,
    Poursuivons les tyrans des mers,
    Brisons ces perfides entraves
    Qu'ils préparoient à l'univers.
        Présent des dieux, etc.

A LA LIBERTÉ

Reçois du haut des cieux, ô liberté chérie !
    Reçois notre accent et nos vœux,
Au destin des François reste toujours unie.
    Et tes défenseurs sont heureux ;
    Quand par une mâle confiance
    Seront terminés nos travaux,
    La paix au sein de l'abondance
    Viendra réparer tous les maux.
        Présent des dieux, etc.

COUPLETS

AJOUTÉS A LA PIÈCE SUR LA PAIX, AU THÉATRE DU VAUDEVILLE

24 FRIMAIRE AN VI (15 DÉCEMBRE)

Air : *Femmes voulez-vous éprouver.*

DUBREUIL

Goûtons les plaisirs les plus purs,
Notre attente est enfin remplie :
Oui, Bonaparte est dans nos murs ;
Gloire au vainqueur de l'Italie.
Après tant de brillans travaux
Que l'Europe entière publie,
Puisse-t-il jouir du repos
Qu'il vient de rendre à sa patrie.

NICOLAS

Y veut encor servir la France ;
C'est à présent l'tour des Anglois,
Qui s'croient à l'abri d'sa vaillance,
R'tranchés derrièr'leux pas d'Calais.
Ces chiens d'Anglois, pleins d'épouvante,
L'verront franchir ce pas hardi,
Comm' les Al'mands, bouche béante,
L'ont vu passer le pont d'Lodi.

UN DRAGON

Tant de hauts faits, avant trente ans,
Pour bien des gens c'est un problème,
Car enfin, messieurs les savans,
Vous qui comptez comme Barême,
Avec moi, calculez un peu
Les batailles par lui gagnées,
Et vous lui trouverez, morbleu,
Plus de triomphes que d'années.

CAROLINE

Ici, par l'ignorante audace,
Des monumens furent brisés :
Bonaparte met à leur place
Des chef-d'œuvres non moins prisés :
Heureux de consoler la terre,
C'est vraiment sous ses étendards
Que la déesse de la guerre
Est aussi celle des beaux arts.

MADAME DELVALE
(une branche de laurier à la main)

En échange de l'olivier
Qu'apporta sa main triomphante
Qu'il daigne accepter ce laurier
De notre main reconnoissante ;
Mais qui de nous ira porter
Ce tribut qu'on doit à sa gloire ?
C'est à moi de le présenter
Amis, je m'appelle Victoire.

COUPLETS POPULAIRES

Paroles des Citoyens PICARD et DUVAL

Musique du Citoyen LEMIERRE

Moi dans une chaise de poste,
Qui pour Paris comptais partir,
C'est en prison qu'étoit mon poste,
Ma foi je n'en puis revenir.
Sur ce qu'on a peine à comprendre
Il faut être plus circonspect,
Je cède à qui voudra le prendre (*bis*)
Mon privilège de suspect. (*bis*)

L'un étoit suspect pour se taire,
L'autre l'étoit pour babiller,
L'un est suspect pour ne rien faire,
L'autre est suspect pour travailler,
Tel est suspect, car il se mire ;
Tel, car il porte un habit sec ;
Mon voisin est suspect pour rire (*bis*)
Moi pour pleurer je suis suspect. (*bis*)

J'entends ce que vous voulez dire :
Par les fripons, par les brigands,
Ce mot fut inventé pour nuire,
C'étoit une arme à deux tranchans ;

Levons-nous tous contre le vice,
A la vertu gloire et respect,
Sous le règne de la justice (*bis*)
Que le méchant soit seul suspect. (*bis*)

1798

LA DANSE FRANÇOISE

DÉDIÉE A NOTRE BRAVE ARMÉE D'ANGLETERRE, 23 NIVÔSE

AN VI (12 JANVIER)

Air : *Du pas redoublé de l'Infanterie.*

Soldats, le bal va se r'ouvrir,
    Et vous aimez la danse ;
L'allemande vient de finir,
    Mais l'angloise commence.
D'y figurer tous nos François
    Seront, parbleu, bien aises
Car s'ils n'aiment pas les Anglois,
    Ils aiment les Angloises.

Le François donnera le bal,
    Il sera magnifique :
L'Anglois fournira le local,
    Et paiera la musique.
Nous, sur le refrain des couplets
    De nos rondes Françoises,
Nous ferons chanter les François.
    Et danser les Angloises.

D'abord par le Pas-de-Calais,
   On doit entrer en danse ;
Le son des instrumens françois
   Marquera la cadence :
Et comme l'Anglois ne saura
   Que danser les angloises,
Bonaparte lui montrera
   Les figures françoises.

Dans nos entrechats, cette fois,
   Pour être plus à l'aise,
Laissons leurs casimirs étroits,
   Quittons la mode angloise.
Portant cocardes et mousquets,
   Au lieu de ces fadaises,
Nous ferons goûter aux Anglois
   Les parures françoises.

Allons, mes amis, le grand rond,
   En avant, face à face :
François, là-bas restez d'aplomb ;
   Anglois, changez de place ;
Vous, Monsieur Pitt, un balancé ;
   Suivez la chaîne Angloise ;
Pas de côté, croisé, chassé....,
   C'est la danse françoise.

COUPLETS

CHANTÉS A LA CITOYENNE PAULETTE BONAPARTE, A SON PASSAGE A BOULOGNE, QUELQUES JOURS AVANT L'EXPÉDITION DANS LA ROMAGNE, 4 PLUVIOSE AN VI (23 JANVIER)

Par V. M.

Célébrons tous le conquérant
Qui vient délivrer l'Italie :
Qu'il est terrible! qu'il est grand!
Mais aussi que Paulette est jolie!
Reconnoissez vos deux vainqueurs,
Peuples, courbez vos fronts dociles :
Paulette s'empare des cœurs,
Quand Bonaparte prend les villes.

Les vieux Romains, aux grands efforts,
Aux exploits immortels du frère
L'auroient tous pris, dans leurs transports,
Pour le dieu puissant de la guerre.
Les nouveaux Romains, tout surpris,
Prendront Paulette je parie,
Pour un ange du paradis;
Car, comme un ange, elle est jolie.

A ton héros, soldat françois,
De lauriers couronne la tête :
De roses et de myrthes frais,
Nous ornons le front de Paulette :

Pourquoi faut-il que ta beauté
A ses desseins si mal réponde?
Quand il porte la liberté,
Tu la ravis à tout le monde.

COUPLETS PATRIOTIQUES

CHANTÉS A ROUEN, LE 7 PLUVIOSE, AN VI (26 JANVIER)

A LA FÊTE DE L'ANNIVERSAIRE DE LA MORT DU TYRAN

Air : *Jeunes amans, cueillez des fleurs.*

De la liberté, fiers enfans,
François, ce jour est une fête ;
Du dernier de nos vils tyrans,
Ce jour a vu tomber la tête :
Il donne l'immortalité
Au triomphe des patriotes,
Ton piédestal, ô liberté !
Est sur la tombe des despotes. *(bis)*

Du noble l'antique fierté
Tomba devant le patriote ;
La pique de la liberté,
Brisa le sceptre du despote ;

Austère et juste égalité,
Dans ce jour un tyran coupable,
Sur l'échafaud, par toi frappé,
Fixa ton niveau redoutable. (bis)

Le despotisme, trop long-tems,
Par ses crimes souilla la terre ;
A ses pieds les peuples tremblans,
Craignoient moins les feux du tonnerre...
Aux rois renvoyons la terreur.
Capet, que ta tête sanglante
Assure au peuple le bonheur
En frappant les rois d'épouvante. (bis)

Pour que désormais sous tes lois
Nous vivions liberté chérie,
Ah ! joignons la haine des rois
Au saint amour de la patrie.
Que nos enfans puissent sucer
Cette haine, au sein de leurs mères,
Et pour premiers mots prononcer :
Mort aux tyrans, paix aux chaumières. (bis)

COUPLETS

CHANTÉS PAR LA MUNICIPALITÉ DE VILLENEUVE-SAINT-GEORGES

DÉPARTEMENT DE SEINE-ET-OISE

A LA CÉLÉBRATION DE LA FÊTE DU 30 VENTOSE, AN VI

(20 MARS)

Paroles du Citoyen GOUFFÉ-BEAUREGARD, commissaire du directoire exécutif.

Air : *Des petits montagnards.*

Heureux François ! ce jour auguste
Te rend le plus cher de tes droits,
Mais ton pouvoir pour être juste,
Ne doit émaner que des loix. (*bis*)
Les loix seules sont la puissance
D'un empire républicain :
Un peuple, roi par la licence,
N'est pas plus d'un jour souverain. (*bis*)

Les concitoyens sont tes frères,
Leur pouvoir est égal au tien.
Contre les hordes étrangères,
L'union fait notre soutien. (*bis*)
Mais lorsqu'un François en délire,
D'un François devient l'assassin ;
Alors la république expire.
Le peuple n'est plus souverain. (*bis*)

Aux mains de quelques mandataires,
Demain, tu remettras tes droits;
Sur eux porte des yeux sévères;
Ton bonheur dépend de tes choix. (*bis*)
Sois avare de ton estime,
Sois surtout, sois prudent, demain...
Demain si tu choisis le crime,
Demain tu n'es plus souverain. (*bis*)

N'accorde point ta confiance
A ces hypocrites pervers,
Qui prônent ton indépendance,
Et voudroient te voir dans les fers. (*bis*)
Rien d'exagéré, rien d'extrême.
Du bonheur c'est le seul chemin;
Ce n'est qu'en régnant sur soi-même,
Qu'on est puissant et souverain. (*bis*)

CHANT DES VENGEANCES

18 FLORÉAL, AN VI DE LA RÉPUBLIQUE (7 MAI)

Paroles du Citoyen Joseph ROUGET-DE-LISLE

Musique du Citoyen DELISLE

Aux armes! qu'aux chants de la paix
Succède l'hymne des batailles :
Aux armes! loin de nos murailles
Précipitons nos rangs épais,

Qu'importe l'Europe vaincue?
Qu'importe la foule éperdue
De ces rois tremblans devant nous?
La paix nous est-elle permise?
L'affreux brigand de la Tamise
N'a pas succombé sous nos coups.

C'est lui qui des peuples armés
Soudoya les hordes serviles,
Par lui de nos guerres civiles
Les flambeaux furent allumés
Des bourreaux de notre patrie
Son or suscita la furie;
Sa main aiguisa les couteaux;
Nos revers, notre aveugle rage,
Nos crimes tout fut son ouvrage
De la France il fit tous les maux.

Et tant de forfaits impunis
N'auroient pas enfin leur salaire!
Et les fiers enfans de la guerre
A ce point seroient avilis!
Mânes sanglans, pâles victimes!...
Ombres chères et magnanimes
Des braves morts dans nos combats!
Vos exploits ont sauvé la France;
Aux François vous criez vengeance,
Et vos cris ne l'obtiendroient pas!

Jusques aux deux mers
Que ce cri sacré retentisse;

Nous ferons justice
A Londres, à nous, à l'univers,
Artisan des malheurs du monde :
Trop fier dominateur de l'onde,
En vain crois-tu nous échapper ;
Sur tes rochers innaccessibles,
Le géant de ses bras terribles,
Va te saisir et te frapper.

Vainqueurs d'Honscoot, de Weissembourg !
Héros de Fleurus et d'Arcole !
Triomphateur du Capitole,
De Quiberon, de Luxembourg !
Vous tous fils de la république !
Sous les drapeaux de l'italique
Joignez vos saints ressentimens !
Sûr, malgré les flots, les tempêtes,
D'atteindre les coupables têtes
Qui vont dénouer nos sermens.

COUPLETS

POUR ÊTRE CHANTÉS A LA FÊTE DES ARTS ET DE LA LIBERTÉ

A L'ENTRÉE TRIOMPHALE

DES OBJETS DE SCIENCES ET D'ARTS RECUEILLIS EN ITALIE

LE 9 THERMIDOR, AN VI (27 JUILLET)

Air : *De la Boulangère.*

Jadis à Rome, en pèlerins
Quand nous faisions visite,
C'était pour voir les dieux, les saints.
  Ou les héros qu'on cite ;
  Enfin chacun d'eux, poliment,
Nous rend notre visite.
    Nous rend,
Nous rend notre visite.

Air : *Des Visites.*

  Du plus beau de nos palais
  Que la porte s'ouvre ;
  Qu'ils reçoivent des Français
  Les honneurs du Louvre.
  Oui, mais, oui, mais.
  Ils n'en sortiront jamais.

Air : *Veillons au salut de l'Empire.*

Honneur aux fils de la victoire !
Honneur à nos vaillants guerriers !
Minerve sourit à leur gloire,
Apollon chérit leurs lauriers.
    Différens
    Des tyrans
Dont les arts redoutaient l'empire,
    Ces vainqueurs,
    Dans leurs cœurs,
N'aspirent qu'à les cultiver.
D'autres travaillent pour détruire,
Nous triomphons pour conserver.

Air : *Ronde du camp du Grandpré.*

En marche triomphale ;
Voyez-vous l'Apollon,
L'Hercule et la Vestale,
Et Vénus et Caton ?
Tout héros, tout grand homme
A changé de pays ;
Rome n'est plus dans Rome :
Tout héros, tout grand homme
A changé de pays ;
Rome n'est plus dans Rome,
Elle est toute à Paris. (*bis*)

La précoce abondance
Qui change nos guérets,
Nous annonçait d'avance
Que nous verrions Cérès.

Oui, tout dieu, tout grand homme,
A changé de pays;
Rome n'est plus dans Rome,
Elle est toute à Paris. (*bis*)

A l'école Française
Quel présent immortel !
Avec Paul Véronèse,
Le Titien, Raphaël !
Tout peintre, tout grand homme,
A changé de pays;
Rome n'est plus dans Rome :
Tout peintre, tout grand homme
A changé de pays;
Rome n'est plus dans Rome,
Elle est toute à Paris. (*bis*)

Air : *Veillons au salut de l'Empire.*

Honneur aux fils de la victoire, etc.

Air : *Soldat, le bal va se rouvrir.*

Lorsque chez nous, savant Romain,
  Tes manuscrits s'amassent,
C'est peu d'y perdre ton latin,
  Tes médailles y passent.
Quel riche et précieux trésor !
  J'y vois de tout en somme :
S'il y faut quelque chose encore,
  Nous l'irons dire à Rome.

L'Afrique a fourni de lions
  Notre ménagerie ;
Grâce à Berne nous y voyons
  Les ours de l'Helvétie.
Nous avons aussi de Saint-Marc
  Les chevaux ; et j'espère,
Que bien bridé, le léopard
  Nous viendra d'Angleterre.

Qu'ainsi, nos ennemis domptés,
  Malgré leur résistance,
De mille prodiges vantés
  Enrichissent la France !
Et puissent les amis des arts,
  N'ayant qu'un centre unique,
Rendre hommage de toutes parts
  A notre République !

Air : *Veillons au salut de l'Empire.*

Honneur aux fils de la victoire, etc.

Par les auteurs des dîners du Vaudeville.

COUPLETS

CHANTÉS AU REPAS DE LA SOCIÉTÉ DES AMIS DES ARTS
LE JOUR DE L'ARRIVÉE DE TOUS LES MONUMENTS
ET DES CHEFS-D'ŒUVRE, CONQUIS SUR L'ITALIE, AU MUSÉUM
CENTRAL DES ARTS, LE 13 THERMIDOR, AN VI
(31 JUILLET)

Paroles du Citoyen Joseph LAVALLÉE

Air : *Du pas redoublé.*

Salut aux guerriers généreux,
   Vainqueurs de l'Italie;
Dont le bras enrichit ces lieux,
   Des trésors du génie.
Bronzes, marbres, tableaux, talens ;
   Tout parle de leur gloire :
Et chacun de ces monumens
   Raconte une victoire.

L'éloquent vainqueur de Python,
   Peu content du Saint-Père,
Auprès du pape sans façon,
   Bailloit au Belvédère :
Tant de cardinaux beaux esprits
   Lui donnaient la migraine,
Pour guérir, il vient à Paris
   Respirer l'air d'Athène.

Bonne et consolante Cérès !
  Le pauvre te salue ;
Vous ! Minerve ! Chez le François
  Soyez la bien venue.
Bientôt si sa légèreté
  Un tant soit peu vous blesse,
Vous apprendrez que la gaîté
  Est l'art de la sagesse.

Quant à la mère des Amours,
  Elle vient toute nue ;
Et de cette absence d'atours,
  La raison est connue :
Pouvait-elle au souffle des vents.
  Dérober sa parure ?
Nos dames depuis si long-temps
  Ont volé sa ceinture.

Je ne vois point parmi ces dieux
  Mars, le dieu de la guerre,
De l'égalité, l'orgueilleux
  A redouté la terre.
Je devine de cet ingrat
  Les jalouses alarmes :
Ce dieu ne ferait qu'un soldat
  Parmi nos frères d'armes.

Bien des gens par air ou par goût,
  Vantaient les neuf pucelles ;
Ils avaient, disaient-ils partout
  Leurs faveurs éternelles.

Grâces à nos braves enfans,
　　Viennent ces immortelles,
Et nous verrons si leurs amans
　　Sont si bien avec elles.

Honneur au buste de Brutus !
　　Et gloire à ce grand homme !
Je lui réponds que nos vertus
　　Valent celles de Rome.
Jamais traître sur nos remparts
　　N'a versé l'infamie ;
On vit toujours le sang des arts,
　　Fidèle à la patrie.

COUPLET A BONAPARTE

15 THERMIDOR, AN VI (2 AOUT)

Paroles du Citoyen LOMBARD DE LANGRES

Air : *On compteroit les diamans.*

Partout il se fait des chalans,
La victoire lui sert d'enseigne :
On est retappé pour long-tems
Quand il vous donne un coup de peigne ;
S'il va toujours par-ci, par-là,
Rasant ce qu'il trouve à la ronde,
Vous verrez que ce garçon-là
Fera la barbe à tout le monde.

COUPLETS

CHANTÉS AU THÉATRE DE LA RÉPUBLIQUE ET DES ARTS

A LA FÊTE DES VIEILLARDS

LE 10 FRUCTIDOR, AN VI (1) (27 AOUT)

Ses vertus méritaient ce don :
La couronne est à la plus sage :
De vous l'offrir elle a raison,
Car ses vertus sont votre ouvrage.
O bons vieillards! quel plus doux prix
De votre amour pour vos familles
Que le courage de vos fils,
Et la sagesse de vos filles.

Amis des loix, amis des mœurs,
Que ces vieillards sont respectables!
Formons des couronnes de fleurs.
Pour orner leurs fronts vénérables :
Un pareil hommage est bien dû
A leurs travaux, à leur sagesse!
Oui, c'est couronner la vertu,
Que de couronner la vieillesse.

(1) C'est un magistrat qui est supposé les chanter à l'occasion de l'hommage que la rosière foit à son père, de la couronne qu'elle vient de recevoir.

Portons honneur aux cheveux blancs;
Fêtons à l'envi la vieillesse;
Unissons nos cœurs et nos chants:
O jour heureux pour la tendresse!
Voyez : partout dans les regards
La plus touchante gaîté brille;
Quand on couronne les vieillards,
C'est une fête de famille.

1799

COUPLETS PATRIOTIQUES

POUR LA FÊTE RÉPUBLICAINE DU 2 PLUVIOSE, AN VII

DE LA RÉPUBLIQUE FRANÇOISE (21 JANVIER)

JOUR ANNIVERSAIRE DE LA MORT DU DERNIER ROI DES

FRANÇOIS

> (1) Républicains sincères
> Entourons cet autel ;
> Prêtons avec nos pères,
> Ce serment solennel ;
> Je jure haine éternelle
> Aux oppresseurs, aux rois,
> Respect, amour et zèle
> Pour l'acte de l'an trois. (*bis*)

(1). Les quatre premiers vers de ce couplet seront chantés du côté du peuple, et les quatre autres du côté de l'autel de la patrie, la main droite élevée. Les assistants répètent ces derniers de la même manière.

Tyran, traitre et parjure,
Tu méritas la mort.
Ton rang fut une injure
Qui prépara ton sort;
Pouvois-tu méconnaître
Un être égal à toi
Te déclarer son maître
Et te nommer son roi? (*bis*)

Transmettons cet outrage
A la postérité.....
Et jurons d'âge en âge,
Haine à la royauté.
Qu'au temple de mémoire
L'on consacre à la fois,
Nos succès, notre gloire
Et l'opprobre des rois. (*bis*)

Liberté, ton tonnerre
Ébranle l'univers ;
Monarques, sur la terre
N'attendez que des fers :
Croyez qu'un diadème
Ne fait plus de jaloux ;
Qui règne sur lui-même
Est bien plus grand que vous. (*bis*)

Reçois, ô ma patrie !
Le serment solennel:
Que chacun ratifie
Au pied de ton autel :

De combattre et poursuivre
Les oppresseurs, les rois,
De servir et de vivre
Sous l'empire des loix. (*bis*)

François dans l'exercice
De tes droits reconquis.
Consulte la justice,
Honore ton pays :
Déjà l'on y respire
L'heureuse liberté,
Et l'on y voit sourire
La douce égalité. (*bis*)

Veux-tu que la victoire
Accompagne tes pas
Que la plus haute gloire
Signale tes combats?
Républicain sévère,
Mais plein d'humanité,
Ne t'arme contre un frère
Que pour ta liberté. (*bis*)

LA DÉFAITE DE L'ARMÉE NAPOLITAINE

EXÉCUTÉ SUR LE THÉATRE DE LA RÉPUBLIQUE

ET DES ARTS, LE 16 NIVOSE, AN VII (4 FÉVRIER)

Air : *Allons enfants de la patrie.*

UN CITOYEN

Où vole cette horde impie
Qu'anime l'affreux léopard ?
Devant lui de la perfidie
Brille le sinistre étendard ! (*bis*)
D'un Roi la fureur se réveille
Forte de son impunité,
Et sa lâche témérité
Insulte au lion qui sommeille !...
Marchez, soldats-héros, à de nouveaux exploits,
Marchez (*bis*), du Capitole allez chasser les rois.

Comme un fleuve enchaînant son onde
Dans un repos majestueux,
Troublé par l'orage qui gronde
Soulève un flot victorieux : (*bis*)
Tels les François surpris dans l'ombre
Pressent leurs redoutables rangs,
Ils s'élancent : tombez tyrans
La valeur triomphe du nombre.
Honneur à ces héros ! honneur à leurs exploits !
Deux fois (*bis*) du Capitole ils ont chassé les rois.

Ville sacrée, asyle antique
De la liberté, des vertus,
Relève ton front héroïque,
O mère auguste des Brutus! (*bis*)
Vois du haut de tes sept collines
Les brigands descendre au cercueil,
Et le vainqueur, avec orgueil,
Ranimer tes nobles ruines!
Salut, soldats-héros! honneur à vos exploits!
Vengez (*bis*) le Capitole une seconde fois!

Si le François, nouvel Alcide,
Des rois terrasse les complots,
C'est la liberté qui le guide,
Liberté! tu fais les héros! (*bis*)
France! à des victoires plus belles
Ainsi préludent tes enfants
Bientôt sous leurs pas triomphans
Vont naître des palmes nouvelles!
Marchez, républicains! partez, jeunes François!
Partez (*bis*) votre vaillance enfantera la paix.

COUPLETS

SUR LE CAPITAINE-GÉNÉRAL MACK, 18 PLUVIOSE, AN VII

(6 FÉVRIER)

Air : *De la pipe de tabac.*

Plutôt que de se laisser prendre,
Le grand coureur napolitain,
Monsieur Mack est venu se rendre,
Au général républicain. (*bis*)
« Cachez-moi, j'ai peur, je frissonne ;
« Pour me tirer de ce mic-mac,
« Je viens vous offrir ma personne,
« Comme l'on offre du tabac. (*bis*)

« Vous me reprocherez peut-être,
« Fanfaronade et trahison,
« J'eus tort au nom du roi mon maître :
« Au mien, je veux avoir raison, (*bis*)
« Quand j'écrivis cette sottise,
« Qui me vaut le surnom de Crac,
« J'étais, il faut que je le dise,
« Ivre de punch et de tabac. (*bis*)

« Je fus trop vain dans mon message,
« Je le reconnus bien à jeun ;
« Pourtant je me suis dit : courage !
« Nous sommes quarante contre un ; (*bis*)

« Mais vous nous pressez de manière,
« Que je n'ai point eu, foi de Mack,
« Pendant une journée entière,
« Le temps de prendre du tabac. » (bis

Entre nous, soit dit sans malice,
Vous vous êtes mal défendu ;
Mais on convient, et c'est justice,
Que vous vous êtes bien rendu ; (bis)
En se rendant, on se délivre
De la peur d'aller au grand lac ;
Enfin, avec du savoir vivre,
On prend plus long-temps du tabac. (bis)

Quel étouffoir pour votre braise,
Ah ! Monsieur Mack, quelle leçon !
Méditez-la tout à votre aise
Quand vous serez à Briançon. (bis)
Vous qui deviez comme la foudre,
Mettre la République à sac,
Voilà tous vos lauriers en poudre,
Vous pourrez les prendre en tabac. (bis)

Maintenant, pourquoi la nouvelle
Qui circule dans tous Paris,
N'est-elle pas officielle?
Maint incrédule en est surpris. (bis)
Ah ! bondieu la sotte surprise !
La prise du général Mack,
Pour les François n'est qu'une prise,
Rien qu'une prise de tabac. (bis)

LES SACS

COUPLETS POPULAIRES. 4 GERMINAL, AN VII (24 MARS)

Air : *De la pipe de tabac.*

Près de nos femmes à la mode,
Pauvres filoux que je vous plains!
Plus de poches... c'est incommode
Pour l'exercice de vos mains :
Mais l'amour en escamotage,
Plus adroit que Monsieur de Crac,
Dit qu'on en prend bien davantage,
Et que tout n'est pas dans le sac.

Un sac donne l'air moins canaille
Que les poches du temps jadis;
Et puis pour se grossir la taille,
A quoi bon garder ses habits ?
Aussi toutes nos parvenues,
Pour se donner un certain tac,
Se montrent plus qu'à demi-nues;
Mais les grâces sont dans le sac.

Combien de sacs, on le devine,
Sans compter les sacs de papier,
Sacs à poudre, sacs à farine,
Et jusqu'aux sacs du charbonnier :
Mais de ces sacs que je rappelle,
Le sac qui me flatte le plus,
N'en déplaise au sac de ma belle,
C'est un bon sac rempli d'écus,

HYMNE A L'HYMEN

POUR LA CÉLÉBRATION DES MARIAGES RÉPUBLICAINS

LE 28 VENTOSE, AN VII (28 MARS)

Paroles du Citoyen P.-L. GINGUENÉ

Dieu d'hymen ! reçois nos hommages,
De deux époux entends les vœux !
Par le plaisir tu fais des sages,
Et par le devoir, des heureux.

A ton nom, la vierge sensible
Laisse engager son jeune cœur ;
A ton nom, le guerrier terrible
Soupire et connaît un vainqueur.
L'homme en cédant à la nature,
Brûle sans frein comme sans choix ;
Son ardeur se fixe et s'épure,
En cédant à tes douces loix.
    Dieu d'hymen, etc.

Tu donnes d'ineffables charmes
Aux soins de la maternité :
Quelle mère a regret aux larmes
Qu'à ses yeux sa fille a coûté ?
Des soins d'amant, d'ami, de frère,
L'homme tour à tour est charmé ;
Est-il époux, devient-il père,
Il croit n'avoir jamais aimé.
    Dieu d'hymen, etc.

Si de la rapide jeunesse
Tu n'éternises point la fleur,
Tu fais goûter à la vieillesse
Des fruits encore pleins de douceur.
Elle sourit, environnée
De rejetons qu'elle bénit.
Comme une plante fortunée,
Que chaque bouton rajeunit.
  Dieu d'hymen, etc.

Malheur au mortel qui t'ignore,
Qui traine ses jours loin de toi !
Cent fois plus malheureux encore
Celui qui te manque de foi !
L'un dans sa route solitaire,
Marche tristement vers la mort ;
La mort vient frapper l'adultère
Entre la honte et le remords
  Dieu d'hymen, etc

La République triomphante
Te décerne un culte nouveau.
Que des Francs la race vaillante
Ne profane plus ton flambeau !
Que dans nos fêtes domestiques
Cet oracle soit répété :
« Sans l'hymen point de mœurs publiques,
« Et sans mœurs point de liberté. »
  Dieu d'hymen, etc.

HYMNE

CHANTÉ POUR LA FÊTE DU 10 AOUT, LE 23 THERMIDOR
DE L'AN VII DE LA RÉPUBLIQUE FRANÇAISE

Par le Citoyen VERNY

Air : *La victoire en chantant.*

François, réveillez-vous en ce jour mémorable
    Entendez l'hymne des combats;
Des rois coalisés la troupe formidable
    Trame de nouveaux attentats,
    Céler les maux de la patrie,
    C'est la trahir et que ma voix
    Rallume la foudre assoupie
    De nos guerriers vainqueurs des rois.
    Liberté, reprends ton tonnerre,
    Éclaire-nous de tes flambeaux,
    Qu'il n'existe qu'un cri de guerre;
    Vaincre ou mourir sous nos drapeaux.

Quoi! des essaims nombreux qu'a vomis le Ténare
    Viendraient envahir nos États!
L'Autrichien féroce, et le Russe barbare,
    Traîneraient la mort sous leurs pas!
    Et nos bras seraient immobiles,
    Et rien n'enflammerait nos cœurs!
    Au sein de nos foyers tranquilles,
    Nous resterions froids spectateurs!
        Liberté, etc.

La patrie alarmée aujourd'hui nous appelle;
    Sauvons-la d'un joug étranger :
Courons tous dans les rangs, et sachons tous pour elle
    Braver la mort et le danger,
    Ainsi quand la flamme ravage
    Nos toits et menace nos jours,
    Tout citoyen a du courage,
    Et vole en arrêter le cours.
        Liberté, etc.

Le trône est abattu, malgré la perfidie,
    Ce jour l'atteste à l'univers :
Ce jour à renversé l'affreuse tyrannie,
    Ce jour a brisé tous nos fers,
    Que ce jour encore nous rallie ;
    Sur la tombe de nos héros,
    Allons respirer leur génie ;
    Qu'ils trouvent en nous leurs égaux.
        Liberté, etc.

COUPLETS

SUR LES ÉTONNEMENS DU JOUR, 2me JOUR COMPLÉMENTAIRE

AN VII (18 SEPTEMBRE)

Par le Citoyen NOEL

Air : *C'est-là ce qui m'étonne.*

Qu'on ait détruit duchés et marquisats,
    Qu'on ait gâté mainte excellence
    Et rabaissé mainte éminence,
      Cela ne me surprend pas ;
Mais que des fats, par leur mise bouffonne,
    Leurs petits airs, leur ton exquis,
    Nous fassent revoir, en croquis,
    Défunts prestolets et marquis,
      C'est là ce qui m'étonne.

Que sous le froc, sous ces brillans fatras
    D'ornemens et de marques vaines,
    On trouvât peu d'âmes romaines,
      Cela ne me surprend pas :
Mais qu'aujourd'hui, quand la France foisonne
    Et de têtes à la Brutus,
    Et de cols à la Torquatus,
    On cherche un cœur à la Titus,
      C'est là ce qui m'étonne.

Qu'un bon rentier, autrefois gros et gras,
    Ait de valets sa maison nette,
    Et soit maigre comme un squelette,
      Cela ne me surprend pas ;
Mais qu'un faquin, hier vivant d'aumône,
    Nourrisse aujourd'hui plus de gens,
    Qu'il n'avait jadis de sergens
    Nuit et jour sa porte assiégeans,
      C'est là ce qui m'étonne.

Qu'à son mari, vendant cher ses appas,
    La femme d'un Caton le force
    A demander enfin le divorce,
      Cela ne me surprend pas ;
Mais que, sauvé des mains de la pouponne,
    Il aille, après cette leçon,
    Perdant le fruit de sa rançon,
    D'hymen remordre à l'hameçon,
      C'est là ce qui m'étonne.

Qu'un fournisseur de souliers et de bas,
    Refasse à neuf sa jambe étique
    Aux dépens de la république,
      Cela ne me surprend pas ;
Mais qu'il haïsse, ingrat pour sa patronne,
    Le régime républicain,
    Autant qu'un moine franciscain
    Haïssait un dominicain ;
      C'est là ce qui m'étonne.

Qu'auprès du feu, qu'à la fin d'un repas
    On soit prêt à porter la guerre

de la première République

      Aux extrémités de la terre
        Cela ne me surprend pas ;
Mais, quand il faut payer de sa personne,
      Que tel, qui parle en Cicéron,
      Loin d'endosser le ceinturon,
      Se cache en un trou de ciron,
        C'est là ce qui m'étonne.

LA FRATERNITÉ RÉPUBLICAINE

COUPLETS CHANTÉS AU TEMPLE DÉCADAIRE

DU XIIe ARRONDISSEMENT, LE 1er VENDÉMIAIRE, AN VIII

(23 SEPTEMBRE)

ANNIVERSAIRE DE LA FONDATION DE LA RÉPUBLIQUE

Par le Citoyen LESIEUR

Air : *De la chaumière.*

Contre l'auguste liberté,
Lorsque s'arme une horde impie,
François, que la fraternité
Règne et sauve encor la patrie ;
Marchons ensemble réunis,
Méprisons de vaines chimères :
Pour repousser nos ennemis,
Formons un bataillon de frères. (*bis*)

Loin de nous la division,
Les querelles font les esclaves :
Notre force est dans l'union,
Suivons l'exemple de nos braves!
On menace la liberté
Soudain on lit sur leurs bannières :
Pour défendre l'égalité,
Les républicains sont tous frères. (*bis*)

En vain les rois pour nous tromper.
Montrent de perfides amorces!
Ce n'est que pour mieux nous frapper
Qu'ils veulent diviser nos forces,
Méfiez-vous de ces tyrans,
Leurs promesses sont mensongères
Ils asserviraient vos enfants,
Ils feraient égorger nos frères. (*bis*)

Voyez pour défendre nos droits,
L'ardente jeunesse animée,
Le disputer par cent exploits.
Aux vieux soldats de notre armée!
C'est pour nous qu'ils versent leur sang;
Pour nous qu'ils bravent la misère :
En partageant son vêtement,
Chacun de nous couvre son frère. (*bis*)

Des préjugés de nos aïeux
Faisons un abandon civique;
Soyons bons, justes, vertueux,
On aimera la république.

Si votre frère est dans l'erreur,
A ses yeux offrez la lumière,
Vers le bien ramenez son cœur,
Il est doux de sauver un frère. (*bis*)

SERMENT SUR L'AUTEL DE LA PATRIE ET DE LA CONCORDE

Sur ces éternels monuments,
Jurons d'étouffer la discorde?
Unis par les mêmes serments,
Ne faisons qu'un par la concorde.
Enfants, citoyens et soldats,
Formons une chaîne si chère,
Et que chacun entre ses bras,
Contre son cœur presse son frère. (*bis*)

COUPLETS

CHANTÉS CHEZ LE CONSUL CAMBACÉRÈS POUR LA FÊTE DE

L'ANNIVERSAIRE DU RETOUR DE BONAPARTE EN FRANCE

LE 17 VENDÉMIAIRE, AN VIII (9 OCTOBRE)

Musique de GARAT

Vaisseau que sur l'humide plaine
Mes yeux au loin ont entrevu,
Vaisseau qu'un vent propice amène;
Dans nos ports, soit le bienvenu;

Mais, s'il se peut, dis-nous d'avance
Ce que tu portes dans ton sein ?
Français, je porte l'espérance :
Dans les grands maux, c'est un grand bien.

Vous supportiez d'indignes chaînes,
Voici qui vous délivrera ;
Vous fomentiez de tristes haines,
Voici qui vous rapprochera ;
Et par l'amour la France unie
Dira dans sa félicité :
Le ciel a dit à mon génie
De planer sur ma liberté.

Sur cet air et ce maintien calmes,
Voyez ce guerrier fier et doux,
Qui revient du pays des palmes
Planter l'olive parmi vous.
Tranquille au fort de la tempête,
Et modéré dans le bonheur,
Si la victoire est dans sa tête,
Il porte la paix dans son cœur.

Mais la paix que le monde implore,
C'est en vain qu'on l'offre aux vaincus.
Bonaparte, il faut vaincre encore,
Il faut un prodige de plus :
Jusqu'en son nid, à l'aigle altière
Porte tes coups et tes bienfaits ;
Déclare la guerre à la guerre,
Et triomphe au nom de la paix,

O paix, ton règne va renaître ;
Ah ! puisse-t-il être éternel !
Un second Mars est ton grand prêtre
Et sacrifie à ton autel.
Toi seule tu peux à la gloire
Ajouter un lustre en tout lieu ;
Un héros donne la victoire ;
La paix est le présent d'un Dieu.

RONDE POPULAIRE

SUR LES NOUVELLES VICTOIRES DE NOS ARMÉES

25 VENDÉMIAIRE, AN VIII (17 OCTOBRE)

Paroles du Citoyen HILLIARD-DAUBERTEUIL

Air : *Eh gai, gai, gai, mon officier.*

Eh gai, gai, gai braves François,
   Volez à la victoire,
Au monde heureux de vos succès,
   Vous donnerez la paix.

Cessant d'être rebelle
A nos jeunes héros,
La victoire fidèle
Revient sous leurs drapeaux.
   Eh gai, gai, gai, etc.

De dévouement civique
Modèles généreux,
Nos soldats en Afrique,
Restent victorieux.
    Eh gai, gai, gai, etc.

Le héros de Russie
Suwaroff est vaincu :
Aux champs de L'Hélvétie,
Masséna l'a battu.
    Eh gai, gai, gai, etc.

Pitt en vain au Batave,
Veut parler en anglois,
Ce peuple fier et brave,
Lui répond en françois.
    Eh gai, gai, gai, etc.

Enfans de la Victoire,
Ah ! réjouissez-vous :
Bonaparte et la gloire
Reviennent parmi nous.
    Eh gai, gai, gai, etc.

En vain dans leur délire,
D'imbéciles tyrans.
Jurent de nous détruire
Nous serons triomphans.
    Eh gai, gai, gai, etc.

COUPLET

CHANTÉ SUR LE THÉATRE DE MALTE, LE JOUR MÊME

D'UNE SOMMATION DES ANGLAIS

LE 18 BRUMAIRE, AN VIII (8 NOVEMBRE)

Paroles du Citoyen LA CORETTERIE

Air : *O ma tendre musette.*

Que peut-on entreprendre
Contre les fils de Mars ?
Nos bras sauront défendre
Malte et ses beaux remparts.
Faites le diable à quatre,
Sommez-nous mons Nelson,
Un Français sait combattre,
Mais capituler !... Non.

TABLE DES MATIÈRES

1789

Le Serment du jeu de paume	1
La prise de la Bastille	3
Hymne pour célébrer le 14 juillet	6
Récit historique de ce qui s'est passé dans la ville de Paris	8
Hymne sur la journée du 14 juillet	13
Couplets sur la cocarde nationale	16
Couplets pour les dames députées du Marché Saint-Paul	18
L'abolition des priviléges	19
Couplets à M. le marquis de La Fayette	22
Déclaration des Droits de l'homme	23
Chanson de 1789	26
Chant patriotique	27
Auprès de ma blonde	28
Les vœux de la Nation	31
M. et M.me Denis	33
Couplets	38
Chanson nouvelle	40
Le curé et sa servante	44
Couplets sur les Bourbons	46
Chanson sur les sentiments du peuple	48
Le soldat patriotique	50
Au ci-devant Roi	52
O filii national	53
Les droits de l'homme et du citoyen	56
Chanson	63

1790

Ça ira	65

Chant du 14 juillet.............................	68
Hymne pour la fête de la Révolution........................	71
Serment de la confédération..................................	72
Couplets sur la fédération...............................	74
Chanson patriotique..	76
La France invincible..	78
L'heureuse réforme..	80
Chanson patriotique..	82
La déroute des agioteurs.....................................	83
L'adoption..	85
Les rats et les chats..	87
Le triomphe de la liberté.....................................	89
L'union patriotique...	91
Hommage à l'acte constitutionnel.............................	92
Chanson contre l'Assemblée nationale.........................	95
Couplets composés et chantés par les ouvriers du Champ de Mars.	96
Hymne à la liberté...	97
Chanson..	99
Chanson patriotique..	101
Portrait des rois...	102
Chanson patriotique..	103
Le savetier patriote..	105
Romance républicaine..	107

1791

La journée des poignards....................................	111
Hymne à l'agriculture.......................................	117
Hymne à l'égalité..	118
Couplets chantés sur le théâtre de la nation...................	120
Hymne à Voltaire..	122
La bonne aventure...	124
Couplets chantés sur les débris de la Bastille.................	125
Le chant des Victoires.......................................	127
Hymne populaire...	129
Couplets populaires..	130
Ronde patriotique..	131
Hymne à la liberté...	133
Chant républicain..	134
Les émigrans..	135
Portrait de Philippe Égalité...................................	137

1792

Couplets	139
Couplets sur la suppression des costumes religieux	141
La Marseillaise	143
Couplets sur la fonte des cloches	147
Chant pour la fête de Châteauvieux	151
Hymne funèbre	152
Chant du 10 août	153
Chanté à la réunion du 10 août	155
Le divorce	156
La République	158
Gaité patriotique	160
Seconde gaité patriotique	161
La Déesse de la liberté	162
Le siége de Lille	163
Le général Custine	164
Eloge de Thionville et de Lille	165
La carmagnole	167
Adieu des Françaises	170
Marche	172
Le bonnet de la République	175
Chanson satirique	177
Chant de guerre	182
Au général Dumouriez	183
Quel mal pourroient-ils faire	184
Hommage à J.-J. Rousseau	185
Chant de guerre	186
Le bonnet de la liberté	187
Chant pour la fête de l'agriculture	188
Les voyages du bonnet rouge	190
Aux citoyens	191
Dialogue	192
Hymne (théâtre Louvois)	196
Projet de décret	198
Chanson de la gamelle	199
Couplets (prise de Bruxelles)	202

1793

Le triomphe de la République	203
Couplets civiques	205
Couplet (de la chaste Suzanne)	206

Le mois de Février...	207
Toulon soumis...	210
Hymne chanté lors de la translation des archives des Liégeois..	211
Chanson du maximum...	213
Couplets...	216
Couplet..	217
Hymne religieux et patriotique.................................	217
Couplets et hymnes..	219
Hymne à la liberté...	225
Chant civique..	228
Triomphe de la République....................................	230
A la Bastille...	231
Hymne (fête funèbre de Marat)................................	232
Hymne patriotique...	233
Chant patriotique..	235
Hymne à la raison...	236
La reddition de la ville de Lyon................................	238
Les volontaires...	240
Aux armes...	243
Couplets chantés aux noces du ci-devant prêtre et bénédictin..	247
Couplets...	248
Chanson patriotique..	250
Les Sans-Culottes..	252
Conseils aux Sans-Culottes.....................................	253
La nourrice républicaine.......................................	255
Couplets...	256
Couplets...	258
Les bons effets du salpêtre.....................................	259
Couplets...	262
Hymne aux mânes de Gasparin.................................	263
Hymne à la liberté...	266
Cantique séculaire du père Duchesne...........................	266
Couplets populaires..	269
La Montagne ou la fondation du temple de la liberté...........	271
Hymne à l'égalité..	273
Couplets patriotiques...	273
Romance faite en prison par un citoyen reconnu depuis innocent.	275
Hymne à la liberté et à l'égalité...............................	276
Hymne fête de la raison.......................................	278
Le nouveau calendrier...	280
Hymne (du temple de la raison)................................	285
Chanson militaire..	287
Hymne funèbre (Marat et Le Pelletier)........................	288
L'heureuse décade...	290
Couplets...	291
Couplet..	292
Couplets de la rosière républicaine.............................	293

Table des matières

Fête de la raison	294
Hymne à la raison	295
Couplets (fête de la raison)	298
Chant en l'honneur des martyrs de la liberté	299
Couplets de la fête civique	301
Hymne des Vingt-Deux	303
L'emprunt forcé	304
La carmagnole de Fouquier-Tinville	307
Prise de Toulon	308
Hymne à la raison	311
La reprise de la ville infâme de Toulon	312
Couplets sur la prise de Toulon	314
Hymne (fête du 30 décembre)	315
Couplets (fête de l'inauguration du pavillon tricolore)	318
Offrande à la liberté	319
Les travaux du camp	321
Couplet chanté par un curé qui épouse une sœur grise	322
Chant patriotique	323
Le Sans-Culotte	325
Le serment républicain	326
Hymne à la liberté	327
Le cri de mort contre les rois	328

1794

Couplets des petits montagnards	331
Chanson populaire	333
L'amitié républicaine	334
Couplets	336
Prise de Toulon	337
Couplets des patriotes du faubourg Saint-Antoine	339
Le noble roturier	340
Stances	341
Couplet populaire	343
Concert (théâtre des arts)	343
Impromptu	346
Ode sur le vaisseau le Vengeur	347
Hymne à l'Être suprême	350
Strophes	352
Couplets	354
Couplets pour la fête de Barra	355
L'armée emballée	356
Bataille de Fleurus	358
Couplets (théâtre de l'Égalité)	359

Table des matières

Hymne (fête de Marat)	360
Le chant du départ	362
Hymne à la liberté	365
Couplets de l'alarmiste	367
Couplets révolutionnaires	368
Hymne du IX thermidor	369
Couplets populaires	372
Hymne (fête du 10 août)	374
Couplets (réunion du 10 août)	377
Couplets (10 août)	380
Couplets (théâtre des arts)	381
Couplets (réunion du 10 août)	382
Couplets (10 août)	383
Hymne populaire	384
Couplets (10 août)	386
Couplets populaires	387
Couplets	388
Couplets de Denis le tyran	391
Hymne dithyrambique	392
Chant patriotique	395
Les plaisirs de la fraternité	396
Hymne à J.-J. Rousssau	399
Ode à J.-J. Rousseau	400
Hymne à J.-J. Rousseau	402
Trait de bienfaisance	405
Couplets (reprise de Valenciennes)	408
Couplets (théâtre de Nancy)	409
Chant (fête de la vieillesse)	410
Aux mânes de la Gironde	414
La noblesse du patriote	415
La grande déclaration	416
C'est mon avis	422
Chanson à la paix	429
Hymne guerrier et patriotique	431

1795

Le vœu des citoyens paisibles	433
Couplets populaires	436
L'innocent	437
Hymne pour la fête du malheur	438
La journée du XII germinal	441
Au peuple françois	443

Chant funèbre (Mort de Ferraud)......................... 443
Le franc républicain................................... 444
Le onze thermidor..................................... 448
Chant du IX thermidor................................. 450
Guerre à l'Angleterre.................................. 453
Chant triomphal à la paix.............................. 454
Le réveil du peuple................................... 455

1796

Hymne à la fraternité................................. 457
Couplets patriotiques................................. 459
Les dangers de la confession.......................... 460
Réponse à l'auteur du confiteor....................... 463
Conseils civiques au beau sexe........................ 465
Chanson populaire..................................... 466
Hymne à l'agriculture................................. 467
Mes vœux.. 469
Hymne à l'humanité.................................... 471
Chant martial... 472
Aux patriotes... 473

1797

Les avantages de la petite table...................... 475
Le citoyen d'Hermand.................................. 477
Gloire aux soldats républicains....................... 479
Couplets sur la liberté des spectacles................ 480
La cérémonie lugubre.................................. 482
Hymne (au général Hoche).............................. 484
Couplets sur la paix.................................. 486
Couplets à l'occasion de la paix...................... 487
Au général Bonaparte.................................. 488
Chant populaire....................................... 489
Couplets sur la paix.................................. 491
Couplets populaires................................... 493

1798

La danse françoise.................................... 495
Couplets à la citoyenne Paulette...................... 497
Couplets patriotiques................................. 498

Couplets	500
Chant des vengeances	501
Couplets (fête des arts)	504
Couplets (des amis des arts)	508
Couplet à Bonaparte	510
Couplets (théâtre de la République)	511

1799

Couplets patriotiques	513
La défaite de l'armée napolitaine	516
Couplets sur le général Mack	518
Les sacs	520
Hymne à l'hymen	521
Hymne (10 août)	523
Couplets	525
La fraternité républicaine	527
Couplets sur le consul Cambacérès	529
Ronde populaire	531
Couplet	533

ERRATA

Page	9	ligne	20	*au lieu de*: étandards, *lire* : étendards.
—	9	—	23	— portent, *lire* : porte.
—	10	—	30	— Feroi, *lire* : ferai.
—	20	—	11	— digne spectacle, *lire* : digne ce spectacle.
—	23	—	11	— bienfoits, *lire* : bienfaits.
—	25	—	7	— toit, *lire* : tait.
—	25	—	9	— désormois, *lire* : désormais.
—	27	—	8	— échaffeaux, *lire* : échaffauds.
—	36	—	3	— foit, *lire* : fait.
—	36	—	4	— foit, *lire* : fait.
—	39	—	1	— les fatigues, *lire* : la fatigue.
—	46	—	17	— Relençons-les, *lire* : Relançons-les.
—	52	—	6	— mauvoise, *lire* : mauvaise.
—	80	—	10	— noîtrons, *lire* : naîtrons.
—	82	—	13	— effamés, *lire* : affamés.
—	84	—	11	— renoître, *lire* : renaître.
—	87	—	21	— feront, *lire* : ferons.
—	89	—	8	— veux, *lire* : veut.
—	91	—	16	— Désormois, *lire* : Désormais.
—	91	—	18	— Noissance, *lire* : naissance.
—	96	—	11	— veux, *lire* : veut.
—	103	—	19	— briseront, *lire* : briserons.
—	105	—	11	— soutient, *lire* : soutiens.
—	105	—	21	— ballet, *lire* : balai.
—	106	—	24	— haleine, *lire* : alène.
—	107	—	12	— passoi, *lire* : passai.
—	108	—	23	— Mais soit, *lire* : Mais sois.
—	111	—	16	— palois, *lire* : palais.
—	116	—	2	— la faveur, *lire* : A la faveur.
—	116	—	17	— I en sera, *lire* : Il en sera.
—	118	—	21	— l'on chante, *lire* : l'on te chante.
—	119	—	6	— fastieux, *lire* : fastueux.
—	119	—	12	— Tu fis noître, *lire* : Tu fis naître.
—	123	—	14	— renoît, *lire* : renaît.
—	127	—	9	— Disparoissez, *lire* : Disparaissez.
—	129	—	2	— Maline, *lire* : Moline.
—	129	—	23	— soit, *lire* : sait.
—	130	—	14	— l'attroit, *lire* : l'attrait.
—	132	—	6	— banira, *lire* : bannira.

Errata

Page 133	ligne 2	*au lieu de* :	DIforgues, *lire* : Deforgues.
— 133	— 8	—	interrogeoit, *lire* : interrogeant.
— 137	— 8	—	fort, *lire* : fous.
— 137	— 15	—	d'Oussant, *lire* : d'Ouessant.
— 141	— 3	—	suspendroi, *lire* : suspendrai.
— 141	— 4	—	ploît, *lire* : plaît.
— 141	— 5	—	Je reviendroi, *lire* : Je reviendrai.
— 145	— 20	—	soient chantés, *lire* : sont chantés.
— 151	— 11	—	bienfoits, *lire* : bienfaits.
— 154	— 10	—	noissance, *lire* : naissance.
— 156	— 11	—	encore, *lire* : encor.
— 158	— 7	—	engueuleuse, *lire* : enjôleuse.
— 158	— 15	—	troit, *lire* : trait.
— 161	— 24	—	Je sauroi, *lire* : Je saurai.
— 163	— 7	—	d'attroits, *lire* : d'attraits.
— 173	— 19	—	recouvera, *lire* : recouvreras.
— 174	— 4	—	chéris, *lire* : chers.
— 174	— 5	—	Ou, *lire* : On.
— 176	— 6	—	Le cathéchisme, *lire* : Le catéchisme.
— 186	— 3	—	Ximenée, *lire* : Ximénès.
— 195	— 16		Attend, *lire* : Attends.
— 195	— 17	—	t'empogne, *lire* : t'empoigne.
— 197	5	—	nos têtes, *lire* : vos têtes.
— 197	14	—	formera, *lire* : formeras.
— 203	— 6	—	au, *lire* : aux.
— 204	— 4	—	se flattoit, *lire* : se flattait.
— 204	— 6	—	palois, *lire* : palais.
— 204	— 24	—	palois, *lire* : palais.
— 205	— 10	—	voloient, *lire* : volaient.
— 210	— 20	—	chanteront, *lire* : chanterons.
— 212	— 2	—	poscrite, *lire* : proscrite.
— 213	— 9	—	nobseum, *lire* : nobiscum.
— 213	— 13	—	qu'en, *lire* : quand.
— 213	— 24	—	qu'en, *lire* : quand.
— 214	— 29	—	seulement pas, *lire* : seulement.
— 222	— 8	—	regetté, *lire* : regretté.
— 223	— 8	—	Renoît, *lire* : Renaît.
— 228	— 21	—	sont, *lire* : son.
— 229	— 24	—	Cesses, *lire* : Cesse.
— 234	— 29	—	noître, *lire* : naître.
— 239	— 19	—	q'un, *lire* : qu'un.
— 241	— 10	—	Qui ploît, *lire* : Qui plaît.
— 241	— 12	—	solemnel, *lire* : solennel.
— 242	— 6	—	Tu sois, *lire* : Tu sais.
— 242	— 10	—	Courrez, *lire* : Courez.

Errata

Page 246	ligne	6	*au lieu de* : subirons, *lire* : subiront.
— 249	—	11	— permettoit, *lire* : promettait.
— 250	—	7	— les rois, *lire* : des rois.
— 253	—	5	— Nous l'savons, *lire* : Nous l's avons.
— 255	—	11	— Croignoit, *lire* : Craignait.
— 258	—	11	— Et soit, *lire* : Et sois.
— 259	—	11	— Regretoit, *lire* : Regrettoit.
— 260	—	7	— fait, *lire* : fais.
— 266	—	6	— En banisse, *lire* : En bannisse.
— 266	—	8	— Guides, *lire* : Guide.
— 266	—	10	— leurs reconnoissance, *lire* : leur reconnaissance.
— 267	—	10	— pèle, *lire* : pelle.
— 269	—	2	— englontit, *lire* : engloutit.
— 270	—	2	— progetté, *lire* : projeté.
— 271	—	10	— Gemmape, *lire* : Jemmapes.
— 280	—	7	— combinoisons, *lire* : combinaisons.
— 281	—	16	— athmosphère, *lire* : atmosphère.
— 282	—	6	— l'horison, *lire* : l'horizon.
— 282	—	20	— l'existance, *lire* : l'existence.
— 283	—	8	— paroît, *lire* : paraît.
— 284	—	24	— Pommone, *lire* : Pomone.
— 285	—	4	— existance, *lire* : existence.
— 285	—	9	— Comporer, *lire* : comparer.
— 285	—	21	— liberté chérie, *lire* : liberté.
— 288	—	10	— Legnard Bourron, *lire* : Léonard Bourdon.
— 288	—	21	— enflame, *lire* : enflamme.
— 289	—	18	— noître, *lire* : naître.
— 293	—	6	— disparoître, *lire* : disparaître.
— 297	—	21	— noissance, *lire* : naissance.
— 297	—	26	— l'attroit, *lire* : l'attrait.
— 301	—	8	— chômmons, *lire* : chômons.
— 301	—	13	— connoissiez, *lire* : connaissiez.
— 303	—	16	— Vos échaffauds, *lire* : Vos échafauds.
— 311	—	21	— Reprend, *lire* : Reprends.
— 317	—	16	— tribus, *lire* : tributs.
— 317	—	22	— Tout fuit, *lire* : Tout suit.
— 319	—	3	— toit, *lire* : fait.

Paris. — Typographie Paul SCHMIDT, 20, rue du Dragon.

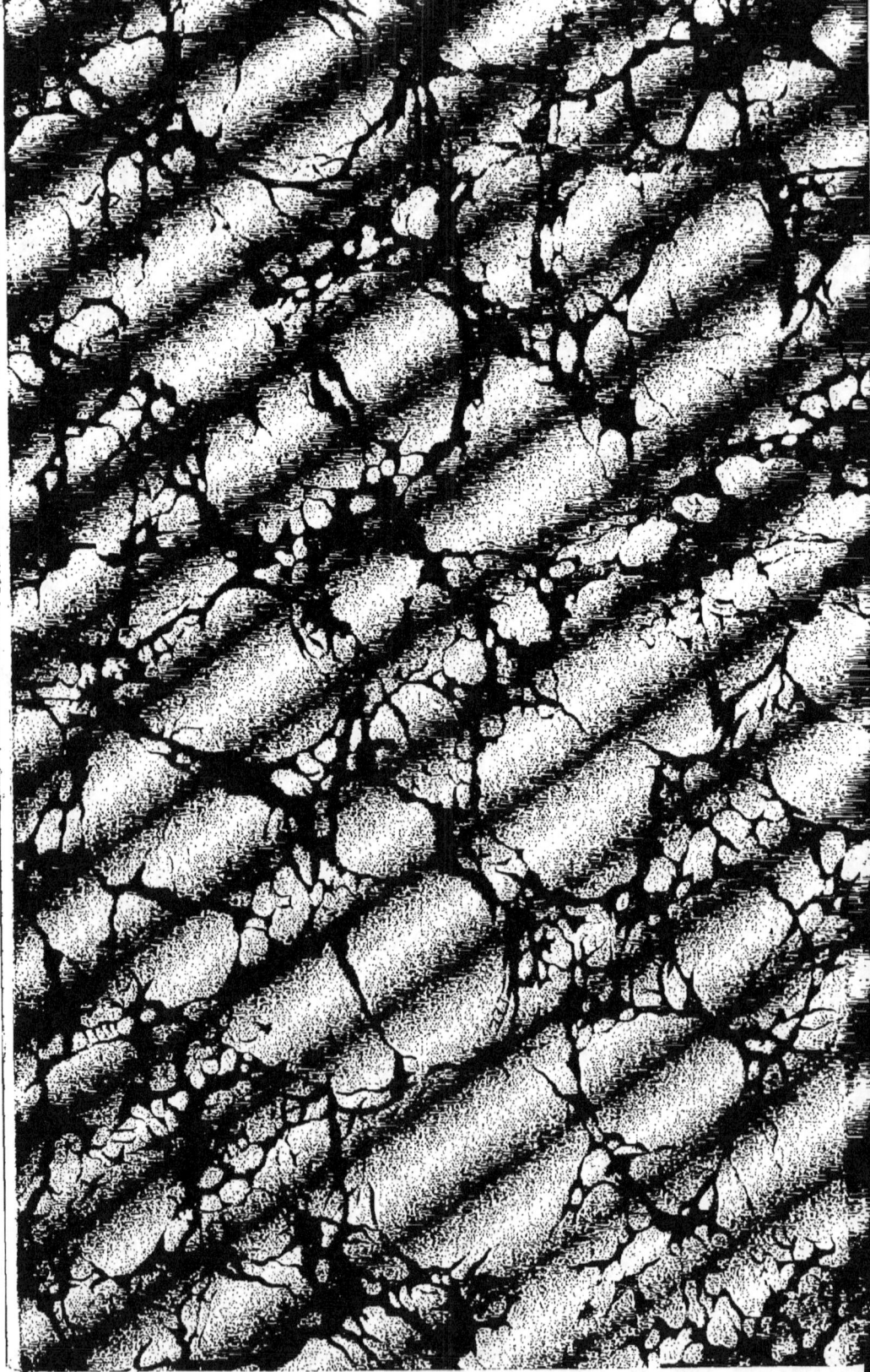

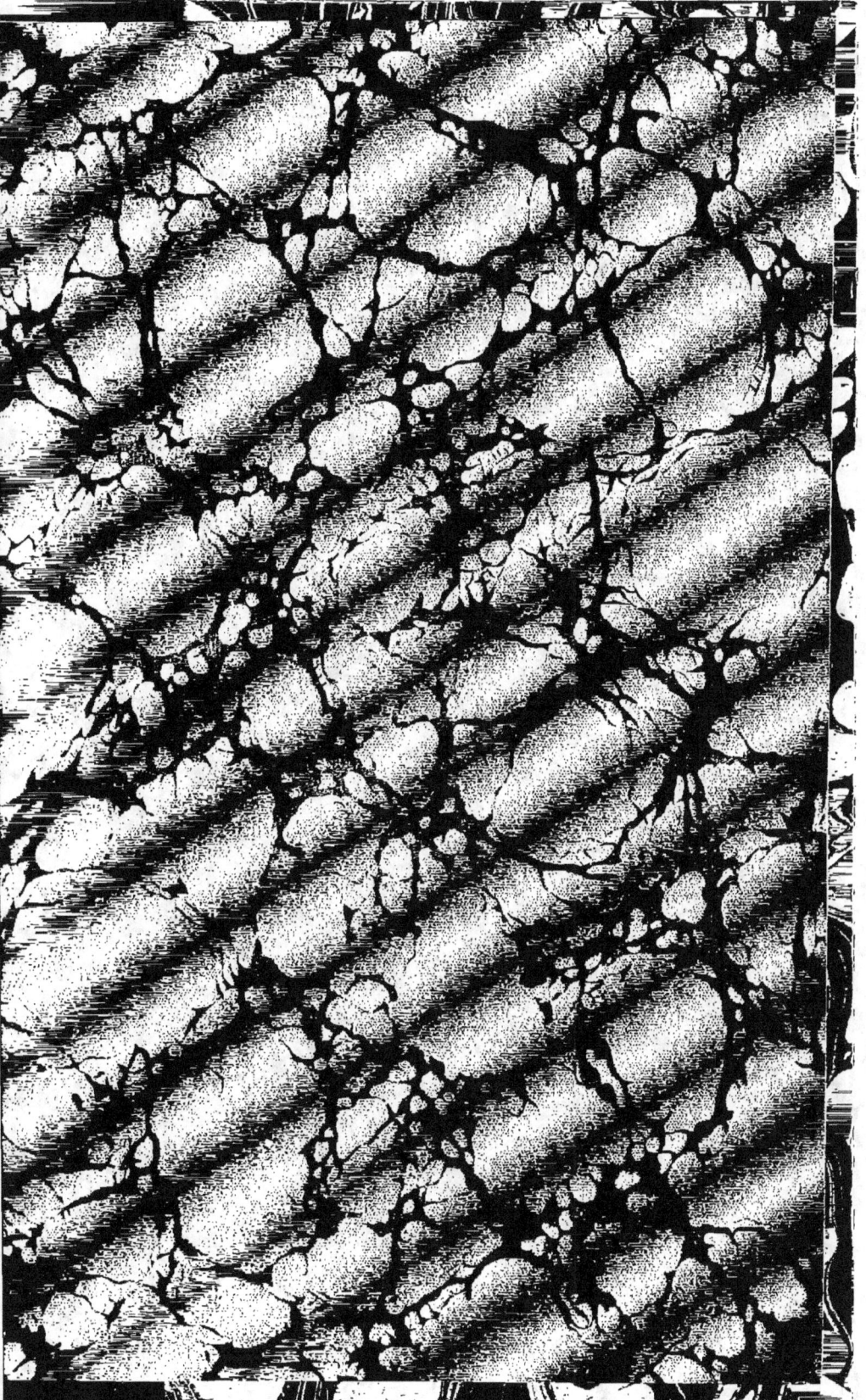

www.ingramcontent.com/pod-product-compliance
Lightning Source LLC
Chambersburg PA
CBHW060759230426
43667CB00010B/1630